U0733454

电子商务类专业
创新型人才培养系列教材

Electronic Commerce

电子商务
供应链管理

视频
★
指导版

邓之宏 钟利红 / 主编

陈虹全 钱莹 张小玲 / 副主编

人 民 邮 电 出 版 社
北 京

图书在版编目（CIP）数据

电子商务供应链管理：视频指导版 / 邓之宏，钟利
红主编. -- 北京：人民邮电出版社，2023.2
电子商务类专业创新型人才培养系列教材
ISBN 978-7-115-60457-6

Ⅰ. ①电… Ⅱ. ①邓… ②钟… Ⅲ. ①电子商务—供
应链管理—高等学校—教材 Ⅳ. ①F713.365.1②F252.1

中国版本图书馆CIP数据核字(2022)第216378号

内 容 提 要

本书遵循从整体到局部、由前端到后端的写作思路，紧密围绕供应链中的物流和信息流展开，包括供应链管理概述、供应链管理要素与绩效驱动因素、供应链的协调管理、供应链物流管理、电子商务物流模式、电子采购和仓储管理、电子商务物流库存管理、电子商务物流运输和配送管理、电子商务物流信息技术及电子商务物流自动化设备等核心内容，基本反映了电子商务环境下的供应链管理全貌。

本书既可作为高等职业院校电子商务专业、物流专业及财经类专业的职业本科和专科层次的教材，也可作为应用型本科院校相关专业的学生及相关工作人员的参考书，对企事业单位从事电子商务与物流的管理、技术及研究的人员也具有一定的参考价值。

◆ 主　　编　邓之宏　钟利红
　　副 主 编　陈虹全　钱　莹　张小玲
　　责任编辑　刘　尉
　　责任印制　王　郁　彭志环
◆ 人民邮电出版社出版发行　　北京市丰台区成寿寺路 11 号
　　邮编　100164　　电子邮件　315@ptpress.com.cn
　　网址　https://www.ptpress.com.cn
　　北京市艺辉印刷有限公司印刷
◆ 开本：787×1092　1/16
　　印张：15.25　　　　　　　　　　2023 年 2 月第 1 版
　　字数：381 千字　　　　　　　2023 年 2 月北京第 1 次印刷

定价：56.00 元

读者服务热线：(010)81055256　印装质量热线：(010)81055316
反盗版热线：(010)81055315
广告经营许可证：京东市监广登字 20170147 号

前言
FOREWORD

伴随着经济全球化的浪潮,供应链之间的竞争已成为 21 世纪企业之间竞争的关键点。世界经济发展变化莫测,企业的供应链需要迅速转换,以适应快速变化的环境。

随着新零售浪潮的到来,在数据驱动与渠道整合的影响下,消费者的海量个性化需求对供应链管理提出了更高的要求——高效、敏捷、数据化、智能化、系统化,其中物流业的支撑性和先导性作用也越发明显。伴随着国内商业模式的创新与迭代,零售从线下走向线上,再从线上走向线上与线下的融合,批发从线下走向"互联网+"。作为配套服务,物流也从 B2B 合同物流走向 B2C 快递物流,再从 B2C 快递物流走向仓配一体化和物流"最后一公里",一大批从事"互联网+干线运输""互联网+城配""互联网+最后一公里众包",以及驿站和自提柜、云仓、仓配一体化等创新物流的企业如雨后春笋般涌现。

与之形成对比的是供应链管理、物流管理学术和教育发展的滞后。可以说,供应链管理和物流管理的理论研究已经滞后于供应链管理和物流管理的实践与创新。目前国内已经出版了多本供应链管理教材,这些教材对于普及供应链管理知识、推动供应链管理教学改革起到了很好的促进作用。然而,这些供应链管理教材中真正体现电子商务或"互联网+"特点的并不多,极少注重电子商务和供应链管理的有机融合。同时,很多教材适用于本科和研究生层次的教学,但不太适合高等职业院校学生学习。

本书特色

本书紧密结合国内外知名电商企业的供应链和物流运作模式,向读者全面、系统地介绍了电子商务环境下的现代供应链管理和物流管理,力求内容新颖、结构完整、概念清晰、讲解深入浅出、知识实用性强。本书具有以下特色。

(1)校际合作、校企合作,联合编写工学结合的教材。本书是校际合作的成果,由深圳信息职业技术学院和重庆大学等学校具有丰富教学经验的一线教师编写而成。本书也是校企合作的产物,上海百蝶教育科技有限公司等企业参与了联合编写,将企业先进的物流理念、软件平台和硬件设备等相关知识有机融入各个章节中,提升了本书的实用性。

(2)本书内容体系具有创新性和前瞻性,满足分层教学人才培养需求。本书力求将供应链管理和物流管理领域的前沿内容、发展趋势介绍给读者,特别是重点阐述电子商务环境下的供应链管理问题。此外,本书满足分层教学人才培养需求,适用于职业本科和专科层次的教学,其中职业本科层次的教学内容用星号标注。

(3)编写体例规范,实用性强。本书在章节内容组织方面,突出了电子商务环境下供应链管理和物流管理的实际技能及其企业应用。每章包括学习目标——应了解和掌握的关键知识和技能；开篇案例——每章都筛选了部分电子商务供应链管理中的典型案例做引子，通过对案例的介绍与分析，使读者能够更深入、更直观地理解与每章内容相关的供应链知识；章节正文——结合职业本科和专科教育教学的特点，注重理论教学的实践化，保持适量的理论知识，对相关的知识点使用企业案例进行描述，便于读者掌握；思考与练习——提供了多种形式的练习题，对每章的理论知识进行强化训练。

（4）利用多种渠道提供丰富的教学资源配套服务，构建"互联网+"立体化教材。本书提供配套的课件、教案、视频、练习题等资源，为读者提供一个相互交流、资源共享的环境。

如何使用

本书教学可按照 56 学时安排，推荐学时分配为：第 1 章 4 学时，第 2 章 6 学时，第 3 章 4 学时，第 4 章 6 学时，第 5 章 6 学时，第 6 章 6 学时，第 7 章 6 学时，第 8 章 6 学时，第 9 章 6 学时，第 10 章 6 学时。教师可根据不同的专业和教学条件灵活安排学时。

编写队伍

本书是校际合作和校企合作的成果，由深圳信息职业技术学院邓之宏和钟利红担任主编，重庆大学陈虹全、深圳信息职业技术学院钱莹和张小玲担任副主编。邓之宏负责策划和统稿，并编写了第 8 章、第 9 章和第 10 章；钟利红统筹全书的素养小课堂内容的设计工作；陈虹全编写了第 1 章和第 4 章，邵兵家参与了这两章的修订工作；张小玲编写了第 2 章和第 3 章；江苏省昆山第一中等专业学校的常立军编写了第 5 章；钱莹编写了第 6 章和第 7 章。

本书是深圳信息职业技术学院 2020 年高水平立体化教材项目的建设成果，感谢该项目提供的经费支持，也要感谢管理学院所提供的优质教学环境，以及部门领导、同事的大力支持。

在本书编写过程中，编者借鉴了国内外大量的出版物和网络资料，在此谨向各位专家学者表示由衷的敬意和感谢！由于编者水平有限，本书尚有许多不足之处，恳请读者批评指正，也希望各院校授课教师在教学过程中相互交流、资源共享。

邓之宏

2022 年 12 月

目录
CONTENTS

第 1 章

供应链管理概述

🛒 学习目标

- ➢ 了解企业竞争环境的改变。
- ➢ 熟悉供应链管理模式产生的必然性。
- ➢ 了解供应链管理模式的双向发展趋势。
- ➢ 掌握供应链管理的概念。
- ➢ 熟悉供应链的结构模型及特征。
- ➢ 了解供应链管理的核心理念。
- ➢ 掌握供应链战略管理的含义。
- ➢ 熟悉双渠道、精益及智慧供应链管理。

进入 21 世纪，企业之间的竞争点开始转变为供应链之间的竞争，供应链管理成为现代企业竞争的优势。那么，何为供应链？供应链管理有哪些核心理念？企业要如何实施供应链战略，使之与自身的竞争战略相匹配？本章先介绍企业竞争环境的改变，然后对供应链管理的概念、核心理念和供应链战略管理等逐一进行解读。本章还简要介绍了电子商务供应链管理的几个模式，包括双渠道供应链管理、精益供应链管理、智慧供应链管理等。通过对这些内容的学习，读者可对供应链管理形成整体性认识，理解供应链管理这一先进管理模式产生的必然性和双向发展趋势，以及它如何帮助企业获得竞争优势，从而为后续的学习打下坚实的基础。

1.1 供应链管理的产生及其概念

供应链是一个有组织的体系，是一个有机的系统。由于供应链本身并不能带给人们所期望的结果，因此人们必须对供应链开展有效的管理，才能真正发挥其价值。供应链管理应基于企业面临的不断变化的竞争环境，其产生和发展具有必然性。

开篇案例

小米手机的供应链管理

✴ 1.1.1 企业竞争环境的改变

自 20 世纪 90 年代以来，科学技术的飞速进步不断推动生产力快速发展，顾客的消费水平不断提高，买方市场格局逐渐形成，使得企业之间的竞争不断加剧。此外，经济和社会环境等方面也发生了巨大的变化，市场需求的不确定性增加，顾客需求的个性化趋势得到进一步增强，企业不断面临缩短交货期、降低产品成本、提高产品质量和提升服务水平的挑战。这些变化，对企业的快速响应、高水平服务的需求满足能力提出了越来越高的要求。

进入 21 世纪以来，互联网和移动技术开启了新的信息时代，这些变化深刻影响了科技密集型行业和面向顾客的行业，如电子、通信、娱乐和零售行业。新兴科技浪潮，包括传感器、物联网和人工智能技术，正将所有企业变成科技企业，企业面临着更为严峻的竞争考验。数据的指数级增长，更先进的数据挖掘分析工具的产生，以及快速变化的商业环境，意味着企业必须审慎地审视自己所处的竞争环境，清楚认识竞争环境的改变并相应调整自己的竞争策略，以占领市场、赢得竞争。21 世纪的企业竞争环境具有以下新的特点。

1．不断缩短的产品生命周期

产品生命周期的概念最早由雷蒙德·弗农于 1966 年在《产品周期中的国际投资与国际贸易》一文中提出，他认为产品和人都是有生命的，都要经历形成、成长、成熟和衰退的过程，企业需要在产品生命周期的不同阶段采取不同的采购、生产和营销策略。然而随着顾客需求的多元化发展、科学技术的飞速进步、经济全球化的进一步发展等因素的影响，企业的产品开发能力不断得到提升，新产品的开发周期大大缩短。以前企业可以靠一个好的新产品稳"吃"五六年，但由于新产品开发周期缩短，市场上新产品不断涌现，原来的产品作为"前浪"不断被更新迭代的新产品这一"后浪"向前推进、替代，这使得产品在市场上留存的时间被大幅压缩，产品生命周期不断缩短。上述趋势，本质上是由顾客需求的不断变化引起的，在一定程度上是 21 世纪买方市场不断得到加强的体现。在此种环境下，企业为求生存和发展，需要不断地推陈出新，提升产品的性能，赋予产品更精致的设计等，以尽可能使自身的产品开发领先同类企业，跟上顾客需求变化的节奏。

2．顾客对产品和服务质量的要求越来越高

自 20 世纪 90 年代以来，顾客对产品和服务质量（统称服务质量）的要求越来越高。顾客早已不满足于只能够满足功能需求的产品，而是希望产品还能契合自身对社交价值、象征价值的追求。也就是说，尽管市场上标准化生产的产品能够满足顾客的功能需求，但和顾客更多元的消费需求（如社交价值、象征价值）不一致。这就要求企业必须及时洞察这一变化，根据顾客的消费需求提供定制化、个性化的产品和服务。原始的规模化大批量生产固然能够

有效地帮助企业降低生产成本，但企业若仍然简单使用这一生产方式，将会增加失去顾客的风险。现在的企业要想具备竞争能力，必须根据目标顾客群体的特点，不断提升自身的定制化能力。一些企业为求生存和发展，采取从大批量生产（Mass Production）转向大批量定制（Mass Customization）的措施。例如，作为 IT 产品及服务提供商的戴尔公司，1996年开始采用直销手段销售计算机产品，通过"按订单装配"的大批量定制生产模式，将批量生产的低成本优势与个性化定制生产的高附加值优势完美结合，不仅降低了库存成本，而且大大提高了顾客的满意度。随着顾客驱动的不断加强，除了大批量定制外，按订单生产（Make-to-Order，MTO）这一组织生产的方式也被广泛使用，其结果自然是企业能更大限度地满足顾客的个性化需求，并且能有效地减少库存，加强同顾客的联系。然而，这种方式也为企业带来生产资源的组织、生产成本的控制等挑战，无疑对企业的运作模式、运营能力提出了更高的要求。

此外，顾客对服务的要求也逐渐从单一的产品消费阶段向与产品消费有关的整体过程消费阶段转变。他们不再满足于获得高质量、个性化的产品，而且开始注重整个消费体验过程。这意味着企业在设计、生产和营销产品的过程中，需要更多地将顾客考虑进来，增强他们的参与感，共同创造产品消费体验过程的价值。

3. 顾客对订单响应速度的要求越来越高

传统意义上，决定企业竞争力的有品类、质量、价格、时间和服务五大因素。在不同的历史时期，决定企业竞争力强弱的主要因素不同：工业化初期侧重于价格因素，第二次世界大战后侧重于质量因素，20 世纪 80 年代关注品类和服务因素；20 世纪 90 年代以后，由于科技进步、经济全球化及顾客需求的变化，企业不得不调整自己的策略，将关注点转变到如何快速响应顾客的需求，以个性化定制的产品更好地满足顾客需求，从而有效占领市场、赢得竞争。也就是说，响应速度成为企业能否取胜的关键因素。企业只有缩短产品设计、生产周期，尽可能以最短的时间满足顾客的个性化需求，才能抓住顾客、赢得市场。

这种基于时间的竞争（Time-based Competition）在电子商务环境中更加突出。在一个电子商务平台中，顾客面临海量的产品提供者，此时响应速度的快慢就成为商家能否取得竞争优势的基础。例如，在天猫商城中，商家往往需要在 1 分钟内对顾客购前的问询做出及时、合理的反应，帮助他们解决在购物过程中遇到的任何问题；同理，商家也需要对顾客的购后问题进行快速响应，及时处理他们在使用过程中遇到的问题以及审核他们的退款申请等。毫无疑问，顾客对时间的敏感性日益增强，而企业响应速度的提高十分有助于提升顾客的消费体验，从而给企业带来基于时间的竞争优势。

4. 不断从卖方市场转移到买方市场

买方市场描述的是产品供大于求，卖方争售，买方掌握买卖主动权的市场。市场上的产品从供不应求到供过于求的转变，经历了从卖方利用"信息不对称"对产品定价拥有优势，到如今买方对产品价格波动具有不小的影响力的过程。市场从一个以生产供应为主导的卖方市场，渐渐演变成以顾客为中心的买方市场。买方市场的一大特点是产品供给极其丰富。面对同行业的激烈竞争，生产厂商为了争夺市场份额，不得不做各种各样的广告，加强自身在顾客心里的存在感，吸引顾客购买他们的产品。21 世纪是互联网的时代，现代商业不断融入互联网。经历了 PC 互联网阶段和移动互联网阶段，顾客在这场互联网商业浪潮之中也慢慢转变、成长。由于互联网的存在，顾客能够更容易地获取更多的产品信息，选择的空间更大，这极大地削弱了过去卖方市场中"信息不对称"带来的劣势。这样，市场就由卖方市场不断转变为顾客更主动、更具有主导权的买方市场。

上述情况在制造业也引起了管理模式的转变，即由生产者驱动模式（Manufacture to Customer，M2C）转变为顾客驱动模式（Customer to Manufacture，C2M）。C2M 是在“工业互联网”背景下产生的，是指现代制造业中由顾客驱动生产的反向生产模式。C2M 的优势在于按需求生产，顾客先下单，工厂再生产，可以去除库存顽疾。C2M 具备去库存、去中间商、以量定产的特点，使得各方价值最大化，也推进了制造业供给侧结构性改革。

5．环境保护和可持续发展的呼声越来越高

随着经济收入的不断提高，物质生活的不断改善，顾客具有更高、更自主的产品选择权，但也面临越来越多的环境问题，如臭氧层被破坏、全球变暖、耕地减少、城市雾霾……一个又一个现实的环境问题接踵而至，让人们真切地意识到环境保护的重要性。2017 年 10 月 18 日，党的十九大报告中指出：“必须树立和践行绿水青山就是金山银山的理念，坚持节约资源和保护环境的基本国策。”这极大地促进了我国顾客环保意识的加强。

近年来，随着技术进步，各国的工业化水平不断提高，但如何最大化利用有限的自然资源，创造最大的价值维持全人类的生存和发展，一直是一个重要的议题。进入 21 世纪后，淡水、能源、原材料等资源越来越少，这种资源的相对短缺制约了企业的生产发展，而且这种影响将会更加严重。在市场需求变化不定、生产资源日益短缺的境况下，企业要想取得长久的生存和发展，乃至在竞争中获得领先地位，唯有采用可持续发展战略。同时，人们对环境污染之痛感受更加深刻，对健康更加珍惜，环境保护意识不断增强，从而导致消费理念更趋于理性化。这种消费理念的转变从食物消费开始，逐渐渗透到消费的各个方面。可持续消费势必回溯至生产、经营领域，要求企业顺应社会消费，走可持续经营之路。

通过以上分析可知，企业面临内外环境变化带来的高度不确定性，包括企业的经营目标（“以顾客为中心”、可持续）和市场因素（产品生命周期、服务质量、响应速度方面）等的变化。追求卓越的企业，必须因地制宜、因势利导地制定相应的战略，落实“以顾客为中心”，不断转变生产观念，加强自身的产品研发能力，不断形成快速响应和提供高水平服务的能力，从而赢得顾客满意，最终占领市场、获得竞争优势。

1.1.2 传统管理模式及其弊端

经济全球化加速了全球经济的融通，也使得企业之间的竞争更加激烈。在一个变化莫测的买方市场中，企业传统的管理模式越来越难以适应已经发生较大变化的市场。一些企业从 20 世纪 70 年代就开始引进先进的制造技术、学习先进的管理经验，如柔性制造、准时制生产、制造资源计划等，以提高自身的经营效率。尽管取得了一定成效，但仍然不能有效地增强生产经营的灵活性、快速响应能力，难以满足顾客个性化需求，其内在原因是企业没有从根本上形成一种与新的竞争环境相匹配的管理模式。

1．传统管理模式

管理模式是一种体系化的资源组织与生产控制的过程和方法，它是一台“转化机器”，将企业中的人、财、物等资源转化为市场需要的产品和服务。企业能否进行高质量、低成本、迅速准确的转换，取决于自身管理模式的有效性，也取决于管理人员管理的艺术性。在早期传统的市场环境中，国际贸易的规模不大，全球化市场尚未形成，生产力水平相对低下，社会经济发展不平衡，人们的生活水平不高，这种市场环境是相对封闭、区域性的。为适应这样的竞争环境，企业常常加强对内部环境的投入，扩大生产规模、降低成本，采取“纵向一体化"的管理模式。

所谓"纵向一体化"（Vertical Integration），指与企业产品的顾客或原料的供应商联合或自行向这些经营领域扩展。企业在现有业务的基础上，向现有业务的上游或下游发展，形成供产、产销或供产销一体化，以扩大现有业务范围的企业经营行为。这种模式在20世纪80年代以前处于主流状态。在这种模式下，企业管理主要围绕质量、成本和时间三大要素进行。较高的产品质量可以吸引更多顾客，从而使企业提供的产品或服务能够更好地在市场上立足，而不会被过早淘汰；较低的成本可以使企业获得更多利润，获得更多生产所需的资金，同时提高企业的竞争力；较短的产品生产周期可以及时满足顾客需求，提高企业的服务效率与质量。

"纵向一体化"的管理模式，意味着企业自己要投资建厂或者参股供应商企业，将一个产品所需的各个零部件在企业内的各个工厂加工生产出来，企业对各个零部件的生产过程具有较强的直接控制的能力。因而，"纵向一体化"的管理模式具有增强内部控制和协调的经济性，有助于技术开拓，确保供给和需求等优势。然而，20世纪80年代以后，得益于市场全球化的不断发展和人们生活水平的不断提高，特别是互联网推动人类社会进入信息化时代，企业所处的经营环境发生了根本性变化。企业所处的经营环境的不确定性越来越高，顾客的消费方式和消费观念与时俱进，顾客的个性化定制需求越来越突出，产品的生命周期越来越短，顾客对订单响应速度的要求越来越高……因此，企业需要适应环境的变化，探索一种新的有效的管理模式，将建立竞争优势的侧重点从产品质量、成本等传统因素转移到满足产品的个性化需求以及对顾客的快速响应。只有如此，企业才能在新的竞争环境下，提供能够快速响应顾客需求的新产品，才能在全新的竞争环境中取得主动权，赢得竞争优势。

2．传统管理模式的弊端

传统管理模式在特定的历史条件下具有特有的贡献。在20世纪80年代以前，企业面临的竞争环境相对稳定，这时"纵向一体化"的管理模式具有有效性。然而，20世纪80年代以后，科技发展日新月异，世界竞争演变为全球化的激烈竞争，顾客需求不断变化升级，这时的"纵向一体化"管理模式则与现下的竞争环境渐渐格格不入，各种弊端开始暴露出来。

（1）企业的投资负担增加。不管是投资建设新的工厂，还是对其他企业进行控股，企业都需筹集必要的资金，这给企业带来了许多不利之处。首先，企业必须花费人力、物力以设法从金融市场上筹集所需要的资金。其次，资金到位后，企业随即进入项目建设周期（假设新建一个工厂）。为了尽快完成基本建设任务，企业还需要耗费精力对项目实施进行监管，这无疑增加了企业资源的消耗。由于项目建设有一个建设周期，其间企业不仅不能安排生产，还需要按期偿还借款产生的费用。显而易见，企业采取"纵向一体化"的管理模式会花费大量的资源和精力，这大大增加了投资负担。

（2）企业面临错失市场时机的风险。对于某些新建项目来说，由于有一定的建设周期，市场时机可能早已在项目建设过程中错失。这样的事例在我国有很多。从选择投资方向看，决策者当时的决策可能是正确的，但因为花在生产系统建设上的时间太长，等生产系统建成投产时，市场行情可能发生了变化，错过了进入市场的最佳时机，从而使企业遭受损失。因此，项目建设周期越长，企业面临错失市场时机的风险越高。

（3）企业难以形成突出的核心优势。采取"纵向一体化"管理模式的企业实际上是"大而全"或"小而全"的翻版，这种企业把产品设计、计划、财务、会计、生产、人事、管理信息、设备维修等工作看作本企业必不可少的业务工作，许多管理人员往往花费过多的时间、精力和资源从事辅助性的管理工作。结果，不仅辅助性的管理工作没有抓起来，关键性业务也无法发挥核心作用，这不仅增加了企业生产产品的成本，而且使企业失去了竞争特色，难以形成自身突出的核心优势。

（4）企业无法做出快速的响应。在"纵向一体化"管理模式下，企业无论规模大小，通常都包括产品设计、生产、人事、会计、营销等职能部门，围绕特定的一类或几类产品进行生产和经营，这种生产经营往往需要企业根据产品的特点进行大量的先期投入，这使得整个企业具有较大的生产和经营惯性。在面临一个变化的市场时，采用"纵向一体化"管理模式的企业难以快速调整自己的生产和经营状态，缺乏做出快速响应的能力。这使企业不仅在顾客市场遭受损失，而且这种损失会波及各个纵向发展的市场。例如，某服装电商企业为了保证成衣的稳定供应，自己建了一个布料厂，但是后来服装市场趋于饱和、竞争加剧，该企业生产的服装失去了大部分销路。此时，不仅服装厂会遭受损失，与其配套的布料厂一时也难以调整生产状态，使该企业的损失扩大。

（5）企业同时面临多个领域的竞争对手。采用"纵向一体化"管理模式，企业的另一个问题是，它必须在不同业务领域直接与不同的竞争对手进行竞争。例如，有的电商企业不仅生产产品，而且拥有自己的物流企业。这样，该企业不仅要与同类电商企业展开竞争，还要与物流行业竞争。在企业资源、能力都有限的情况下，企业左右开弓的结果往往是造成竞争资源大量消耗，一般无法取得很好的竞争优势。

❋ 1.1.3 供应链管理模式的产生与发展

1. 供应链管理模式产生的必然性

对于供应链管理模式而言，其产生具有必然性。总结起来，供应链管理模式的产生具有以下 3 点必然性。

（1）市场环境的根本性改变。传统市场环境的特点是"供不应求"，但随着科技进步，企业管理水平不断提高，企业的生产能力不断提升，市场总体呈现一种"供大于求"的境况。尤其是在当今的信息社会和电子商务时代，顾客在消费过程中具有更大的自主选择权利，市场的主导权不断向买方过渡，逐渐形成买方市场。企业面临的是人们经济生活水平不断提高，对产品的个性化需求越来越明显，对服务质量要求越来越苛刻的市场环境。此外，随着社会观念的不断进步，顾客开始提倡绿色消费，对企业的社会责任也提出了新的要求。企业在面临满足顾客个性化需求的同时，还面临环保、绿色、可持续发展等与企业社会责任相关的问题，这要求企业必须在自己的经济利益和整体的社会利益之间取得平衡，迫使企业思考与发展新的管理模式和方法。

（2）传统管理模式在新环境中的高度不适应性。传统管理模式以规模化、区域性的卖方市场为决策依据，利用规模效应降低成本，通过提高产量获取高额利润。这样的管理模式，以少品种、大批量为特点。尽管这种管理模式可以很大限度地提高生产效率、降低成本，取得良好的规模效益，但它在面临市场需求变化时难以迅速调整产品生产，应对市场需求变化的能力很差。此外，这种管理模式下的管理层次一般较多，管理跨度小，采用集权式管理，以追求稳定和控制为主，这也影响了企业内决策和市场响应的速度。

（3）"超竞争"环境下成本控制的压力。进入 20 世纪 90 年代后，经济全球化的进程大大加快，全球制造的出现使得全球竞争加剧，同时顾客需求呈现多样化、变化频繁的特点，因此企业面临前所未有的"超竞争"环境，面临更大的成本控制压力。传统的企业是以一种小规模、单一组织形态而存在的，企业之间会发生大量的交易，这就产生了巨大的交易成本。随着社会生产力的发展，一些实力较强的企业就以产权投资的形式控制其上、下游企业，在扩大规模的同时达到市场内部化、降低交易成本的目的。这也是"纵向一体化"管理模式产生和迅速发展的原因。但随着企业规模的迅速扩张，企业的组织成本变得越来越惊人。其表现为：企业的效率越来越低，逐渐失去自己的特色，企业适应市场变化的能力越来越低。到后来，市场需求向小批量、多品种、多规格方向发展，市场竞争也越来越激烈。另外，电子商务和物流无论是硬件方面还是软件方面都有了根本的发展，这就使得企业原来的市场交易成本大幅度降低。这些组织成本和交易成本的变化，对企业成本控制提出了新的要求，使得供应链管理模式取代"纵向一体化"管理模式成为一种必然。

2．供应链管理模式的双向发展趋势

供应链管理最初源于制造业，经过多年的发展和壮大，其理论和方法在社会经济活动中扮演着越来越重要的角色。在这一过程中，供应链管理模式呈现出向国家战略发展和向业态发展的双向发展趋势。

（1）供应链管理模式向国家战略发展

世界上最早把供应链发展上升为国家战略的国家是美国。早在 2012 年，美国就发布了《全球供应链国家安全战略》，其目标有二：一是促进产品的高效和安全运输，二是建设一个有弹性的全球供应链。《全球供应链国家安全战略》的发布，标志着在全球经济一体化的市场竞争环境下，现代物流开始进入供应链管理时代。

我国政府也充分认识到供应链管理的重要性。当今的供应链发展，强调企业更深、更广地融入全球供给体系。为加强我国企业在全球市场上的竞争力，塑造强大的供应链竞争力，我国也相继出台了多项政策促进我国企业的供应链建设。例如，2017 年 10 月，国务院办公厅发布《关于积极推进供应链创新与应用的指导意见》，首次将供应链的创新与应用上升为国家战略。

可以看出，供应链管理模式无疑在向国家战略发展。其背后的原因在于，好的供应链管理和创新已经成为一种看不见的商业基础设施，从长远来看，它影响的不仅是一个企业的创新能力，还是一个国家的创新能力。今后的供应链管理和创新，也将更加强调同一产业中产品的设计、采购、生产、销售、服务等环节在相同企业或不同企业间的协同。

（2）供应链管理模式向业态发展

供应链企业在实践中不断面临新的挑战和需求，但其中心任务始终是利用掌控的资源建立自身独有的竞争优势。在供应链管理初期，整体市场的竞争环境不是很激烈，一般的管理者还能够掌控企业供应链的主体业务（如采购、研发、生产、交付等）和辅助业务（如仓储管理、订单管理、物流管理、融资管理、客户关系管理等）之间的协调与融合。在这一时期，供应链管理属于企业一种自发的、朴素的管理模式，供应链企业需要自行对供应链的各个环节进行管理，专业分工思想还未以供应链管理服务业态的形式出现在供应链管理中。

随着全球市场竞争越来越激烈，企业供应链管理水平在整体上不断提升，企业要想简单通过采取供应链管理策略来获得竞争优势越来越难，必须设法提升自身供应链管理水平。然而，要提升供应链管理的水平，无疑会花费企业更多的资源和精力，这使供应链企业的主体业务的竞争优势在一定程度上被削弱。为了更好地平衡与处理供应链的主体业务和辅助业务之间的关系，聚焦于供应链管理服务的现代服务企业应运而生，它们帮助供应链企业处理辅助业务，让其解脱束缚得以专注于自身的主体业务。由此，供应链管理进入一个更为成熟、健全的供应链业态发展时期，有力地促进了企业供应链管理能力的提升。

供应链管理服务企业业态的出现，意味着供应链管理进入一个新阶段。专业化的供应链管理服务，将有力地提高一个国家各个行业的供应链发展水平。能否提供专业、高效、可靠的供应链管理服务，能否提供创新的供应链管理服务模式，是供应链管理服务企业是否有竞争力的体现。这些服务企业通过解决供应链企业管理者遇到的各种问题，使供应链企业增强竞争优势，这与增强自身的竞争优势是高度一致的，这有助于企业供应链管理水平的提升，使企业得以维持和发展自己的竞争力。同时，供应链管理服务企业通过不断助推各供应链企业的供应链管理水平提升，也有助于从整体上促进一个区域、一个国家提升供应链竞争力。

1.1.4　供应链管理的概念

企业只有对供应链进行有效的管理，才能真正让供应链发挥应有的作用，于是就有了供应链管理（Supply Chain Management）。供应链管理是一种集成的管理思想和方法，执行从供应商到顾客的计划、采购、制造、配送、退货等职能。例如，曼泽尔（Mentzer）等人认为，供应链管理是对传统的企业内部各业务部门间及企业之间的职能从整个供应链进行系统的、战略性的协调。美国学者史蒂文斯（Stevens）认为，供应链管理包括企业内部集成和外部集成，是通过管理信息的传输，将物料供应链商、生产设施、配送服务及顾客连接在一起的管理哲学。早期供应链管理的重点是库存管理和运输，以平衡有限的生产能力和顾客变化的需求，通过相互之间的协调，致力于将产品迅速、可靠地传递到顾客手中，从而需要确定最佳的库存额。现在的供应链管理则将供应链上的各个企业视作不可分割的整体，努力让供应链上负责采购、生产、分销和销售职能等的各企业形成一个统一协调的有机体。

本书将供应链管理定义为：在满足一定的顾客服务需求的条件下，使以核心企业为中心的供应链运作达到整体最优化，以最低的供应链系统成本对信息流、物流、资金流进行高效控制，把供应商、制造商、仓库、配送中心和渠道商等有效地组织在一起进行产品制造、转运、分销及销售的管理方法。在电子商务环境下，信息流和资金流都可以直接通过网络进行传输，而对于物流，只有少数如电子出版物、有价信息、软件等无形产品可通过网络传输，大多数实物产品仍通过物理方式进行传输。因此，在电子商务环境下的供应链管理，同样需要对信息流、物流、资金流进行高效控制和管理。此外，从供应链管理的定义可以看出，其具有信息资源共享、满足一定的顾客服务需求、实现双赢的基本要求。

（1）信息资源共享。信息是现代竞争的主要后盾。供应链管理采用现代科技，以最优流通渠道使信息迅速、准确地传递，在供应链上的各企业间实现信息资源共享。

（2）满足一定的顾客服务需求。供应链管理围绕“以顾客为中心”的理念运作。现在顾客大多要求提供产品和服务的前置时间越短越好，因此供应链管理通过生产企业内部、外部及流通企业的整体协作，大大缩短产品的流通周期，加快了物流配送的速度，从而让顾客个性化的需求在最短的时间内得到满足。

（3）实现双赢。供应链管理把供应商、分销商、零售商等联系在一起，并对其进行优化，使各个相关企业形成了一个融会贯通的网络整体。在这个网络中，各个企业仍保持个体特性。但它们为了整体利益的最大化进行合作，以实现双赢的结果。

1.2 供应链与供应链管理

1.2.1 供应链的概念

供应链本身是一个系统，是人类生产活动和整个经济活动中的客观存在。人类生产和生活的必需品，都经历了从原材料生产、中间产品加工、产品装配、分销、零售，到最后到达顾客手中的整个过程，并且近年来废弃物回收和退货（逆向物流）等也逐渐被涵盖进来，使供应链的内涵得到进一步发展。"供应链"一词译自"Supply Chain"，国内一些学者将其译作"供需链"。供应链最初是由波特的价值链（Value Chain）发展而来的，早在20世纪80年代就被提出，但真正发展却是在20世纪90年代后期，目前关于供应链仍没有一个公认的定义。

在供应链形成的早期，供应链被认为是制造企业的内部过程，涉及将企业外部采购的原材料和零部件，通过生产转换、营销等活动，传递给零售商和顾客的这样一个过程。这一理解将供应链这一概念局限于企业的内部操作层面，注重企业自身资源的高效利用，但忽略了同外部供应链成员企业之间的联系，成员企业之间的经营目标时常冲突。随后，逐渐发展的供应链开始注重同其他成员企业之间的联系，更加关注供应链企业所处的外部环境，将供应链视为"通过不同企业的制造、组装、分销、零售等过程将原材料转换为产品，再传递给顾客的转换过程"。这一概念强调了供应链的完整性，更加接近"供应链是多个企业协作的系统"这一事实，比早期供应链的概念更具合理性。现如今，供应链的概念更加注重围绕核心企业的网链关系，包括核心企业与供应商、供应商的供应商，乃至一切前向的关系；也包括核心企业与顾客、顾客的顾客，以及一切后向的关系。此时，供应链被认为是一个整体的功能网链。

国务院办公厅发布的《关于积极推进供应链创新与应用的指导意见》将供应链定义为："以客户需求为导向，以提高质量和效率为目标，以整合资源为手段，实现产品设计、采购、生产、销售、服务等全过程高效协同的组织形态。"这个定义将供应链视为一种自觉的组织形态，将各类资源有效地整合在一起，通过相互之间的协调合作实现满足客户需求、提高质量和效率的目标。

综合以上分析，本书对供应链的定义：供应链是以顾客需求为导向，通过对信息流、物流、资金流的控制，实现产品设计、采购、生产、销售、服务等全过程高效协同的，将供应商、制造商、分销商、零售商、顾客连成一个整体的功能网链结构。它是一个扩展的功能网链结构，包含所有加盟节点的企业和顾客。同时，它是连接供应商到顾客的信息链、物流链、资金链，也是一条价值增值链。物料在供应链上传递的过程中，其价值不断增加，从而给相关企业带来收益。

素养小课堂

关键词：爱国情怀；民族自豪感；中国科技力量；供应链管理创新

2017年5月5日，C919大型客机首架机在上海浦东国际机场成功首飞。这是一个历史性的时刻。它标志着萦绕中华民族百年的"大飞机梦"终于取得了历史突破，蓝天上终于有了一款属于中国的完全按照世界先进标准研制的大型客机，打破了波音空客双寡头格局。它意味着经过近半个世纪的艰难探索，我国具备了研制一款现代干线飞机的核心能力。这是我国航空工业的重大历史性突破，也是我国深入实施创新驱动战略，全面推进供给侧结构性改革取得的重大成果。

C919采用"主供应商-供应商"模式，深化国际国内合作，风险共担、利益共享，形成大型客机的国际国内供应商体系。以中国商飞为主制造商，由242家国有大中型企业、36所高等院校共同参与，包括宝钢在内的16家材料制造商和54家标准件制造商成为大型客机项目的供应商或潜在供应商。供应商选择思路是，在机体上，选择国内供应商，以及国内材料研制单位；在设备和系统等先进技术引进上，中国商飞促成国外系统设备供应商与国内企业以成立合资公司为形式作为供应商。

如何调控供应商的生产节奏，成为C919供应链管理的重中之重，也是国产C919客机未来制造中的最大难点。中国商飞为C919打造了全球民机供应链，国内200多家企业参与大飞机研制配套工作，9家供应商打造机体结构，20多家国内供应商与国际供应商组成合资企业。来自全球6个国家的17家海外供应商提供14个系统和38个工作包。供应链管理之复杂已超乎想象。信息流的精准传递，为以后的高效生产和成本控制打下了良好的基础。

❋ 1.2.2　供应链的结构模型

同传统的企业组织不同，供应链内在要求具有一套同自身特点相适应的结构。供应链的概念超出了单个企业的界限，它强调整个链条上处于上下游不同位置的各个合作伙伴之间的相互作用。供应链是信息流、物流、资金流的集合体，信息流、物流、资金流在供应端和需求端之间进行流动。一个典型的供应链结构模型如图1.1所示。

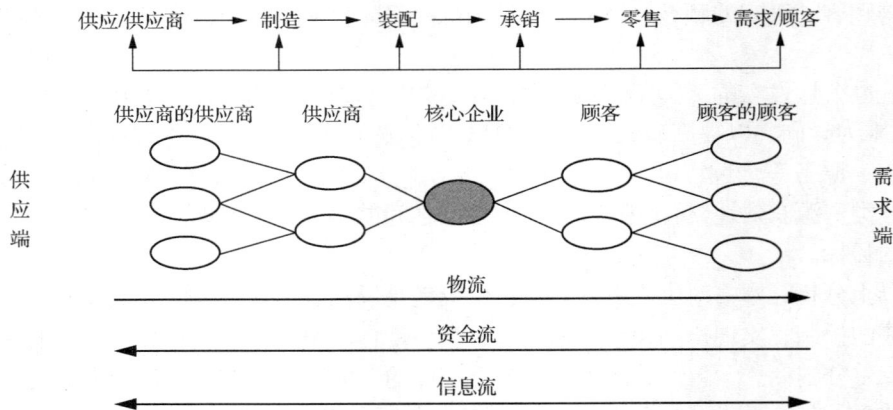

图 1.1　典型的供应链结构模型

从图1.1可以看出，供应链由包含顾客在内的相关主体组成，其中从供应端向需求端方向流动的主要是物流，从需求端向供应端流动的主要是资金流，而信息流则在供应端和需求端之间双向流动。对一个实际运行的供应链而言，其中往往有一个核心企业（可能是制造型企业，如大众汽车；也可能是零售型企业，如法国的家乐福），其他企业则在核心企业需求信息的牵引下，完成其在供应链内的职能分工与合作（或生产，或分销，或零售等）；最终整个供应链内的企业相互支持，以信息流、物流和资金流为媒介共同实现整个供应链的价值。

✳ 1.2.3 供应链的特征

供应链可以理解为一个复杂的系统，即由一系列相互关联的企业由于某种原因连成的网络。这些企业为了实现快速响应以满足市场需求的目的，形成了一个虚拟企业联盟体系。这些企业或部门等相互作用、相互影响、相互制约，因此具有整体性、相关性、结构性和有序性、动态性、目的性和环境适应性等特征。

1．供应链的整体性

供应链系统的整体功能取决于其结构系统中各组成企业或部门间的协调关系，虽然每个企业或部门的功能可能并不完善，但它们协同一致，结构良好，作为供应链整体具有良好的功能。供应链的整体性不仅在于借助计算机和通信设施使各部分浑然一体，还在于它功能表现的整体性。

2．供应链的相关性

供应链中各部分的特性、行为相互制约、相互影响，其相关性决定了供应链的性质和形态。供应链内的企业或部门之间相互影响、相互依赖、相互制约，形成了特定的关系。从单个企业来看，企业内部各组成部分之间的关系影响供应链的性质和功能，但是供应链的性质和功能更受组成供应链各企业之间关系的影响。

3．供应链的结构性和有序性

系统的层次结构和协调活动反映了现实世界中一些供应链特有的结构性。供应链是按供需关系组成的系统，核心企业与供应商之间、供应商的供应商之间、销售商之间、销售商的销售商之间组成层层分布的网络结构。供应链的有序性揭示了系统与系统之间存在包含、隶属、支配、权威和服从的关系，统称为传递关系。换句话说，系统并不是孤立存在的，而是按有序性原则存在于某一层次结构中的。供应链的结构不是杂乱无章的，它呈现出有序的特征。

4．供应链的动态性

供应链的动态性使其具有生命周期。开放系统和外界环境有物质、能量和信息的交换，因此系统内部结构也可以随时间变化而变化。一般来说，供应链系统的发展是一个有方向的、动态的过程。供应链内部有信息流、物流和资金流。上游企业得到下游企业的信息需求，向下游企业传递供给信息。物流一般从上游企业流向下游企业。资金流由下游企业向上游企业流动。而且，组成供应链的各个企业都在变化，呈现动态性，或壮大，或缩小；组成供应链的各个部门也在不断变化，有的主动离开，有的被动离开。

5．供应链的目的性

人工系统和复合系统都具有一定的目的性，要达到既定的目的，系统必须具有一定的功能。供应链的产生就是为了提升成员企业的竞争优势，一旦参与企业认为此联盟没有意义时，该供应链就失去了存在的目的性。此时，该供应链也就没有存在的必要了，它或者消失，或者重组。

6．供应链的环境适应性

供应链系统处于全球市场范围内，是为了充分利用全球范围内的优势资源（人才、知识、原材料、设备等）而建成的。供应链系统的环境适应性表现在能自我调整（如重组），以适应外部市场的变化。如果外部市场需要企业生产成本更低的产品以适应竞争优选规则，那么供应链系统就必须重新调整自己的组织。

供应链是一个有机的系统，但长期以来都处于一种自发的状态，并不能为企业带来很好的经济效果。因此，企业必须通过对供应链进行有效的管理，才能让供应链真正发挥应有的作用，于是就有了供应链管理。然而，供应链管理理论的产生远远滞后于具体的技术与方法。早期的供应链管理多是以一些具体的方法的形式出现的，如快速响应（Quick Response，QR）、有效顾客反应（Efficient Consumer Response，ECR）等。随着技术和管理思想的进步，供应链管理越来越成为一种集成的管理思想和方法，带来特有的目标和核心理念。

❋ 1.2.4　供应链管理的目标

在早期的供应链管理（20 世纪 80—90 年代）中，供应链管理工具主要包括物料资源计划、准时制生产、看板管理、持续改进、快速响应和全面质量管理。在这一时期，进行有效的成本控制，是供应链管理的主要目标。

2000 年，美国的马修（Mayhew）提出一种供应链管理的金字塔概念。这个金字塔有 4 条边，共同构成有效的供应链管理：第一条边是正确的数据，第二条边强调库存管理，第三条边强调预测（代表对市场的掌握程度），第四条边是供应链的速度（订单响应速度、顾客服务速度等）。这 4 条边从不同的侧面反映了供应链管理的目标。

随着供应链管理实践的不断深入，学界和企业界发现供应链管理面临的挑战主要是"4R"，即 Right Product——正确的产品，Right Place——正确的地点，Right Time——正确的时间，Right Price——正确的价格，它们共同构成供应链管理要达到的目标。

进入 21 世纪以来，电子商务蓬勃发展、产品多样化、供应资源日益多样化和不断提高的顾客需求，使供应链管理不断面临新的挑战。无论如何，供应链管理的核心议题始终是如何更好、更快地满足顾客需求。因此，本书延续供应链定义的逻辑，从价值链的角度对供应链管理的目标进行定义：供应链管理的目标是供应链整体价值的最大化。一个供应链产生的价值为最终产品对顾客产生的价值与满足顾客需求而带来的全部供应链成本之间的差值，即

$$供应链价值=顾客价值-供应链成本$$

不同的顾客对产品价值的评价不同，企业可根据市场大部分顾客愿意支付的价格评估产品价值。产品价值与顾客愿意支付价格之差是顾客剩余，而来自顾客的总收益（顾客价值）与供应链消耗（供应链成本）之差即为供应链价值。例如，一位顾客花费 200 元从天猫商城购买一台小米路由器，小米路由器的供应链成本为 120 元，则单台小米路由器为该供应链带来的价值为 80 元。这些利润事实上是由供应链的各个环节共同支撑才得以实现的，因此，供应链成功与否需要通过供应链总体盈利而不是单个环节的利润来衡量。为了获得更多的供应链价值，企业可通过高效协作，努力做大供应链，再通过合理的利益分配机制，使供应链成员企业都获得更好的经济效益。

❋ 1.2.5　供应链管理的核心理念

根据供应链管理的概念和供应链的结构模型，供应链管理的对象不是单个企业，而是一个以核心企业为重点的企业集群。核心企业通常就是品牌商，品牌商要想获得持续的竞争优势，必须不断提升自己的供应链管理能力。为使供应链管理适配其竞争要求，供应链管理必须坚持以顾客为中心、坚持协作理念、坚持共享理念。

（1）以顾客为中心。在买方市场的条件下，顾客对产品或服务的满意程度成为决定企业能否生存的因素。供应链管理追求的供应链价值最大化是以顾客满意为基础的，通过信息共享和供应链上节点企业的协作，实现对顾客需求的快速响应，以提高顾客满意度，获取竞争

优势，并最终获利。因此，顾客价值是供应链管理的核心，企业要根据顾客的需求组织生产。在过去的"推式系统"里，存货不足和销售不佳的风险同时存在。现在，从产品设计开始，企业已经让顾客参与其中，使产品真正符合顾客的需求，这种"拉式系统"的供应链管理以顾客的需求为原动力。因此，以顾客为中心，成为供应链管理的最重要的核心理念。

（2）协作理念。协作涉及协调和合作两个方面的含义。首先是协调，供应链管理涉及若干个企业在运营中的管理活动，为了实现供应链管理的目标，相关企业必须按照计划协调运作，不能各自为政。例如，供应商应该按照零售商的要求，将产品按计划生产出来并准时送到顾客手中；中间过程如果出现任何延误，不仅会使自己遭受损失，还会使供应链内的其他企业利益受损。此外，供应链内的企业通过协调还可以克服分散决策的缺点，根据协调契约做出的整体性决策可使合作方增加收益，达到供应链整体价值的最大化。

其次是合作，供应链管理十分强调成员企业之间的合作。只有成员企业之间实现了最真诚的、战略性的合作，才能实现供应链的整体价值最大化。由于供应链管理的对象是一个企业集群，其中的每个企业都有自己的核心业务和核心能力，要使这些企业形成最大合力，唯有供应链管理核心企业同其他成员企业形成战略性的合作伙伴关系，兼顾共同的利益和诉求，才能调动各方的积极性，最终实现供应链价值最大化。

（3）共享理念。以顾客为中心，通过协作使供应链整体价值最大化，这还不是供应链管理的全部。事实上，要践行前面的理念，还需要一个重要的核心理念作为衔接，那就是共享理念。供应链管理的共享理念包含信息共享和收益共享两个方面。首先是信息共享，信息共享使供应链管理打破了企业间信息封闭的状态，通过信息共享把信息进行集中处理，使供应链上的企业能直接获取顾客的需求信息，缩短了从订货到交货的时间间隔，提高了企业的服务水平。在这个过程中，核心企业起到信息交换和处理中心的作用。

其次是收益共享。各企业之所以愿意在一个供应链体系内做出各种努力使供应链价值最大化，是因为共同将供应链做大后，自己也可以从中分得更多的利益。如果各企业发现供应链的利益被某些企业独占，它们是不可能参与供应链管理的；即使参与，可能也是抱着让自己短期利益最大化的心态，十分不利于供应链长期的发展。因此，信息共享和收益共享是共享理念中重要的两个方面，其中以收益共享更为重要，因为收益共享涉及供应链成员企业的根本利益，是保证合作伙伴为供应链长效发展助力的基石。

1.3 供应链战略管理*

随着经济全球化的加深，企业之间的关系变得更加复杂，企业管理不再仅限于企业内部的管理，而且包含企业所在的供应链的管理。从供应链管理概念产生到20世纪90年代末期，供应链管理非常强调内外部的资源整合，认为供应链管理的目的是提高供应链整体绩效。从20世纪90年代末期开始，供应链管理开始强调战略思维在供应链管理过程中的重要性，如战略协调、战略合作、长期绩效等，很多企业纷纷将供应链管理上升到企业的战略层面。

❋ 1.3.1 供应链战略管理的含义

供应链战略管理是指企业从战略的高度对供应链进行全局性的计划、控制和管理。供应链管理的战略思想是要通过企业与企业之间的有效合作，建立一种高效率、响应性好、具有敏捷性的企业经营机制，产生一种超常的竞争优势，使企业在成本、质量、时间、服务、灵活性方面的竞争优势显著提高，以赢得市场。

从狭义上看，供应链战略管理涉及的是企业确定自身的供应链战略并使之与自身的竞争战略相匹配方面的内容；从广义上看，供应链战略管理是从企业发展战略的高度考虑供应链管理中事关全局的核心问题，是涉及组织战略、经营思想战略、共享信息战略、绩效度量战略等的系统。

✳ 1.3.2 竞争战略与供应链战略

1．竞争战略

战略（Strategy）的本义是对战争的谋略，引申义是谋略。谋略是针对整体性、长期性、基础性问题的计谋。对一个进行战略管理实践的企业而言，其企业战略是一个战略体系，包括竞争战略、发展战略、技术开发战略、市场营销战略、信息化战略、人才战略等。

竞争战略（Competitive Strategy），顾名思义，是对竞争的谋略。根据迈克尔·波特教授的竞争战略理论，企业可以采取 3 种基本竞争战略，使自身获得竞争优势。这 3 种竞争战略分别是总成本领先战略（Cost Leadership Strategy）、差异化战略（Differentiation Strategy）和集中化战略（Centralization Strategy）。

（1）总成本领先战略，又称成本领先战略。采用该竞争战略的企业，往往尽最大努力降低成本以降低产品价格，维持竞争优势。要做到成本领先，企业必须在管理方面对成本进行严格控制，成本较低的企业可以获得高于产业平均水平的利润。在与竞争对手进行竞争时，由于自身的成本低，竞争对手没有利润可图时，企业还可以获得利润，从而在竞争中获胜。

（2）差异化战略，又称别具一格战略。采用该竞争战略的企业，提供的产品或服务别具一格，或功能多，或款式新，或更加美观。如果别具一格战略可以实现，它就能成为企业在行业中赢得超常收益的可行战略，利用顾客对品牌的忠诚而使企业获得竞争优势。

（3）集中化战略，又称目标聚集战略。该战略指企业主攻某个特定的顾客群、某产品系列的一个细分区段或某一个地区市场。其前提是，企业能够以更高的效率、更好的效果为某一狭窄的战略对象服务。该战略具有让企业赢得超过行业平均水平收益的潜力。

电子商务企业在执行竞争战略时，所有职能部门（产品研发、市场营销、运营、分销、服务等）都需要协同发挥作用，而且每个职能部门都必须制定本部门的职能战略。例如，产品研发部门需要拟定产品开发战略，明确企业将要开发的新产品组合，确定该工作是通过企业内部进行还是外包；市场营销部门需要拟定营销和销售战略，确定如何进行市场细分，产品如何定位、定价和促销。

2．供应链战略

供应链战略（Supply Chain Strategy），是指企业从战略的高度对供应链进行全局性规划，它确定原材料的获取、物料的运输、产品的制造或服务的提供，以及产品配送和售后服务的方式与特点。供应链战略包括对供应链总体结构的说明，以及许多传统上被称为"供应战略""运作战略""物流战略"的内容。

供应链战略突破了一般战略规划仅关注企业本身的局限，通过对整个供应链进行规划，进而实现为企业获取竞争优势的目的。供应链战略所关注的重点，不是企业向顾客提供的产品或服务本身给企业增加的竞争优势，而是产品或服务在企业内部和整个供应链中运动的流程所创造的市场价值给企业增加的竞争优势。

供应链战略根据产品的需求模式可划分为两大类：效率型供应链战略和响应型供应链战

略。根据产品的需求模式，产品可分为功能性产品和创新性产品。功能性产品是指顾客可以从很多零售店买到的主要产品，这些产品满足顾客的基本需求，需求稳定且可以预测，产品生命周期长。但是，需求稳定意味着竞争激烈，进而导致利润较低。创新性产品是指为满足顾客特定需求而生产的产品，企业在产品样式或技术上进行创新以满足顾客的特殊需求。尽管创新性产品能使企业获得更高的利润，但创新性产品的新颖性使需求不可预测，而且产品的生命周期一般较短。

对应功能性产品，效率型供应链战略能够以最低成本将原材料转化成产品，并有效解决运输问题。由于功能性产品的需求可以预测，生产该类产品的企业可以采取各种措施降低成本，在低成本的前提下妥善安排订单、完成生产和产品交付，使供应链存货最小化和生产效率最大化。因此，生产功能性产品的企业应该采用效率型供应链战略。

对应创新性产品，响应型供应链战略强调企业快速对需求做出反应。创新性产品所面临的市场是非常不确定的，产品的生命周期也比较短，企业面临的重要问题是快速把握需求的变化并能够及时对变化做出有效反应。因此，生产创新性产品的企业应该采用响应型供应链战略。

❋ 1.3.3 竞争战略与供应链战略的匹配

企业在进行供应链管理时，必须考虑各种战略之间的匹配，即需要从系统的观点出发，通过全面规划相关战略来实现供应链战略、企业竞争战略及其他职能战略之间的协调一致。

首先，企业的供应链战略必须和企业竞争战略相匹配。波特提出了 3 种基本竞争战略，即总成本领先战略、差异化战略和集中化战略。效率型供应链战略需要与总成本领先战略相匹配，而响应型供应链战略需要与差异化战略或集中化战略相匹配。

其次，供应链战略作为一种职能战略，需要与新产品开发战略及市场营销战略等其他职能战略相匹配。对于响应型供应链战略而言，新产品开发战略和市场营销战略都需要围绕提高反应能力来设计。新产品开发战略需要使顾客和供应商及时参与新产品的设计与开发，提高企业的反应能力。市场营销战略则要求建立足够的零售网络，避免缺货，与顾客进行良好的沟通，投放有效的广告和开展促销活动。对于效率型供应链战略而言，新产品开发和市场营销战略都要围绕降低成本来设计。新产品开发战略需要通过采用标准件和通用件来降低成本。市场营销战略则要求在扩大市场占有率的基础上，尽量降低销售成本。

事实上，竞争战略与供应链战略的匹配，是要实现一种竞争战略所要满足的"以顾客为中心"的理念和供应链战略旨在建立的供应链能力的一致性。实现这种战略匹配，一般具有以下 3 个基本步骤。

（1）理解顾客需求和供应链面临的不确定性。企业必须理解其目标顾客群的需求，以及在满足这些需求过程中供应链所面临的不确定性。这些顾客需求帮助企业决定需求的成本和服务要求。供应链面临的不确定性帮助企业识别供应链必须准备面对的需求中断或延迟的不可预知程度。由于顾客对产品个性化的不断追求，要求更短的交货期、更快的订单响应速度及更高的服务质量，现代企业面临的顾客需求的不确定性，实际来自供应链计划满足的那部分需求与顾客期望的那部分需求之间存在的距离，即隐性需求不确定性（Implied Demand Uncertainty）。功能性产品的隐性需求不确定性较低，而创新性产品的隐性需求不确定性往往较高。

（2）理解供应链能力。企业在考虑顾客需求不确定性时，从供需的两端考虑供应链能力带来的不确定性也是极其重要的。例如，当一种新型元器件引入手机产业时，生产工艺的优质率会很低并可能导致停产。这时，企业按照预定计划交货就存在困难，最终造成手机制造商的隐性供给不确定性增加。随着生产技术和管理技术的改进与提高，企业能够按照计划交货，于是供应链的不确定性降低。因此，供应链的供给能力和需求端的顾客需求类似，都存在隐性不确定性，而且在完全可预测和完全不可预测之间，存在一个隐性不确定性的连续带，如图 1.2 所示，越靠近左侧，供应链的隐性不确定性程度越低，供给（需求）可预测程度就越高。

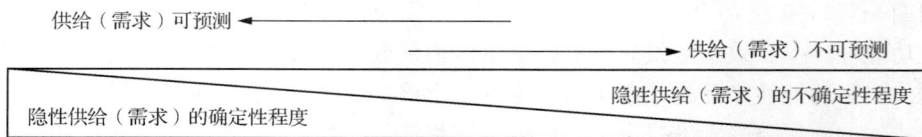

图 1.2　隐性供给/需求不确定性连续带

（3）进行战略匹配。战略匹配是指确保竞争战略与供应链战略匹配，即确保供应链响应性（供应端）同隐性需求不确定性（需求端）保持协调一致。其目标是给高隐性需求不确定性的供应链设定高响应性，而给低隐性需求不确定性的供应链设定高效率。也就是在面临高隐性需求不确定性时，企业实施的是差异化战略，此时与之匹配的是响应型供应链战略；当面临低隐性需求不确定性时，企业实施的是总成本领先战略，此时与之匹配的是效率型供应链战略。

📖 **实例 1-1　两个实施不同供应链战略的企业**

1. 宜家的效率型供应链战略

宜家（IKEA）是一家瑞典的家具零售企业，在 40 多个国家和地区拥有大型商场。宜家的口号是"为大多数人创造更加美好的日常生活"，其产品一般比竞争对手便宜 30%～50%。宜家物美价廉的核心是其深入供应链每一个环节的低成本设计和衔接。

图 1.3 所示为宜家活动系统图，可以看出宜家的总成本领先战略（深灰色圆圈）通过一系列紧密相连的活动得以显现和实施。

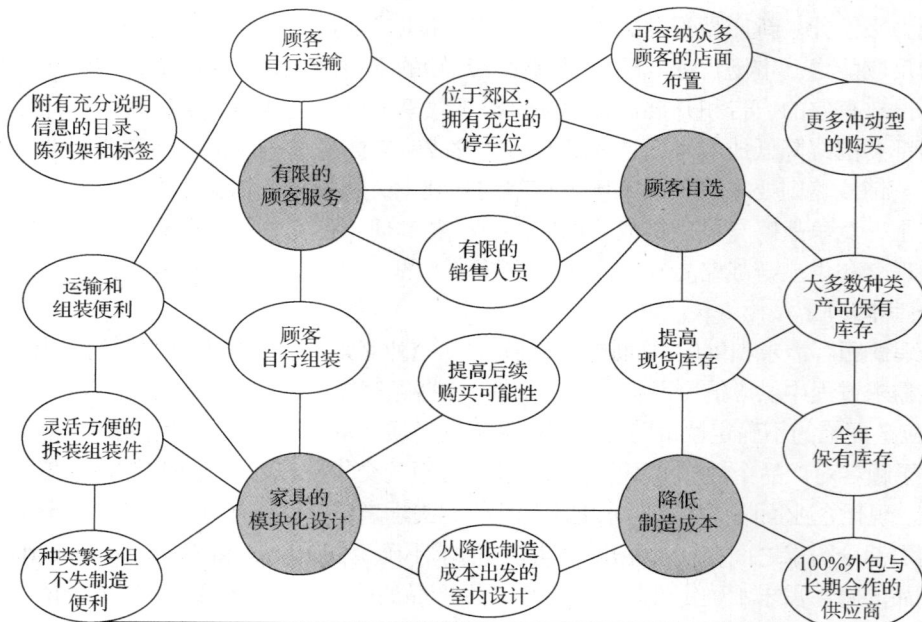

图 1.3　宜家活动系统图

在宜家，一个新产品从开始孕育的时候就会压低成本，并在整个供应链过程中严格执行。曾经有一种 50 美分的咖啡杯被重新设计了 3 次，其目的是能在运输托盘上放尽量多的杯子。一开始，托盘上只能放 864 只杯子，于是又进行设计，在杯子上加了一个圈，这样一个托盘上能放 1280 只杯子。宜家再一次进行重新设计，做了矮一些的、带杯柄的杯子，这样一个托盘上能放 2024 只杯子。这些改变使得运输费用降低了 60%。同样，宜家的全球采购执行策略也以低价为核心。宜家的全球采购策略包括最佳采购实践、竞争性竞价和创造最优条件以节省成本。

2. 戴尔公司的响应型供应链战略

当供应链遇到灾难事件或其他突发性问题时，供应链程序应该怎样应对呢？戴尔公司的供应链高度集成，上游和下游联系紧密，围绕顾客与供应商建立了自己完整的商业运作模式，以至于在发生危机时能快速做出反应。危机发生之后，戴尔公司立即调整公司的运营，找出哪些供应商可能会中断供应，并迅速调整和提高欧洲和亚洲工厂的生产能力，以满足订单的需求。

此外，戴尔公司的直销模式确保公司能够快速了解危机中顾客的实际需求，获得来自顾客的第一手反馈信息，实现按需定制产品。产品的直接递送，让产品直接从工厂送到顾客手中，消除了流通环节中不必要的步骤，缩短了流通时间。

从 2007 年开始，戴尔公司改变了竞争战略和供应链战略。随着硬件定制顾客的减少，戴尔公司将部分个人计算机通过零售商（如沃尔玛）进行销售。显然，与顾客个性化需求相一致的、具有满足定制化需求特征的响应型供应链，并不一定适用于不追求定制化而关注低价位的顾客。基于顾客需求的改变，戴尔公司将其生产战略转变为生产—储存模式，以便支持其战略匹配。设备承包商富士康聚焦于低成本，为戴尔公司生产了许多产品。为了维持战略匹配，戴尔公司的供应链已从响应型供应链转向效率型供应链。

1.3.4 供应链战略系统的主要内容

供应链战略系统，是系统地对整个供应链的发展方向、运营模式、经营绩效等从战略高度进行设计和管理的有机体。供应链战略系统涉及的范围较大，企业可重点围绕以下 5 个方面的要求进行考虑。

（1）组织战略。供应链管理是一种不同于一般的管理模式。虽然这里用了“管理”一词，但是其含义与过去的只在一个企业内部发生的管理行为不同。供应链管理是一种成员企业间的协调问题，供应链企业要认识到这一点，并在组织结构上进行重新设计，使之能够适应供应链管理的运行要求。如果协调问题发生在一个大的集团公司内，集团公司总部则要起到计划和协调的作用。

（2）经营思想战略。创立供应链优势、改变传统采购模式不仅是一种职能，还是一种战略思想。认识到这一点是企业改革原有经营管理思想和模式的重要前提。供应链管理的实践已经表明，它不是一种单纯的操作方法，而是一种改变人们对企业职能认识的战略。传统企业管理模式和供应链管理模式的区别可以表述为以下几个方面的内容。

① 传统企业的目标是制造与销售，供应链企业的目标是按订单安排生产。

② 传统企业的管理目标是减少与优化库存，供应链企业的管理目标是创新。

③ 传统企业提高生产效率的主要方法是增加批量，供应链企业提高生产效率的主要方法是提高企业的柔性。

因此，企业实施供应链管理首先要在经营思想上提高认识，这样才能制定出符合企业发展目标和供应链管理运行规律的战略。

（3）共享信息战略。供应链的优势在于使企业能够共享信息。通过共享信息，供应链上的企业能及时响应或调整生产策略，以便在市场上占据主动。制造商、供应商、分销商愿意相互开放，并且希望有较早介入供应链的机会。这样一来，共享信息战略是供应链管理必须考虑的战略之一。

（4）利用先进技术的战略。要从供应链上获得优势，企业需从一些基础技术，如物流过程自动化、企业资源计划（Enterprise Resource Planning，ERP）系统等做起，把先进技术作为支持供应链协调运行的基础，并且要随着技术的发展随时向新的、更先进的技术推进。

（5）绩效度量战略。绩效度量是实施任何一种战略必不可少的内容之一。企业管理者只有知道某一战略的实施效果，才能做出有效决策。绩效度量还被看作是保持战略层和执行层迈向共同目标的黏合剂，因为系统运行绩效是执行层努力的结果。

1.4 电子商务供应链管理

在过去较长的一段时间里，传统物流供应链体系支撑了早期电子商务经济的发展。然而，在现代科学技术水平持续提升的情况下，电子商务经济规模不断扩大并逐步完成了转型，为适应这一变化，电子商务供应链管理应运而生。电子商务供应链管理是指企业在开展电子商务时，借助互联网平台，实现供应链企业电子协同的管理模式，具有代表性的有双渠道供应链、精益供应链、智慧供应链等管理模式。

1.4.1 双渠道供应链管理

1. 双渠道供应链的概念

双渠道供应链是电子商务不断发展的产物，是供应链组织的一种细分演化形态。双渠道供应链是一种能够同时通过线上和线下两种渠道为顾客提供产品与服务的，由所有上下游企业共同构成的供应链网络结构。双渠道供应链包含线上渠道和线下渠道。线上渠道是指通过网络进行的电子商务贸易活动，是由厂家直销的线上购买渠道；线下渠道一般被认为是具有实体营业场所的商超店铺。上下游企业包括供应商、制造商、零售商及物流企业等成员，顾客被认为是产品或服务的实际使用者或消费者。

在不同的实际场景下，双渠道供应链中各企业的职能分工往往有所区别，这也导致双渠道供应链形成了多种组织类型。根据供应链中制造商与零售商对线上线下渠道整合方式的差异，双渠道供应链可以分为以下4种常见类型，如图1.4所示。

第一种为垂直整合型，制造商同时经营线上平台和线下实体店铺两条零售渠道，直接将产品提供给顾客，零售商不参与此过程的零售活动。第二种为水平整合型，制造商为零售商提供产品，零售商统一经营线上和线下两条零售渠道进行销售。第三种为部分整合型，制造商自营线上零售渠道，同时将全部线下销售业务外包给拥有实体店铺的线下零售商。第四种为混合分散型，制造商同时为线上零售商和线下零售商提供产品，并由线上零售商组织线上渠道销售，由线下零售商组织线下渠道销售。

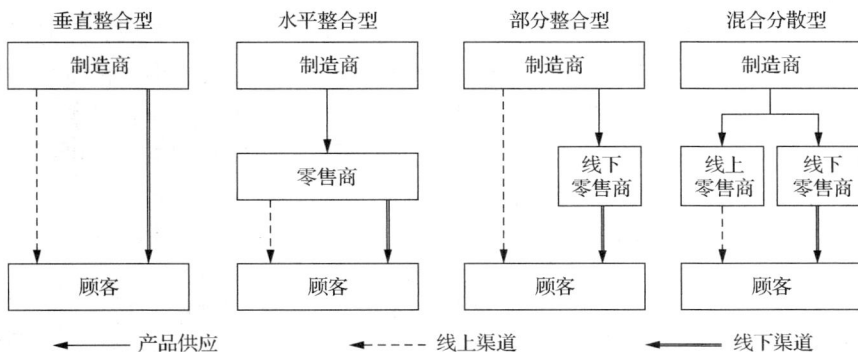

图 1.4　双渠道供应链 4 种常见类型

2．双渠道供应链管理的特点

双渠道供应链包含线上渠道和线下渠道，因此比传统的供应链更加复杂。双渠道供应链管理具有以下特点。

（1）重视消费体验，做好双渠道融合，消除供需双方的对抗。网络技术再先进，也难以代替顾客线下的体验。目前，传统渠道还是主要的营销渠道，大多数顾客仍通过传统市场购买产品。相对于网络渠道，传统渠道可以给顾客提供与企业面对面交流的机会，让顾客当面咨询问题，看到和摸到产品。相较于网页上的图片，有些顾客更乐于购买能实实在在体验到的产品。另外，传统渠道还有一个优势——即时性。当某些顾客有紧迫的需求时，他们希望当天就能收到产品，但目前网络渠道很难满足他们的这一需求。因此，制造商如果盲目地去除传统经销商，单纯采用网络渠道进行销售，看似降低了成本，但有可能失去更多利润和对营销渠道的控制。因此，制造商可以同时利用双渠道，发挥其各自的优势。例如，制造商通过网页宣传企业文化，发布产品促销动态、新产品动态，给传统经销商带来更多的销量。传统经销商充分利用实体门店，发挥体验、配送、自提和售后服务等功能。制造商将双渠道相互融合，可以为顾客提供便利、快捷、安全的购物体验。

（2）做好双渠道市场定位，实施差异化策略。差异化策略就是让双渠道销售的产品在品种、品质、目标顾客定位等方面尽可能实现差异化。例如要在销售的产品上实现差异化，传统经销商店可以以正价新品为主，网店可以销售限量产品或有折扣的库存产品。从目标顾客定位来看，网络渠道的目标顾客可以定位为年轻、高学历、经济比较发达地区的顾客，而传统渠道可以定位为非城镇居民、经济欠发达地区居民等。另外，传统经销商应该注重提高服务质量，提供附加价值高的服务。

（3）激活供应链上下游高效运行机制，构建有效的利益分配体系。供应链作为一种共同的组织，其提倡供需之间的双赢。供应链上的成员企业在做决策时应从整个供应链的角度来考虑，考虑做出的决策会给其他的成员企业带来怎样的影响，不断进行信息交换与共享，实现供应链成员企业同步化，在保证各方获取合理利润的基础上，达到各个成员企业竞争力和盈利能力共同提高的目标，实现双赢。另外，企业在进行上下游渠道管理时，应构建有效的利益分配体系，根据每个渠道成员在供应链中的贡献度权衡利润的分配与让渡。例如，制造商在进行网络渠道销售时，可以采用价格折扣的方式或销售补偿的形式将利益的一部分让渡给传统经销商，使其有动力完成相应的服务，为扩大供应链的整体利益而努力。只有这样做，才有可能防止渠道冲突发生，最终提高整个供应链的竞争优势。

（4）促使传统经销商职能的转变。分销的要义在于货畅其流，这里的流主要包含商流、物流、信息流和资金流。网络渠道虽然可以实现商流、资金流的瞬时完成，但产品的售前推广、销售配送及售后服务等方面，仍然需要依赖传统经销商的传统渠道。传统经销商不仅掌握了遍布各地的配送中心和销售网点，而且具有与顾客交往的丰富经验，这些正是制造商不可或缺的宝贵资源。在网络技术的发展下，传统经销商可以转变其职能，如可以为买卖双方提供交易信息服务，也可以从事专业物流服务。

（5）建立供应链战略联盟。供应链上下游企业可以建立供应链战略联盟来提高渠道成员的忠诚度。供应链战略联盟的建立，可以使得分销渠道的多方形成利益共同体，有着共同的发展目标，承担共同的风险。这样不仅有利于加强渠道合作，使得企业优势互补，有效占领新市场，而且有利于提高各渠道成员的忠诚度，当发生利益冲突时，矛盾更容易得到解决。制造商应以协作、双赢和沟通为基点加强对各分销渠道的控制，同时为经销商、顾客提供更具价值的全方位服务，最终确保整体营销战略目标的实现。

实例 1-2　苏宁易购：赢在双渠道

❋ 1.4.2　精益供应链管理

供应链是基于市场角度对企业间或企业内部网络关系的理解，它不仅存在于制造行业，还涉及包括服务业在内的诸多领域。伴随着精益思想在制造行业的渗透和应用，精益思想也扩展到供应链领域，由此出现了精益供应链。

1．精益供应链的概念

精益思想（Lean Thinking）源于 20 世纪 80 年代日本丰田发明的精益生产（Lean Production）方式。精益思想的核心就是以越来越少的投入——较少的人力、较少的设备、较短的时间和较小的场地，创造出尽可能多的价值，为顾客提供他们想要的东西。

起初，企业在生产过程中应用精益思想，确实为自身增加了社会和经济效益。但随着市场竞争的不断加剧，越来越多的企业发现，要想真正实现精益化的生产效益，必须要与上下游企业形成配合关系，即从原材料采购、生产、产品的物流配送和销售，到向顾客交付的过程都需要实现精益化。企业需要构建一种精益供应链，以确保能以最低的成本，按照正确的方式，把正确的产品按照正确的数量，在正确的时间送到正确的地点，通过提高整条供应链的综合实力来提高企业的核心竞争能力。表 1.1 所示是精益思想、供应链管理和精益供应链的比较。

表 1.1　精益思想、供应链管理和精益供应链的比较

类目	精益思想	供应链管理	精益供应链
应用目标	消除浪费和非增值活动	缩短运作时间、降低成本，创造更大的顾客价值	消除浪费，快速响应顾客需求
着眼点	注重生产过程的优化	注重维持合作伙伴关系	注重维持合作伙伴之间的协调关系和资源整合
技术支持	结构化的工具或技术	各种运筹、仿真方法及信息技术	开放的信息系统平台和先进的数据交换技术
库存控制	通过持续流动追求零库存	通过各种策略和技术控制库存水平	跟踪需求变化，及时调整库存

精益思想追求企业和顾客间双维度的质量最优与成本最低，其应用目标是消除浪费；而供应链管理追求供应链中各节点的资源最优配置和更大的顾客价值，两者的应用目标具有一

定程度的互补性和统一性。因此，将精益思想融入供应链管理过程中，就形成了兼具精益思想和供应链管理特点及优势的精益供应链管理。

综上所述，本书给出对精益供应链的概念：精益供应链是指围绕核心企业，应用精益思想对物流、资金流和信息流进行控制，消除从供应商、制造商、分销商到顾客的整个网状供应链组织中各个环节的浪费和不必要消耗，最大限度地降低成本、满足顾客需求的功能网链结构。

2. 精益供应链管理的特点

精益供应链源于精益思想，因而在管理上也具有"精益"的特点。

（1）明确辨识利益相关者对电商物流的需求。厄尔·穆曼等认为，企业只有关注全部利益相关者的价值，协作才能顺利实现，并进一步实现价值创造。电商物流的利益相关者主要包括供应商、制造商、批发商、零售商、顾客等。不同利益相关者对电商物流的需求不同。在整个供应链上，各个利益相关者都有着各自的利益，成员之间通过整合供应链获得整体竞争优势，使产品价值增值，从而达到降低综合成本、提高服务水平、增加供应链整体效益的目的。其中还包括各个利益相关者能够分享产品价值增值带来的收益，这样才能调动各方积极性，充分发挥各利益相关者的优势，以更好地满足顾客需求。

（2）标准作业是精益供应链管理的基础。标准作业，也即"标准化作业"，由单位作业时间（节拍时间）、作业程序、标准半成品库存三大要素组成，是一种成文的、当前最佳的、安全有效的完成工作的方法，以达到必要的质量水准。具体来讲，以人的操作为中心，去掉浪费的动作，把真正有意义的工作集合起来，编出顺序，使之在同样的条件下能够反复进行相同的作业，并且与设备的配置和时间相符合。可见，标准作业是为了实现以低廉的成本生产出优质产品的一个作业基准。标准化工作也是不断将个人的最好方法标准化，扩展延伸为团队智能从而不断改进的过程。标准化工作追求"当前最好的方法"与精益思想的"不断消除浪费""不断改进"相契合，因此，标准作业是精益供应链管理的基础。

（3）信息化建设是精益供应链管理的保障。高品质的物流运作依赖于先进的信息化建设。产品生产、加工、销售是一个复杂的系统工程，涉及许多复杂的信息技术，电子商务精益供应链需要通过先进的信息技术，以确保及时高效的物流业务得以实现。第三方物流配送平台包括实体网络和信息网络。实体网络指物流设施、交通工具、交通枢纽等在地理位置上的合理布局而形成的有形网络，信息网络指第三方物流企业与顾客利用信息技术把各自的信息资源链进行整合而形成的共享信息资源网络。通过信息化建设，企业可以建立以市场为导向的物流和供应链信息平台，从而实现精益物流中以顾客为导向的拉动式生产模式，并根据市场需求调节产品的生产周期，实现少量、多批次送货，从而减少库存，更好、更快地满足顾客需求。

（4）物流过程尽可能做到自动化。供应链管理过程中，无论是内部还是外部物流，依赖人工的部分越少，越有助于改善成本浪费的问题。提升自动化水平是企业成本控制的主要手段之一。企业的自动化水平较低，物流的实际运作流程就会比较复杂。企业物流的自动化有助于减少人工带来的工作失误。自动化可以实现全程的密切监控，一旦出现问题，能够轻易追踪问题的根源。企业供应链的管理尽可能多用自动化的相关技术，对节省供应链的管理成本具有积极的作用。电子商务企业供应链的管理工作做到精益化和节省成本，首先要从减少人力资源的使用开始。ERP、办公自动化（Office Automation，OA）等软硬件技术的使用，可以使人力资源的使用和分配工作更为优化。

（5）加强团队协作。团队协作对提升电子商务企业的软实力而言具有积极的意义。团队可以在解决浪费行为的问题上互相提供帮助和支持。要实现团队协作，高层管理人员之间必须清楚地沟通团队协作事宜，并对其寄予厚望。管理层必须充分讨论并确定团队文化的价值，使员工对团队文化提出建议。随着时间的推移，这些讨论和建议将有助于加强团队协作，企业内部的不合理浪费行为也能够显著减少。

1.4.3 智慧供应链管理

1. 智慧供应链的概念

目前，学界和企业界对智慧供应链的认识尚未完全统一，但一般普遍地认为，智慧供应链是在传统供应链的基础上将现代信息技术和管理相结合，在企业内和企业间构建的一个集成系统，能够实现供应链的智能化、数字化、网络化和自动化。与传统供应链相比，智慧供应链受需求驱动，技术渗透性更强，更加强调与顾客及供应商的信息分享和互动协同。

（1）智慧供应链是传统供应链、现代信息技术和管理的结合。现代信息技术是智慧供应链的基础，传统供应链的相关环节所产生的数据能够依托信息网络进行传递，由此，智慧供应链的信息技术的优势得以发挥。企业通过对智慧供应链中的不同环节进行有效管理，可以提高智慧供应链的整体运营效率，降低运营成本。

（2）智慧供应链是企业内和企业间构建的一个集成系统。智慧供应链不仅关注企业内部物流、信息流、资金流等的优化管理，而且还关注企业之间协作工作的优化，致力于形成一个整体的、集成的系统。

（3）智慧供应链的目标是实现供应链的智能化、数字化、网络化和自动化。智慧供应链通过使供应链智能化、数字化、网络化和自动化，以提高智慧供应链的整体运营效率，降低整体运营成本，从而达成供应链管理的一般目标——供应链价值最大化。

实例 1-3 京东的智慧供应链模式

2. 智慧供应链管理的特点

目前，智慧供应链尚没有形成成熟的理论体系，也没有形成完善的实践体系，无论是学界还是企业界都处于探索和讨论之中。相比较之下，相关理论研究略滞后于企业实践。一些零售企业、IT 企业、物流企业等已经开始布局和建设各自的智慧供应链体系。下面从发展趋势的角度探讨智慧供应链管理的特点。

（1）全面化、网格化。

与传统供应链的中心化形成鲜明对比，在物联网技术快速发展的背景下，智慧供应链建设将呈现全面化、网格化的趋势。智慧供应链的全面化，是指结合大数据技术的应用，通过链接每一台数据终端，可以实现最及时的“端到端”服务，在供应链数据分享方面，除相关节点企业外，将电子商务背景下的顾客纳入智慧供应链体系中，顾客可以通过终端查看、修改配送信息，由智慧供应链系统进行适时调整。智慧供应链的网格化，是智能制造背景下智慧供应链建设的必然选择，利用 GIS 技术对服务区域进行分割、编号，以实现智慧供应链与服务区域的精准对接。同时，配合无人值守快递柜的普及，能够有效降低供应链配送成本，提高配送效率，并通过实时配送情况进行网格规划的实时调整，实现区域网格动态优化配置。

（2）数字化。

智慧供应链的数字化主要表现在数字协同、可视化等方面。数字协同，是指在电子商务快速发展的过程中，智慧供应链应积极融入“电商生态圈”，在开放供应链数据的同时，也能够获取多元化隐性数据，并实现跨行业的订单接入、服务协同分拨等。例如，某两大智慧供应链平台通过数字协同可以进行运力资源的科学配置，降低成本，提高效率。可视化，意味着在智慧供应链建设中，融入可视化技术使供应链智慧化程度更高，使智慧供应链过程"透明化"。例如智慧供应链将传统 B2B 末端物流供应链数据以更加直观的形式进行展示，即顾客在下达订单之后，智慧供应链将根据订单生成可视化物流场景，且整个物流供应链过程对顾客公开，由此不仅强化了顾客体验效果，也提高了供应链效率。

（3）重视数据价值，实现业态融合。

在智慧供应链环境中，所有实体和流程都将被数字化，这为智慧供应链的管理提供了大量的基础数据。企业结合人工智能和数据分析，有助于做出更优化的自动决策，不仅能够实现供应链中资源的有效配置，而且能够自动降低运营成本，降低运营风险，从而提高整个供应链的经营绩效。智慧供应链建设对数据的依赖性较强，企业通过获取不同类型的数据，能够为智慧供应链建设指出更加科学的方向。此外，智慧供应链在传统供应链的基础上对数据进行高效利用，实现了更加广阔的业态融合。企业可以根据发展需要，与相关企业在对应产品领域进行结合，以寻求新的发展。各企业之间在数据共享方面通过达成一致意见，助推智慧供应链业态融合，从而实现供应链竞争力的升级。

思考与练习

第2章

供应链管理要素与绩效驱动因素

🛒 学习目标

➤ 了解供应链流程的循环观点。
➤ 掌握供应链流程的推/拉观点。
➤ 了解供应链管理体系的构成。
➤ 掌握供应链管理系统的关键要素。
➤ 了解供应链的系统特征。
➤ 掌握供应链的类型。
➤ 掌握供应链绩效的驱动因素。

从企业的角度出发，供应链管理可以理解为企业管理的思维方式与社会认知相结合的管理过程。这种思维方式指企业通过整合协同、改善等建立商业生态。因此，供应链管理是一门结合艺术与科学的学问，供应链管理的要素与驱动因素成为供应链有效性的关键所在。本章首先从两个视角观察供应链的流程，包括循环观点和推/拉观点，并指出推式生产和拉式生产各自的优劣势；然后对供应链管理体系的构成和供应链管理系统的关键要素进行全面分析，深入阐述供应链的系统特征和供应链的类型；最后从影响供应链绩效的驱动因素入手，系统地归纳 3 个物流驱动因素（设施、库存、运输）和 3 个跨职能驱动因素（信息、采购、定价）。

2.1 供应链的流程观点*

开篇案例

韩都衣舍的 PDA
供应链实践

供应链是由一系列的流程和流构成的，它们发生在不同环节之内和不同环节之间。流程和流相结合，可以满足客户对产品的需求。供应链中的流程可从两个视角进行观察，包括循环观点和推/拉观点。

❋ 2.1.1　供应链流程的循环观点

供应链这个术语形象地描述了产品或原材料从供应商到制造商，到分销商，再到零售商，直至客户这一链条移动的过程。供应链管理通过多个环节共同作用提高整体效益。每个环节都不是孤立存在的，它们之间存在错综复杂的关系，形成网络系统。这个系统也不是静止不变的，不仅网络间传输的数据在不断变化，而且网络的构成模式也在实时进行调整。供应链涵盖接受并满足客户需求的全部功能，包括但不限于以下内容：新产品开发、市场营销、生产运作、分销、财务和客户服务。

由于技术、市场、人员、管理等因素处于不断变化之中，因此，供应链流程也并非一成不变，企业要根据各项因素的变化进行判断和分析，并适时对供应链流程进行重组。图 2.1 所示为供应链流程模型。

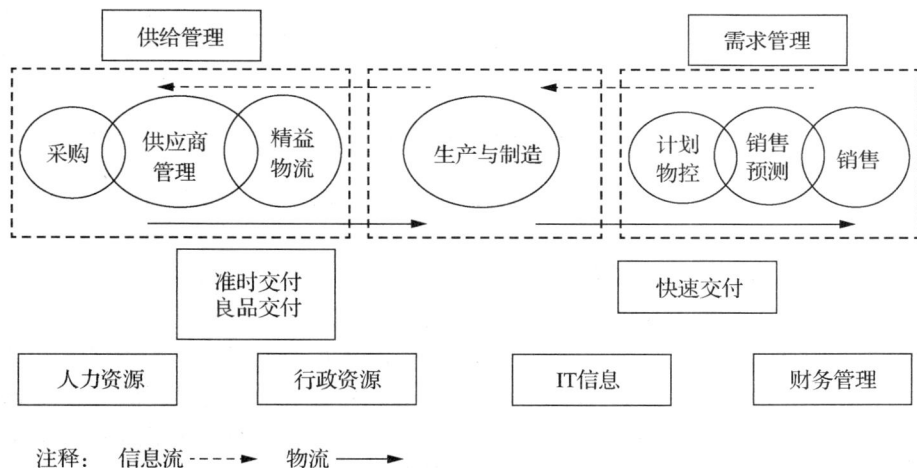

图 2.1　供应链流程模型

图 2.1 所示的供应链流程模型可以分为一系列循环，每一个循环在供应链两个相邻的环节间进行。供应链流程模型可以分解为图 2.2 所示的 4 个供应链流程循环，包括客户订单循环、补货循环、制造循环、采购循环。

并非每个供应链流程都必须划分为这 4 个循环。例如，一个便利店的供应链流程就可能有 4 个分开的循环，在便利店的供应链流程中，零售商储备了产品并向分销商提出补充订货；而戴尔公司直接面向客户，可以直接越过零售商和分销商两个环节。在现今 B2C 电子商务迅速发展的背景下，更多的企业越过各类分销环节，直接面向电商零售平台。

每个循环由 6 个子流程构成，如图 2.3 所示，子流程循环往复。

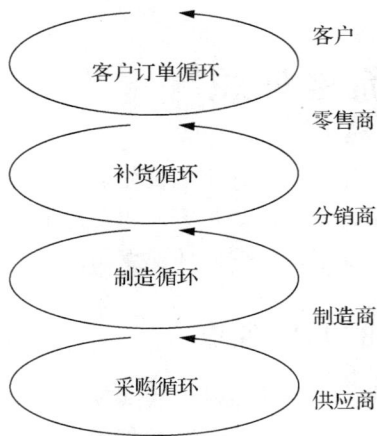

图 2.2　供应链流程循环

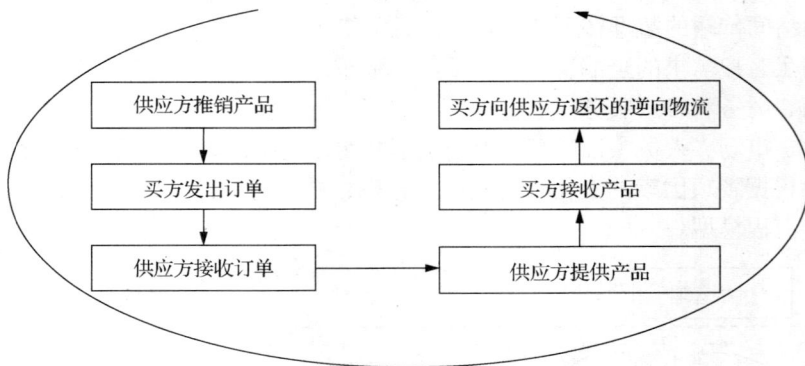

图 2.3　供应链流程循环的子流程

　　根据交易过程的不同情况，图 2.3 所示的子流程可应用于适当的供应链流程循环中。例如，客户通过京东商城在线购物时，他们成为客户订单循环的一部分——客户作为买方，京东商城作为供应方。相反，当京东商城向一个分销商下订单来补充其库存时，他们成为补货循环的一部分——京东商场作为买方，分销商作为供应方。

　　在每个循环内部，买方的目的是确保可以得到产品并且通过规模购买实现低价买入，供应方的目的是试图预测客户订货量并且尽量降低接收订单的成本。因此，供应方在接收订单时会准时完成并改善订单履行的效率和准确性，买方也会致力于降低收货过程的成本。买方通过对逆向物流的管理降低成本并满足环保目标的要求。

　　尽管每个循环有基本相同的子流程，但每个循环之间还是存在几个重要的区别。第一点区别在于需求的确定性。在客户订单循环中，需求发生在供应链外部，并且是不确定的；而在其他循环中，虽然需求也是不确定的，但是可以根据供应链各环节传递出的信息反映出来。例如，在采购循环中，只要了解了汽车制造商的生产计划，轮胎供应商便可以准确预测其轮胎的需求量。第二点区别在于订单的规模。就单个客户而言，他只购买一台汽车，但是分销商会从制造商那里一次性订购多台汽车，然后制造商会从供应商那里订购大量轮胎。从客户到供应商，订单的规模在增加。因此，当我们从最终客户向供应链上游环节运动时，在供应链各环节之间共享信息和政策就越来越重要。

　　供应链流程循环观点的优势在于能够清楚划分供应链成员的任务，清楚地显示所有流程及每个流程的承担者，明晰了供应链上每个成员的职责，并且指出了每个流程的预期产出。

❋ 2.1.2 供应链流程的推/拉观点

根据对最终客户需求的执行时间，供应链中所有流程可分为两种类型：一种是拉动流程，订单的执行依据客户订货；另一种是推动流程，订单的执行依据对客户订货的预测。因此，在拉动流程中，客户需求是已知的、确定的；而在推动流程中，客户需求是未知的，相关方需要进行预测。拉动流程是对客户订货需求端的反应，所以可以看成是一种反应流程。推动流程具有投机性（或预测性），不是实际需求，所以可以看成是一种投机流程。图 2.4 所示为供应链的推/拉流程。因为客户需求尚未知晓，所以推动流程是在一个不确定的环境中运作的；拉动流程是在已知客户需求的环境中运作的，但是经常受限于推动流程的库存和生产能力决策。

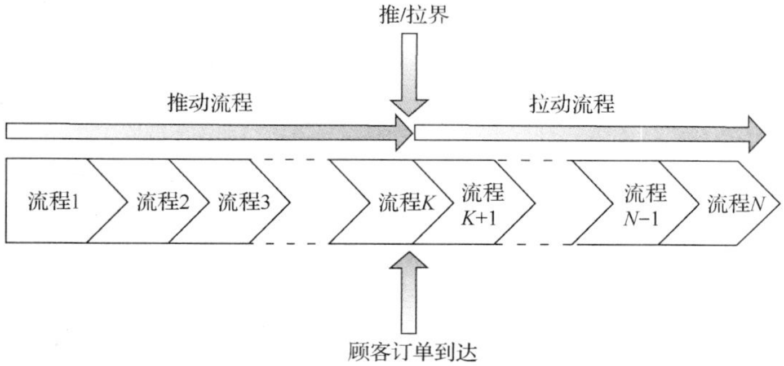

图 2.4 供应链的推/拉流程

📖**实例 2-1 L.L.BEAN——备货型生产企业的推/拉流程**

　　L.L.BEAN 是美国的户外产品品牌，创建于 1912 年，其产品专门针对户外运动爱好者而设计生产。经过近百年的奋斗，L.L.BEAN 以耐用的服装和户外设备而备受青睐，成长为一家全球性的企业。L.L.BEAN 公司是在客户订单到达后处理客户订单循环的所有流程，因此所有流程都是拉动流程。订单的履行从库存产品开始，库存产品是根据对客户需求的预测而提前生产出来的。补货循环的目的是确保客户订单到达时，产品是可以得到的。补货循环中的全部流程都基于需求预测，因此是推动流程。制造循环和采购循环也是如此。事实上，像纤维这种原材料经常是在进行客户需求预测之前的 6～9 个月就已经购买了；销售活动开始 3～6 个月之前，制造过程就已经开始了。L.L.BEAN 公司的供应链可以细分为推动流程和拉动流程，如图 2.5 所示。

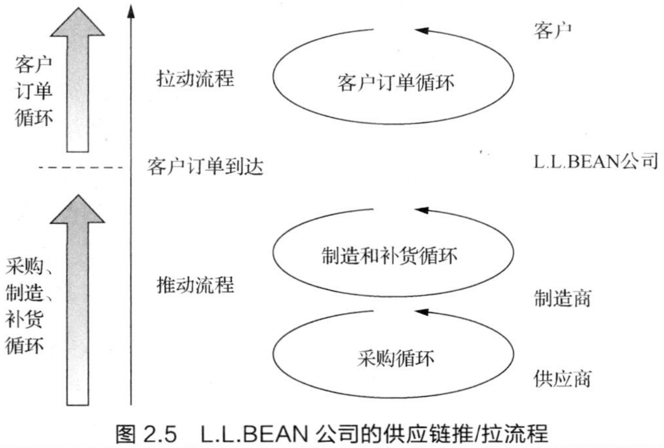

图 2.5 L.L.BEAN 公司的供应链推/拉流程

📖**实例 2-2　戴尔公司——按订单生产型企业的推/拉流程**

戴尔公司是按订单生产的计算机制造公司，情况与 L.L.BEAN 公司有所区别。戴尔公司不是通过零售商或分销商销售产品，而是直接面向客户，即选择直销模式。其需求不是通过产品库存来满足的，而是通过制造过程来实现的。客户订单引发了某种产品的生产，因此，制造循环就成为客户订单循环中客户订单履行过程的一部分。戴尔公司的供应链中只有两个有效的循环：客户订单循环和制造循环、采购循环。图 2.6 所示为戴尔公司的供应链推/拉流程。

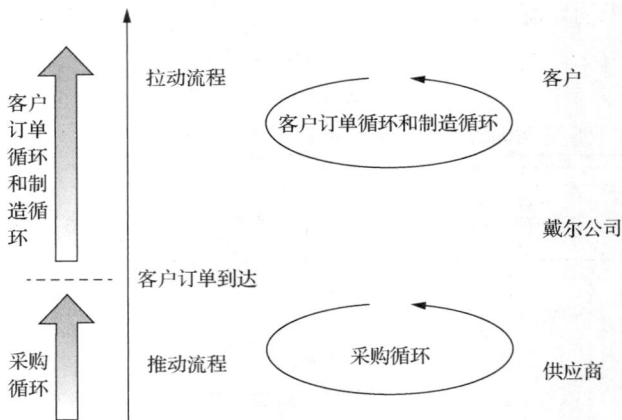

图 2.6　戴尔公司的供应链推/拉流程

戴尔公司的客户订单循环和制造循环中所有流程是在客户订单到达之后开始的，所以是拉动流程。但是，戴尔公司的零部件订单并不是由客户订货决定的，库存补货是建立在客户需求预测基础上的。戴尔公司采购循环中的所有流程属于推动流程，因为它们是对客户需求预测的响应。

推式生产有库存风险，但单纯的拉式生产也并不完美，订单有了，虽然没有需求风险，但因为要货急，供应风险大增。例如，客户给的交货期是 3 周，供应商的零部件需要 5 周才能到齐，还不算加工组装时间，且加急赶工时总成本往往更高。

尽管说拉式生产有诸多优势，但很少有供应链是纯拉式生产的，几乎都是推拉结合。那么推与拉的结合点应该设在哪里？简单理解就是：能预测的部分用"推"，不能预测的部分用"拉"。

实例 2-3　饭馆作业的推拉结合

产品定制化程度越高，需求预测准确度越低，推拉结合点离消费点越远。例如，在多品种、少批量的设备行业，产品配置多样化，制造商主要依赖客户订单驱动生产组装，推拉结合点在零部件采购环节——对于通用零部件，制造商会按照预测驱动供应商生产（"推"），等客户订单到达，再进行最后产品的组装（"拉"）；对于通用程度低的零部件，制造商往往等客户订单到达后再向供应商下单，推拉结合点离消费点更远。相反，产品标准化程度越高，需求预测准确度越高，推拉结合点就越接近消费点。

此外，客户对产品时效性的要求越高，推拉结合点就离消费点越近。例如大型设备的关键备件，一旦停机待料，损失就非常大，所以在很多行业中，关键备件供应链的推拉结合点就在客户的生产设施附近，以及对供应客户的生产需要。例如，半导体设备制造商在制订全球备件计划时，将价值一亿多美元的备件库存，分为 20 多个仓库，建在全球芯片制造的主要地区，80 多个寄售库存点就直接建在芯片生产商现场，从而最大限度满足时效性需求。航空业也有类似的指标，飞机因备件不到位就无法起飞，备件的交货时间也以小时为计量单位。在这种情况下，库存就被"推"到离消费点非常近的地方。这样做违背了需求预测的准确性要求，因为在消费点附近，非易耗备件的需求一般很难预测，即使人们能大致预测平均需求，但究竟什么时候需要还是无法预计。相反，在全球或区域层面，由于需求的整合效应，需求预测的准确度更高，但库存如果离消费点太远，就难以满足客户的需求。库存"推"到客户附近，满足了客户需求，相应付出的代价就是很高的库存水平、很低的库存周转率。例如在很多大型设备行业，备件的库存周转率一年只有一两次。

在供应链领域，很多效果较好的实践都与有效定位推拉结合点有关。例如戴尔公司的直销模式在产品层次是典型的拉式生产，不见订单不组装；但在零部件阶段，却是典型的推式生产，因为这些原材料通用性高，用量可预测。惠普有名的延迟战略（Postponement）也是同理：产品的共同部分好预测，用推式生产，以取得规模效益、降低成本；差异化部分用拉式生产，以降低需求变动带来的库存风险。直销模式和延迟战略的成功，就在于其有效定位了推拉结合点。

推拉结合点不是一成不变的，即使在同一个行业、同一个企业，也可能随产品的生命周期而变化。例如戴尔公司刚创立直销模式时，计算机是创新性产品，机型配置多、产品降价速度快，产品层次的预测准确度低，库存风险成本高，直销模式是总成本最低的供应链模式。但是，这些年计算机逐渐成为大众产品，配置越来越标准化，预测的准确性也越来越高，推拉结合点从生产商处前移到零售商处，即生产商按照预测批量生产，批量供货给零售商，在零售商处变为"拉"。这种方式最大限度地发挥了规模效益，所以整体供应链成本最低。相反，戴尔公司的直销模式如果仍采用单件生产、单件递送，在计算机库存风险成本显著降低的情况下，高昂的运营成本将无法通过库存风险成本节支来抵消，直销模式的总成本不再是最低的。

推拉结合点选择适当，会有效地平衡供应链的响应速度、成本和服务水平。相反，推拉结合点选择失当，则会造成诸多问题，增加供应链的总成本。例如，在时装行业常见的订货会模式下，其推拉结合点在经销商处，品牌商要求经销商提前两个季度订货，由经销商的订单驱动整个供应链。这对品牌商而言是拉式生产，对经销商则是推式进货，即他们的订单需求依赖预测，而预测的准确度通常很低。例如夏天时，经销商，尤其是小店主往往无法预测冬天会流行什么，自己的店能卖掉多少货，所以这种预测无疑是不确定的，其结果要么是货物短缺，要么是货物积压。货物积压时，品牌商也得一起买单。当经销商因货物积压而缺少资金，没钱订下季度的货物，或者因货物积压而打折出售时，品牌商花费那么多资源建起来的品牌就会在一次次折价中贬值。这就是一些品牌商看上去只赚不赔，却陷入困境的原因。那么，时装行业的拉推结合点应该在哪里？答案是在品牌商处。因为品牌商设计时装，对流行时尚的理解最深，而且可以整合不同经销商的需求，其预测准确度更高。

具体的解决方案有两个。方案一是品牌商竖向集成，进入零售领域。这不但要求品牌商投入大量资本，而且对运营管理提出了新的要求，因为渠道运营与品牌的设计、生产不尽相同。方案二是理顺渠道关系，增进相互之间的合作，通过改善信息流提高供应链的响应速度。例如经销商及时共享零售的早期销售数据，以便品牌商调整生产计划。方案二要求具备更强的供应链管理能力，当品牌商不具备这样的管理能力时，就选用竖向集成，采用方案一的模式。

在进行供应链设计的策略决策时，应用推/拉观点是非常有用的，其目的是要找出推拉结合点，使供应链能够实现供给和需求的有效匹配。油漆行业对供应链的推/拉调节应用得很得当。油漆生产需要经过底漆、调色和包装 3 个过程。直到 20 世纪 80 年代，这些都由大型工厂承担，油漆桶被直接运送到商店。这些可以看成是推动过程，因为是根据消费者的需求预测进行的。由于需求的不确定性，油漆供应链在进行供给和需求的匹配时存在很大难题。到了 20 世纪 90 年代，油漆供应链的结构发生了变化，调色活动在消费者发出订货需求之后由零售商承担。换言之，在底漆活动和包装活动都保持推式生产的情况下，调色活动从推式生产变成拉式生产。其结果是消费者可以按自己的要求选择颜色，也使供应链中的油漆产品库存得以降低。

2.2 供应链管理要素

✳ 2.2.1 供应链管理体系的构成

随着供应链管理思想的发展，人们开始从整个供应链的角度研究供应链管理的要素问题，即供应链管理包含哪些要素。到目前为止，还没有一个能为人们所共同接受的、将供应链管理有关要素描述得很清楚的体系。因此，这个问题至今仍然困扰着与供应链相关的管理人员。

根据大多数人研究的结果，本书认为供应链管理主要涉及四大领域：供应（Supply）、生产计划（Schedule Plan）、物流管理（Logistics）、需求（Demand），如图 2.7 所示。供应链管理是以同步化、集成化生产计划为指导，以各种技术为支持，尤其以互联网/内部网（Internet/Intranet）为依托，围绕供应、生产计划、物流管理、需求来实施的。供应链管理主要包括计划、合作、控制从供应商到客户的产品和信息。供应链管理的目标在于提高客户服务水平和降低总的交易成本，并且寻求这两个目标之间的平衡（这两个目标往往有冲突）。

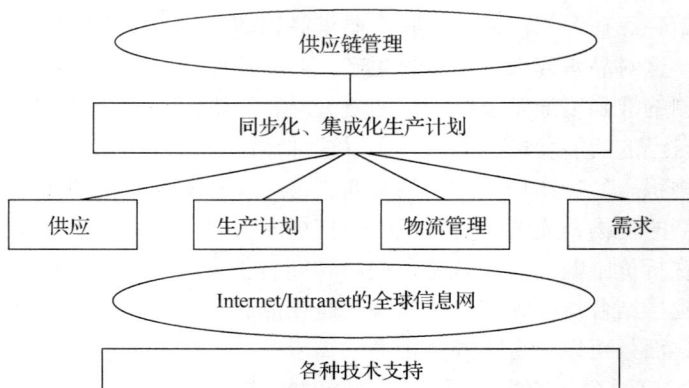

图 2.7　供应链管理涉及的领域

在以上四大领域的基础上，我们可以将供应链管理涉及的领域细分为基本职能领域和辅助职能领域。基本职能领域主要包括产品开发、产品技术保证、采购、制造、生产控制、库存控制、仓储管理、分销管理、市场营销等，而辅助职能领域主要包括客户服务、设计工程、会计核算、人力资源等。

美国俄亥俄州立大学兰伯特教授在全球供应链论坛中发表的"合作伙伴关系模型"如图 2.8 所示，供应链管理把供应链中所有节点企业看作一个整体，供应链管理涵盖在整个物流中从供应商到最终客户的采购、生产、研发（Research and Development，R&D）、物流、营销、财务等职能领域。合作伙伴关系模型定义了供应链管理的八大关键流程。其核心在于如何管理那些在企业职能部门之间、企业之间进行协调的各种活动。其理论和实际的出发点在于：实施供应链管理的目的是通过跨部门的商业流程来发展竞争能力并取得市场竞争优势。

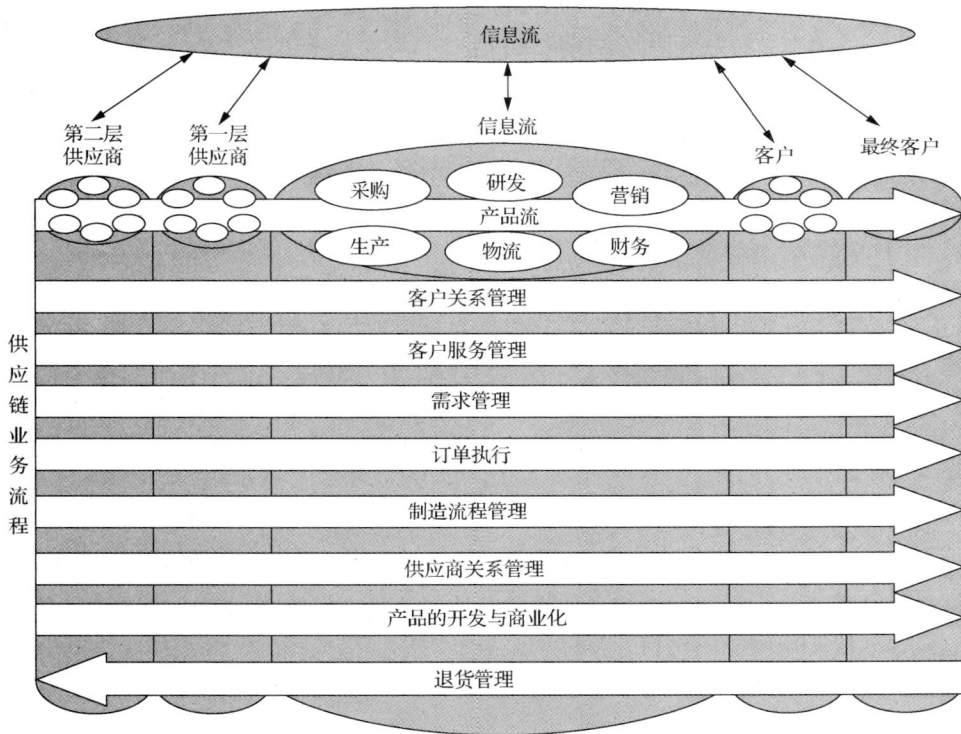

图 2.8　供应链管理八大关键流程

八大关键流程的核心是供应商关系管理（Supplier Relationship Management，SRM）和客户关系管理（Customer Relationship Management，CRM）的融合，这两个流程明确了上下游合作伙伴之间的关系，并对其进行管理，同时也确定其他 6 个流程的运行环境。

（1）客户关系管理

客户关系管理提供了发展和维护客户关系的方法。客户关系管理流程包括一系列活动，如客户定位、潜在获利性评估、决定产品和服务、建立和维护忠诚客户群等。客户关系管理需要来自研发、制造、销售、物流、财务等部门的跨职能团队与客户一起工作。通过这个步骤，管理者能辨认关键客户和客户群，并把他们作为企业商业计划的一部分。目的是根据客户价值对客户分类，并通过为客户提供个性化的服务提升客户的忠诚度。

（2）客户服务管理

客户服务管理表示企业对客户的态度，可以保持客户的满意度和忠诚度。这是在客户关系管理步骤中由客户小组开发产品服务包的关键步骤。客户服务中通过与职能部门（如制造和物流部门）联系，为客户提供他们想了解的关于产品实用性和运输日期等方面的实时信息。客户服务管理还包括帮助客户了解产品的应用。

（3）需求管理

不确定性是影响供应链的主要问题之一，而不确定性中典型问题就是客户需求波动。需求上的突然波动会影响供应链上的所有流程，包括工厂计划运作、规划服务能力需求、订购物料、库存管理、按照正确的数量在正确的时间履行订单、按照需求水平和时间落实人员等。

需求管理是一个平衡客户需求和供应能力的过程。通过在正确的地方使用正确的程序，这种管理能有预见性地使需求和供给相匹配并使计划更有效执行。必须注意到这个过程不仅指预测，还包括协调供给和需求、增强弹性、减少波动等。成功的需求管理，能够减少不确定性，保持需求和供应的平衡，有效地协调市场需求和生产，并对整个供应链提供有效支持。

（4）订单执行

优秀的订单执行流程就是能够按照正确的数量在正确的时间提交正确的产品。订单执行不仅指下达订单指令，还包括定义客户需求、设计网络、管理采购，在最小化配送成本的基础上满足客户需求等一系列活动。它的目的是建立一个从供应商到企业，再从企业到不同客户无缝衔接的系统。

（5）制造流程管理

制造流程管理处于制造供应链的中心，包括原材料取得、产品生产、将产品运出工厂等供应链环节。在此环节中，产品、信息和现金都会流经制造流程。一个运行良好的制造流能够按计划保质保量地生产出所需要的产品。这个过程的目的就是在既定时间内以尽可能低的成本生产出尽可能多的产品。为了达到预期的生产要求，计划和执行就需要寻求供应链参与者的合作。

（6）供应商关系管理

供应商关系管理旨在与关键供应商建立长期合作关系，这个过程与客户关系管理过程类似。简言之，供应商关系管理就是定义和管理产品服务包。与外部供应商建立关系可以采用不同的方式，取决于所供应的材料、零件和服务。对于提供关键的、高品质零件的供应商，需要与其建立某种定制的关系。对于一般供应商，可以直接采用不能更改的标准产品和服务协议。

（7）产品的开发与商业化

开发新产品以及在合适的时机把它推向市场，这个过程需要和客户与供应商共同协作。负责产品的设计和商业化过程的团队应该和 CRM 过程中的团队合作以确认客户需求，应该和 SRM 过程中的团队合作选择材料和供应商，和生产流程管理过程中的团队合作根据市场的需求发展新产品技术。

（8）退货管理

退货管理过程包括与管理退货、逆向物流、闸口控制有关的活动。适当地执行退货管理不仅能有效管理产品流中的次品，而且还能减少不期望出现的退货产品数量并能重复利用诸如包装盒之类的可循环利用的产品部分。有效的退货管理是供应链管理的重要步骤，它能使企业获得持续的竞争力。

❋ 2.2.2 供应链管理系统的关键要素

供应链管理系统涉及十大关键要素，如图 2.9 所示。

1. 需求与供应链计划管理

需求与供应链计划管理在整个供应链管理系统中处于中心位置，是连接所有相关的供应链企业生产系统与市场的枢纽，是供应链管理系统中最重要的要素之一。需求与供应链计划管理活动一般由核心企业主导，它的主要功能有：①了解和掌握市场需求；②定义供应链活动范围；③确定供应链企业的客户订单承诺能力（Available to Promise，ATP），制订多供应商物料需求计划、分销需求计划、集中与分散交货计划、订单交付周期压缩计划等；④制订主生产计划，包括需求预测和需求管理、主生产计划编制、制造支持、减少库存资金占用、供应链需求反查功能、物流资源匹配支持等。整个供应链都按照它发出的指令运行。

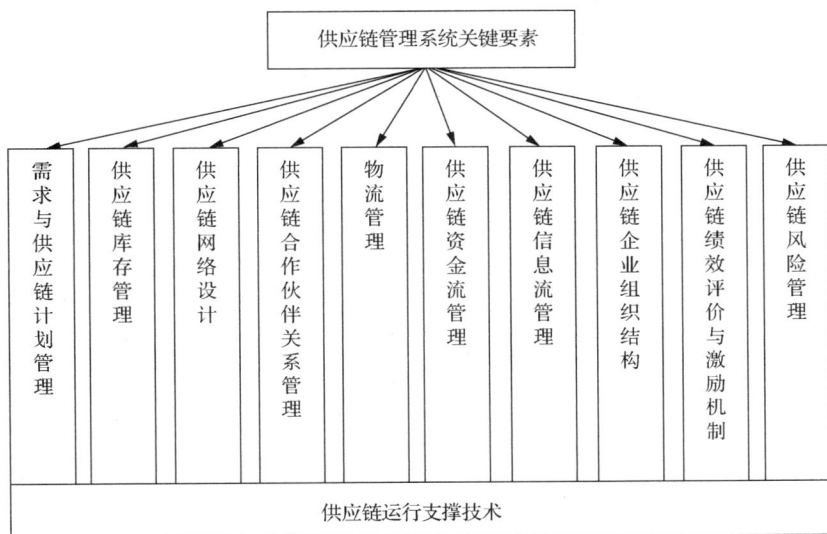

图 2.9　供应链管理系统的十大关键要素

2．供应链库存管理

供应链库存管理，指通过维持定量的库存来克服市场随机的变化和供应的不确定性风险对供应链带来的不利影响。供应链库存管理的主要目的是保证供应链中物流和信息流的有效流动。但在企业的实际管理活动中，经常由于各种不确定因素而导致物流和信息流的流动出现障碍，如原材料延迟到达、机器故障、产品质量出现问题、客户订单突然取消等。这些不确定因素会使企业管理者被迫提高库存水平以吸收和平衡随机波动因素带来的损失，管理者试图通过建立一定数量的产品的库存来克服这种不确定性。因此，很长一段时间以来，企业为了提高客户订单的准时交付率，常常要维持足够的库存量（作为安全缓冲）。这样，即使供应链上的企业出现了问题，也不致过于影响整个供应链的服务水平。然而，维持库存量必然导致库存持有成本上升，也会削弱供应链的竞争力。

3．供应链网络设计

供应链网络是为客户提供产品生产和服务的物质基础，通常是指由工厂、车间、设备、仓库、配送中心等物质实体构成的一个有机体系，是实现企业产品物流和配送活动的载体。供应链网络设计，是指运用科学的方法确定各种设备设施的数量、地理位置、规模，并分配各种设备设施所服务的市场（服务对象）范围，使之与供应链的整体经营系统有机结合，以实现高效、经济的供应链运作。供应链网络设计对设施建成后的设施布置及投产后的生产经营费用、产品和服务质量以及成本有极大且长久的影响。供应链网络的功能也将根据不同的市场环境进行合理规划和设计，如响应型供应链、效率型供应链等。无论是哪种功能类型的供应链网络，其有关选址、能力及设施柔性的决策都对供应链效率与响应速度有很大的影响。保证供应链网络设计决策的合理性和正确性是保障供应链网络正常运行的前提。

4．供应链合作伙伴关系管理

为了降低供应链总成本，降低供应链上的库存水平，提高信息共享水平，改善供应链企业之间的交流，保持合作伙伴之间业务流程运作的一贯性，核心企业必须管理好供应链企业间的合作伙伴关系。供应链上的每个节点企业要想实现良好的财务状况、产品质量、客户满意度，以及业绩的改善和提高等，必须着眼于与其合作的企业建立合作伙伴关系，而不能仅停留在一般的交易关系上，也不能仅从自身利益最大化出发。只有供应链的整体竞争力提高了，各个企业才能从中获得更高的收益。因此，供应链的竞争力是以供应链成员企业间的充分信任和相互合作为基础的。可以说，供应链管理就是供应链合作伙伴关系管理。

5．物流管理

在传统的企业管理体系中，物流仅被当成企业经营活动中的辅助内容，因此许多企业并不关注物流管理，缺乏战略性的物流规划和运筹优化。有的企业之所以缺乏整体竞争力，是因为其物流体系不通畅导致产品配送受阻，影响了产品的准时交付。传统的企业管理者只重视产品生产，而对保证生产正常进行的其他支持系统重视不够。从供应链管理的视角来看，企业要想使供应链物流系统能够发挥超常的竞争优势，就要使企业在成本、质量、时间、服务、灵活性上的竞争优势得到显著提高，这就需要从企业战略的高度规划和管理供应链物流系统，把供应链管理战略通过物流管理落到实处。因此，在供应链管理的研究与实践上，都将物流管理作为重要内容。

6．供应链资金流管理

供应链管理不仅需要协调好合作企业之间信息流和物流的运营，还要格外重视对供应链上的资金流进行优化和管理。供应链资金流管理包括 3 方面内容：从订单到现金回收（Order-to-Cash）、从采购到付款（Procure-to-Pay）、供应链金融（Supply Chain Finance）。从订单到现金回收，是指企业在收到客户订单以后，立即制订生产计划并组织生产，按照订单要求将产品交付给客户，直至收到客户付款的所有过程。从采购到付款，是指企业向供应商下达采购订单、收到货物并向供应商付款的所有过程。供应链金融，或称供应融资，是整合了金融机构、核心企业及成员企业的资源和需求的复杂活动，是着眼于供应链运营优化、利用金融手段提高资金的使用效率、解决中小供应商（或分销商）的融资难题，从而使供应链能够稳健运行，确保实现供应链整体目标的综合性管理活动。供应链金融包括物流金融，可以使资金的运行效率得到提高，能够为核心企业及其所主导的供应链带来新的价值增长点。因此在进入 21 世纪后，供应链金融成为供应链资金流管理的一个主要内容。

7．供应链信息流管理

信息流是供应链上各种计划、订单、报表、库存状态、生产过程、交付过程等指令和其他关键要素相互之间传递的数据流，包含整个供应链中有关库存、运输、绩效评价与激励、风险防范、合作关系、设施与客户的信息和对信息的分析。由于信息流直接影响物流、资金流、商流及其他关键要素的运行质量，因此它是供应链性能改进中最重要的要素。有效的信息流管理为供应链企业对市场需求响应更快、资源利用效率更高提供了保证。

信息技术的发展进一步增强了企业应用供应链管理的效果。成功的企业往往通过应用信息技术来支持和发展其经营战略，它对整个供应链将会产生重大的影响。这种影响主要表现在：①利用信息系统与大数据技术帮助企业与客户建立新型的合作伙伴关系，有助于企业更好地了解客户和市场需求；②有利于企业进一步拓宽和开发高效率的营销渠道；③有助于改变供应链的构成，使商流与物流达到统一；④重新构筑企业或企业联盟之间的价值链。

8．供应链企业组织结构

现代管理学认为，组织创新是企业的核心能力构成要素之一，是提高企业的组织效率、管理水平和竞争能力的有效措施。随着互联网及网络技术的发展，企业的供应链管理将再一次发生变化。目前，世界上一些企业为了提高供应链的效率与响应速度，对企业的供应链管理模式，特别是对供应链企业组织结构进行了不断的研究、探索与实践。供应链企业组织创新是企业组织优化的重要组成部分，而且这种优化超越了企业的边界，联结起供应链的上下游企业，致力于形成一种现代的、能够支持整个供应链管理的全新组织体系。这不但对提高供应链的竞争能力起到非常重要的作用，而且创造了新的组织管理理论。

9．供应链绩效评价与激励机制

从系统分析的角度来看，供应链绩效评价与激励是供应链管理中的一项综合性活动，涉及供应链各个方面的情况。供应链绩效评价的目的主要有两个：一是判断各个方案是否达到各项预定的性能指标，能否在满足各种内外约束条件下实现系统的预定目标；二是按照预定的评价体系评出参评方案的优劣，做好决策支持，帮助管理者做出最优决策、选择系统实施方案。供应链激励的目标主要是通过某些激励手段，调动合作双方的积极性，兼顾合作双方的共同利益，消除信息不对称和道德风险，使供应链达到协调运作，消除双重边际效应，实现供应链企业共赢的目标。

要想建立合理的供应链绩效评价与激励机制，企业可围绕供应链管理的目标对供应链整体、各环节（尤其是核心企业）的运营状况及各环节之间的运营关系等进行事前、事中和事后的分析评价。如果供应链绩效评价与激励机制设置不当，将会造成系统无法正确判断供应链运行状况，以及不利于各成员企业协调合作关系的结果。因此，保证供应链绩效评价与激励机制的合理性和一致性是供应链运行的关键。

10．供应链风险管理

物资经由供应链流经众多的生产流通企业到终端用户，产生商流、物流、信息流，涉及运输、配送、仓储、装卸、搬运、包装、流通加工、信息处理等诸多过程，其中任何一个过程出现问题都会造成供应链的风险，影响其正常运作。供应链上的企业是环环相扣的，它们彼此依赖，相互影响，这当中任何一个环节出现问题，都可能波及其他环节，影响整个供应链的正常运作。供应链风险是一种潜在的威胁，不仅给供应链上各个环节的企业带来损害，也对整个供应链造成破坏与损失。在供应链设计时应充分考虑风险问题，加大供应链信息共享程度，加强供应商及客户关系管理，构建供应链的诚信合作管理，制定处理突发事件的应急措施，充分利用信息技术建立稳定可靠的信息系统，最终有效降低供应链风险。

素养小课堂

关键词：爱国情怀；民族自豪感；中国科技力量；技术创新

2020年，华为的供应链体系的重要组成部分——芯片，受到了重大打击。对于这一供应链的风险，华为早有准备，早在2004年就成立了深圳市海思半导体有限公司，做出了极限生存的假设，为公司的生存打造"备胎"。海思的产品覆盖无线网络、固定网络、数字媒体等领域的芯片及解决方案。海思这个曾经打造的备胎，一夜之间全部"转正"，为供应链风险管理提供了绝佳的范例。

在手机芯片行业，尤其是高性能芯片领域，依旧处于高通、联发科、海思、三星以及苹果五家"争霸"的局面，但同时具有手机终端制造能力和芯片研发能力的只有海思和三星，而高通和联发科则只提供解决方案，没有终端，比较特殊的是苹果，其芯片自主设计但委托生产，同时完全自用。多年来，海思处理器一般都应用在华为的明星机型上面。在芯片技术方面，华为能够自主研发设计麒麟、巴龙、鲲鹏以及凌霄等多种芯片，其中，麒麟芯片能够与高通、苹果高端芯片相媲美，巴龙5G芯片更是全球领先。

2.3 供应链系统特征与类型

✲ 2.3.1 供应链的系统特征

供应链是一个网状结构，由围绕核心企业的供应商、供应商的供应商、客户、客户的客户组成，是一个典型的复杂系统。供应链上的每个企业都是一个节点企业，节点企业和节点企业之间是一种需求与供应关系。一般来说，供应链系统主要具有以下特征。

（1）复杂性。因为供应链节点企业组成的跨度（层次）问题，供应链往往由多个企业、多类型企业甚至多国企业构成，所以供应链的结构模式比一般单个企业的结构模式更为复杂。

（2）动态性。供应链管理因企业战略和适应市场需求变化的需要，其中的节点企业需要进行动态更新，这就使得供应链具有明显的动态性。

（3）响应性。供应链的形成、存在、重构都是基于一定的市场需求，并且在供应链的运作过程中，快速响应客户需求是供应链中信息流、物流、资金流运作的驱动源。

（4）交叉性。节点企业可以是这个供应链的成员，也可以是另一个供应链的成员，众多的供应链形成交叉结构，增加了协调管理的难度。

由此可见，供应链是一个非常复杂的大系统。面对如此复杂的系统，企业必须认清不同情况下供应链系统的特征，这样才能有目的地选择适合本企业的运作模式，才能有针对性地选择最适宜的管理策略。

✲ 2.3.2 供应链的类型

根据供应链的运行特征和功能特征，我们可以将供应链分为以下几种类型。

1．稳定的供应链和动态的供应链

根据供应链在市场环境中的运作特征，我们可以将供应链分为稳定的供应链和动态的供应链。基于相对稳定、单一的市场需求而组成的供应链稳定性较强，而基于相对频繁变化、复杂的市场需求而组成的供应链动态性较强。在实际运作管理中，企业需要根据不断变化的需求相应地改变供应链的组成。

2．平衡的供应链和失衡的供应链

根据供应链综合能力与客户需求的关系，我们可以将供应链分为平衡的供应链和失衡的供应链。每一个供应链在一定时期相对稳定的生产技术和管理水平条件下，由所有节点企业，包括供应商、制造商、运输商、分销商、零售商等形成一定的设备容量和生产能力。当供应链的综合能力可以满足客户需求时，供应链处于平衡状态，各项技术经济指标可以达到比较好的状态；当市场需求变化加剧，供应链企业未在最优状态下运作，造成供应链成本、库存和浪费增加等现象时，供应链则处于失衡状态。平衡的供应链可以实现各主要职能的平衡，如采购追求低采购成本、生产追求规模效益、分销追求低运输成本、市场追求产品多样化和财务追求资金周转快之间的平衡。而失衡的供应链则会对这些职能及其绩效产生重大的负面影响。

3．效率型供应链和响应型供应链

在实施供应链管理的时候，企业应该根据不同的产品特点，选择和设计不同类型的供应链系统。针对功能性产品和创新性产品的不同，人们根据在实践中总结的经验，提出了两种类型的供应链——效率型供应链和响应型供应链。效率型供应链主要体现供应链的物料转换功能，即以最低的成本将原材料转化成产品。响应型供应链主要体现供应链对市场需求的响应功能，即把产品分配到满足客户需求的市场，对未预知的需求做出快速反应等。两种类型的供应链的比较如表 2.1 所示。

表 2.1　效率型供应链与响应型供应链的比较

类型	效率型供应链	响应型供应链
主要目标	以尽可能低的成本满足需求	尽可能快速地响应需求
产品开发战略	以尽可能低的成本带来最大绩效	借助模块化，通过延迟实现产品差异化
营销定价战略	价格是主驱动力，边际收益低	价格不是主驱动力，边际收益高
生产制造战略	通过高利用率降低成本	维持生产柔性以缓冲需求和供给的不确定性
库存战略	最小化库存以降低成本	维持合理库存以保持响应能力
提前期战略	缩短，但不能以增加成本为代价	大幅缩短，可以付出较大成本
供应商战略	根据质量和成本来选择	根据速度、柔性、可靠性和质量来选择
关键词	低成本	快速响应

4．敏捷供应链

效率型供应链和响应型供应链的划分主要是从市场需求变化的角度出发的，重点是供应链如何处理市场需求不确定情况下的运作管理问题。在供应链管理的实际过程中，企业不仅要处理来自需求端的不确定性问题，而且还要处理来自供应端的不确定性问题。在某些情况下，来自供应端的不确定性问题对整个供应链运作管理的影响可能更大一些。从供应和需求这两个不确定性方向对供应链运作管理的影响出发，人们进一步细分了供应链的类型，如图 2.10 所示。其中，敏捷供应链是一种综合能力最强的供应链系统，它能够对需求和供应不确定性做出及时反应，使自己能够随着运行环境的变化而变化。

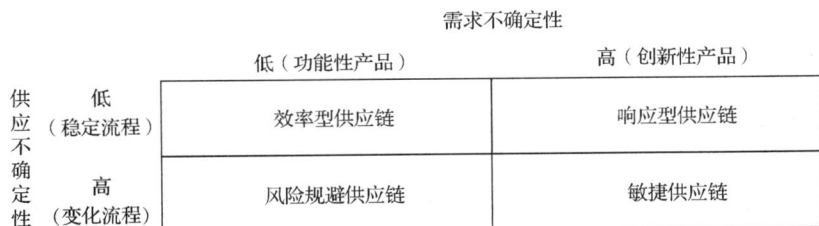

图 2.10　考虑需求不确定性和供应不确定性的供应链类型

2.4 供应链绩效驱动因素*

供应链战略的目标是达到响应性和效率之间的平衡，以适应竞争战略。为了实现这一目标，企业必须正确构建 3 个物流驱动因素与 3 个跨职能驱动因素的组合。对于每个驱动因素，供应链管理者必须基于与其他因素的相互作用，在响应性与效率之间做出取舍。这些因素的综合影响决定了整个供应链的响应性和效率。

本节提供一个直观的供应链决策框架，如图 2.11 所示。

大部分企业先制定竞争战略，再决定供应链战略应该是什么样的。供应链战略匹配需要达到响应性和效率之间的平衡。要借助响应性和效率来改善供应链的绩效，企业必须得从影响供应链绩效的驱动因素入手，包括 3 个物流驱动因素（设施、库存、运输）和 3 个跨职能驱动因素（信息、采购、定价）。这些因素相互影响、相互作用，决定了供应链的绩效。

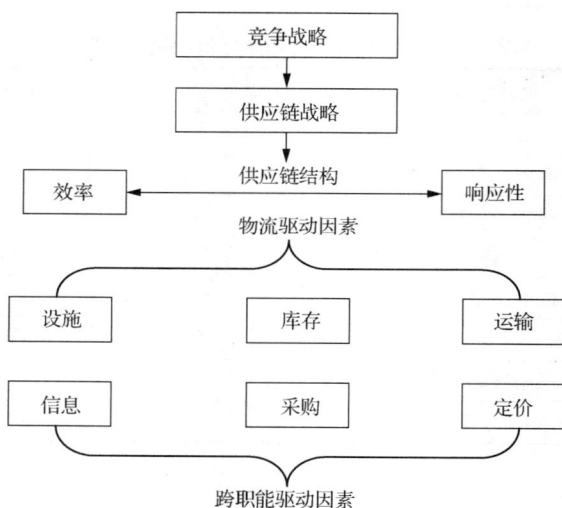

图 2.11　供应链决策框架

下面将详细讨论 3 个物流驱动因素和 3 个跨职能驱动因素。

✳2.4.1　驱动因素一：设施

供应链是由节点和线路构建的网络，而节点就是供应链网络中的设施，即产品生产、加工、储存、组装的场所。设施是影响供应链响应性和效率的关键因素。管理者关于设施的作用、选址、产能和柔性的决策会对供应链的绩效产生重大影响。例如，一个汽车零部件的分销商为迅速响应客户需求而将仓储设施设在靠近客户的地方，这一做法虽然提高了响应性，但是降低了效率；或者，苏宁电器将产品库存集中在配送中心，这样的做法降低了仓储成本，但同时也降低了响应性。响应性与效率之间存在效益背反现象。如果客户要求且愿意投入成本增加设施来获得供应链的响应性，则设施决策能帮助企业调整供应链，使之与竞争战略的目标相吻合。企业对设施的管理主要体现在以下几个方面。

实例 2-4　沃尔玛的供应链绩效驱动因素模型

1．功能定位

首先，对于生产设施，企业必须确定它们是柔性的还是专用的，或者是二者相结合。柔性的设施可用于多品种生产，但往往效率较低；而专用的设施可以用于少品种、大批量生产，但响应性较低。其次，企业必须确定设施布局功能定位，如是以产品为中心还是以加工为中心。以产品为中心的设施，为了生产某一类型产品而具备不同的功能（如加工和装配）；以加工为中心的设施，为了生产不同类型的产品而具备极少的功能（如仅加工或装配）。最后，对于仓库或配送中心，企业必须确定是越库设施还是存储中转设施。如果是越库设施，来自供应商的入库卡车卸货后，产品将被分成小批，并迅速装上开往商店的货车。开往商店的每辆货车上都装载有多种产品，其中部分产品来自入库卡车。如果是存储中转设施，厂商必须确定每一个设施要储存的产品。

2．选址布局

企业决定在何处建造设施的决策构成了供应链设计的重要内容，其中最基本的问题是，是为获得规模经济而集中布局，还是为提高对消费者的响应性而布局。对此，企业除了定量分析成本效益因素外，还需进行定性分析，要对宏观经济因素、劳动力素质、劳动力成本、设施成本、基础设施情况、自然气候、税收政策等因素进行深入分析。遵循的原则是假如产品从供应链的上游向下游流通过程中越来越重，设施应靠近消费者，如蒙牛酸奶和各品牌的瓶装水；若产品随着流通过程越来越轻，则设施应靠近供应商，如日照钢铁。

3．产能

企业还必须确定设施的产能以实现预期的功能。大量产能过剩使设施能应对需求的波动但与此同时会增加成本。企业自建的自动化立体仓库就属于此类。没有过剩产能的设施在单位产品成本上更有效率，却难以应对需求的波动。企业必须做出取舍以确定设施的适当产能。例如，中国移动通过实行总仓自营、分仓外包的综合模式寻求效率和响应性的平衡。

4．设施衡量指标

供应链中节点设施的衡量指标包括产能、利用率、流程时间效率、产品品种、消费者满意度等。

✲ 2.4.2　驱动因素二：库存

供应链管理本质是"库存的有效移动"，供应链中一切问题都与库存有关，改变库存策略能大大改变供应链的效率和响应性。库存起到供应链的链接功能，它是供应链中最重要的成本来源，对提高响应性有重大的影响。如果一个企业的竞争战略要求高水平的响应性，它就可以积攒大量的库存；反之，企业可以集中库存，利用大数定律减少库存，从而提高效率。

1．库存决策的组成

下面我们确定供应链管理者为创造响应更快、更有效率的供应链而必须做出的库存决策。

（1）周转库存

周转库存是指用于满足在供应商两次送货之间所发生的需求的平均库存。周转库存是大批量物料的生产、运输或采购的结果。企业大批量生产或采购的目的是在生产运输采购进程中能够利用规模经济的优势，然而随着批量的增加，持有库存的成本也会增加。

（2）安全库存

安全库存是为防止需求超出预期而持有的存货，目的是应对不确定性。如果事实完全可以预料，那么只需要周转库存就可以了。由于需求可能会超出预期，因此企业需要持有安全库存以满足超出预期的需求。管理者在确定安全库存水平时面临一个关键决策。

（3）季节性库存

季节性库存是企业为了应对可预测的季节性需求波动而建立的，是指企业在淡季建立库存，为无法生产全部需求产品的旺季做准备。

（4）产品可获得性水平

产品可获得性水平是指库存产品中能够准时满足需求的比例。较高的产品可获得性水平提供较高的响应性水平，但由于要持有很少使用的大量库存，因此增加了成本。相比之下，较低的产品可获得性水平降低了库存成本，却容易使企业不能准时满足增加的需求。企业在确定产品可获得性水平时，可以衡量由此导致的库存成本与不能准时满足需求所带来的损失。

2．库存衡量指标

供应链中的库存衡量指标有平均库存、平均补货量、平均安全库存、订单满意率、脱销率等。

❋ 2.4.3　驱动因素三：运输

运输是供应链的"骨骼"，使库存在供应链中实现节点到节点的移动。运输可以采取节点和路线的多种组合方式，每一种方式的绩效特点不同，从而对供应链响应性和效率有较大影响。例如，深圳发往北京的一批货物，如果选择空运，供应链的响应性水平更高，但高成本会使效率降低；反之，如果选择较低价的汽车运输，供应链的效率将提高，但响应性却受到限制。企业进行运输管理主要考虑以下方面。

1．运输网络的设计

在设计运输网络时，企业要决定货物是从货源地直接运输到需求地，还是会经过中间集散地；是独立配送，还是共同配送。

2．运输方式的选择

运输方式是产品在供应链网络中从一个位置移向另一个位置的方式，通常有五大运输方式（铁路运输、公路运输、水路运输、航空运输和管道运输）可供选择。

3．运输衡量指标

运输衡量指标包括内向运输成本和外向运输成本。

❋ 2.4.4　驱动因素四：信息

信息是供应链的"神经"，包括整个供应链上的设备、库存、运输、成本、价格、客户的数据和分析资料，是影响供应链绩效的最重要因素。因为信息直接影响其他因素，所以为管理层提供了使供应链更灵活、更有效率的机会。例如，一家航空公司运用网络平台预售机票，可以提前预测未来需求，从而决定是否增加或减少航班数量。一家制药公司持有客户需求模式的信息，就可以按照预期的客户需求生产并储存药品，以便在客户需要药品时能及时提供，从而使供应链响应更快。这样的

实例 2-5　中外运敦豪国际航空快件有限公司

需求信息传递系统也可以使供应链更有效率。

1．信息决策组成

（1）推动与拉动流程。在设计供应链流程时，企业必须确定这些流程是供应链上推动流程的一部分，还是拉动流程的一部分。推动流程一般需要详细的、以物料需求计划形式存在的信息，而拉动流程将实际需求快速传达到整个供应链。

（2）协调与信息共享。协调即供应链各阶段在信息共享的基础上，为实现供应链总利润最大化的目标而运作。缺乏协调将会造成供应链利润的重大损失。供应链不同阶段的协调要求每个阶段能与其他阶段共享信息，这是供应链成功的关键。

（3）预测与综合计划。预测是一门科学，经常获取预测信息意味着要使用复杂的方法估计未来市场的销售收入和市场状况。企业通常从战术层面预测生产，从战略层面预测是否要建立一个新的工厂或仓库。

2．信息衡量指标

信息衡量指标包括预测提前期、预测误差、季节性因素、计划波动等。

❋ 2.4.5　驱动因素五：采购

采购是制造供应链管理之源，指选择由谁从事特定的供应链活动。在战略层次上，采购决策能够确定哪些职能由企业自己履行，哪些职能选择外包。采购决策影响供应链的响应性和效率。例如，苹果公司将大量的生产外包给中国的 OEM 后，虽然效率提高了，但由于距离太远，响应性有所下降。为规避不足，其运输方式选择了空运。又如佳创力国际公司，它希望为客户提供高效的采购选择，于是在美国的乡村进行生产，其成本也得以降低。

1．采购决策组成

首先，最重要的采购决策是自制还是外包，这项决策受它对供应链的利润总额影响的驱动。如果供应链的总利润大幅增长且没有额外风险，企业选择外包较为合适。在运输任务中，管理者必须决定是要全部外包，还是只外包需要快速响应的部分，或者外包需要高效率的部分。采购决策应基于利于提高供应链的盈利能力而做出。

其次，管理者必须确定供应商的数量和选择标准。至于选择的方法，可视供应市场的平衡性决定是谈判，还是招标。

最后，供应商为客户发货过程决策。一方面，对直接物料应建立供货机制，确保企业与供应商的良好协调。另一方面，对 MRO（Maintenance，Repair and Operating，维护、修理与运行）产品，则要组织恰当，确保交易成本最低。在拥有大量机器的制造工厂，MRO 采购不仅由大量不同类型的采购组成，而且还将占总采购的很大一部分。在此类业务中，MRO采购的重点是管理库存。由于需要如此多的零件、产品和服务，采购经理应确保签订尽可能多的维护合同，减少采购过程的随意性。

2．采购衡量指标

采购衡量指标包括应付天数、提前期、周转率、平均购买数量、准时率和品质合格率等。

❋ 2.4.6　驱动因素六：定价

定价决定供应链上的企业如何对产品和服务收费，它影响客户的行为，

实例 2-6　京东物流的"标准达""京准达""京尊达"

进而影响供应链绩效。例如，第三方物流企业会根据客户的提前期改变价格，注重效率的客户通常会提早下订单，注重响应性的客户则在临近需求的时候才下单。如果价格不随提前期变化，客户很少会提早下订单。因此，定价影响选择购买此产品的客户群和客户期望，是调整供需的杠杆。例如短期折扣可以用来消除供给过剩或减少需求前移带来的季节性需求高峰。

1. 定价决策组成

第一，定价与规模经济。大部分的供应链活动显示了规模经济的作用。供应链活动的提供者必须决定如何适当定价以反映这种规律。一种常用的策略是提供数量折扣，但这种策略在使用过程中要确保数量折扣符合规模经济。

第二，长期低价与高低定价策略。美国 COSTCO 超市实行长期低价策略，以维持价格的长期稳定。它甚至不会为临期食品或受损的产品提供任何折扣，以确保需求的相对稳定性。而实行高低定价策略，在折扣周容易形成购买高峰，企业实际上是把未来的需求提前了，扭曲了供应链，这可能会导致失真信息在供应链中传递。

第三，固定价格与菜单价格。固定价格指全国或某一区域内统一定价，如顺丰速运按城市定运费是典型的固定价格。如果供应链的边际成本或客户价值随着某些属性变化而发生较大变化，则提供菜单价格是最有效的定价方式。

2. 定价衡量指标

利润率、平均应收天数、平均订货量等是重要的定价衡量指标。

以上 6 个驱动因素并不是独立的，而是通过相互作用决定供应链的整体绩效。良好的供应链设计和运作能够使企业认识这种相互作用，以适当取舍的方式获得预期的效果。

思考与练习

第3章 供应链的协调管理

学习目标

➢ 了解供应链协调和供应链失调的概念。

➢ 了解供应链协调的类型。

➢ 掌握供应链中牛鞭效应的概念及其产生原因。

➢ 掌握供应链中曲棍球棒效应的概念及其产生原因。

➢ 了解供应链失调对绩效的影响。

➢ 掌握维持供应链协调的方法。

➢ 了解供应链协同管理的含义及其意义。

➢ 掌握供应链协同体系建设的主要方法。

　　供应链协调是指供应链的各成员企业维持良好的关系，保持一致的行为，并实现供应链整体效益最佳的状况。供应链协调是实现供应链整体效益最大化的必要条件。本章首先介绍了供应链中的牛鞭效应和曲棍球棒效应等供应链失调现象，并探讨供应链失调对绩效的影响；然后介绍了维持供应链协调的方法；最后进一步探讨供应链协同管理的概念、意义，以及供应链协同体系的建设。

3.1 供应链失调及其表现

开篇案例

宝洁天猫旗舰店基于菜鸟网络的供应链端到端协同方案

❋ 3.1.1 供应链协调与失调

1. 供应链协调的含义

供应链协调是指供应链的各成员企业维持良好的关系，保持一致的行为，并实现供应链整体效益最佳的状况。供应链协调是实现供应链整体效益最大化的必要条件，但供应链的运营中存在许多影响供应链协调的因素，这些因素涉及价格策略、经营策略、业绩评价体系及激励措施等诸多方面。如果供应链的各个环节同时采取行动增加供应链的总利润，那么就能实现供应链协调。供应链协调要求供应链的每个节点企业都要考虑自身的行为对其他节点企业的影响。如果供应链各节点企业的目标互相冲突，或者环节之间的信息传递发生延误和扭曲，就会导致供应链失调。

如果供应链上每个环节对应的节点企业不同，那么各节点企业的目标就可能会发生冲突。每个节点企业都试图让自身的利益最大化，从而导致一些降低供应链整体利益的行为发生。例如，格力空调有成千上万的供应商，而每个供应商又有自己的许多供应商。各环节间的信息如果无法做到完全共享，则信息在供应链中传递时就会发生扭曲。这种扭曲由于供应链产品的多样化而被放大。格力生产多种类别的空调，每种空调的配置不同。种类的多样化使得格力很难协调与成千上万的供应商和经销商之间的信息交换。格力当前面临的主要挑战就是：在所有权分散化和产品日益多样化的前提下，如何实现供应链的协调。

企业实现供应链协调，至少应具备两个基本条件。第一，供应链成员企业之间的协调必须能够使供应链的绩效提高，如供应链的响应时间缩短等，而且绩效提高的收益必须大于为实现协调付出的成本。第二，协调后必须保证供应链成员企业的绩效能够维持不变或获得更好的绩效，这同样要求付出的协调成本低于取得的收益。如果为使供应链系统实现最优，损害了个别成员企业的利益而又不能给予相应的补偿，那么该成员企业就没有动机参与供应链的协调活动，供应链的绩效就难以提高。当供应链系统的最优决策行为构成各成员企业的一个纳什均衡，也就是没有任何成员企业愿意打破这个均衡时，供应链就达到了协调。

2. 供应链协调的类型

供应链协调根据不同的分类依据，可分为多种类型。

（1）根据协调的层次分类

① 功能内协调。它是指企业物流功能内部的活动及流程的协调，即通过缓解企业内部物流活动中的各种冲突，以降低成本、改善服务水平，如运输与库存、生产与库存、采购与库存之间的协调。

② 功能间协调。它是指企业不同职能部门之间的协调，包括物流与市场销售、物流与生产、物流与财务之间的协调，要考虑不同功能领域的平衡。

③ 组织间或企业间协调。它是指法律意义上独立的供应链成员企业间的协调，如供应商与制造商、制造商与分销商之间的协调。相对于前两种协调，组织间或企业间协调更加复杂。前两种协调统称为内部协调，组织间或企业间协调称为外部协调。

（2）根据协调的界面分类

根据协调的界面分类，供应链协调可分为3类：买—卖协调、生产—分销协调和库存—

分销协调。其中，生产—分销协调涉及生产计划、分销计划、运输路线、运输调度、订货提前期、库存政策等。

（3）根据协调的内容分类

根据协调的内容分类，供应链协调可分为信息协调和非信息协调。信息协调主要指整个供应链对内外部信息的掌握，以指导供应关系。例如用 EDI 方式进行采购或分销过程中的文件处理，以提高供销双方之间订货过程中的信息处理效率并降低订货成本，使订购过程更加灵活。而非信息协调是指完善地理、运输、仓储等一些实物的供应条件。例如对于准时生产方式或零库存生产方式，其实现压缩库存的条件是要有良好的运输协调，能够做到及时到货，不影响生产或销售。

3．供应链失调

如果供应链上的所有成员企业都采取提高供应链总利润的行为，那么供应链协调就能实现。但是当供应链成员企业的目标不一致或成员企业之间的信息传递发生延误和扭曲时，供应链失调就产生了。

供应链失调的产生，一方面是因为供应链不同的成员企业代表不同的利益个体，如果它们只追求自身利润的最大化，则会采取一些降低供应链总利润的行为；另一方面是因为供应链的各个环节归属于不同的所有者，如联想集团有 300 多家不同的供应商，每个供应商又有自己的众多供应商，信息在多个供应链成员企业之间传递时不容易被完全共享，因此常常发生延误和扭曲。这种延误和扭曲由于供应链产品的多样化，会被进一步放大。

供应链失调往往会导致牛鞭效应（Bullwhip Effect）的出现。

3.1.2 供应链中的牛鞭效应

牛鞭效应又被称为需求放大效应，是对需求信息在供应链传递过程中被扭曲的现象的一种形象描述。其基本含义是：在供应链上的各节点，企业只根据其相邻的下级企业的需求信息进行生产或确定供应决策时，需求信息的不真实性会沿着供应链逆流而上，产生逐级放大的效应。这样，最源头的供应商所获得的需求信息和实际消费市场中的客户需求信息已经发生了很大的偏差。由于这种需求放大效应的影响，供应方往往维持比需求方更高的库存水平或者更大的生产准备计划。假设全球客户对计算机的需求预测轻微增长 2%，转化到联想（制造商）时就可能变为 5%，传递到英特尔（一级供应商）时则可能是 10%，而到了英特尔的设备商（次级供应商）时则可能变为 20%。简言之，越是处于供应链的后端，供应商所获得的需求信息的偏差越大。

许多企业都发现了牛鞭效应，它们发现订单的波动沿着供应链，从零售商、配送中心到制造商再到供应商不断加剧，需求信息在供应链中被扭曲放大，如图 3.1 所示。

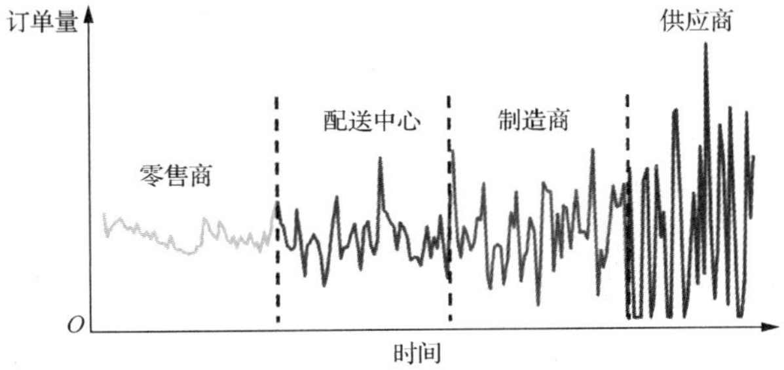

图 3.1 需求信息在供应链中被扭曲放大

牛鞭效应扭曲了供应链中的需求信息，每个环节对需求信息的估计不同，结果导致了供应链的失调。需求信息沿着供应链被扭曲放大的现象早在 20 世纪 90 年代中期就已被发现。宝洁公司的工作人员对他们最畅销的婴儿纸尿裤产品的订单模式进行检查时，发现了一个奇怪的现象：该产品的零售数量是相当稳定的，波动性并不大，但在考查分销中心向宝洁公司的订货情况时，吃惊地发现波动性明显增大了。其分销中心的工作人员说，他们是根据汇总的批发商的订货需求量向宝洁公司订货的。进一步研究后发现，零售商往往会根据历史销量及对现实销售情况的预测，确定较客观的订货量；但为了保证这个订货量是及时可得的，并且能够适应客户需求增量的变化，他们通常会将预测订货量做一定放大后向批发商订货。批发商出于同样的考虑，也会在汇总零售商订货量的基础上再做一定的放大后向分销中心订货。这样，虽然客户需求量并没有大的波动，但经过零售商和批发商的订货放大后，订货量就一级一级地放大了。在考查供应商，如 3M 公司的订货情况时，他们也惊奇地发现订货量的变化更大了，而且越往供应链上游，其订货量偏差越大。这就像挥舞的牛鞭，手腕轻轻一抖，鞭梢便会大幅度抖动，划出一道美丽的圆弧，这就是"牛鞭效应"的由来。

惠普也发现，当订单从零售商沿供应链向上传递到打印机部门，再到集成电路板部门时，它们的波动急剧增加。同样，虽然产品需求有一定的波动，但是集成电路板部门接到的订单的波动大得多。这令惠普很难按时完成订单，或容易造成很大的成本浪费。

服装和杂货业的研究者也发现了类似的现象。订单的波动沿着供应链，从零售商到制造商不断被放大。2012 年，库存问题对服装业来说，突然在深度和广度上恶化，成为全行业的大难题。一个弱势品牌可以通过限产甚至停产做到低库存，一个强大的品牌则可能因为对渠道的失察而造成巨量的库存。

背负巨量库存的李宁公司发现，库存最严重的区域，是那些零售商和客户对李宁品牌更为认可的区域。这背后的逻辑，就是牛鞭效应。服装行业的特殊性在于，销售终端必须保持相当数量的库存（一般是实际销售量的 1.2 倍），才可能避免缺货。服装购买具有明显的随机性和应急性，如果客户买不到某款产品，他们等待到货后再来购买的概率极低。零售商会习惯性地通过提高库存率保证成交。产品越不畅销，客户越稀缺，零售商往往越倾向于提高库存率来降低交易的流产率。终端零售商一旦开始提高库存率，它的直接批发商也会出于降低交易流产率的考虑而提高库存率。经过多级批发商的传递，"市场需求量"就会倍增，尽管市场需求量其实是在降低。最荒诞的事情就这样出现了——当客户已经在有意无意地抵制你的产品时，你却得到了确凿无疑的新增的订单，于是你就生产越来越多的客户正在拒绝购买的东西。

从长期来看，一些行业也出现了类似的现象，表现为行业的"繁荣与萧条"周期。对于半导体行业而言，供应链前端的芯片制造业先于后端的设备制造业衰退；而后者滞后于前者复苏。对于单个企业而言，当经济复苏的时候，不但要提高自身的生产能力，更重要的是动员各级供应商，让供应商提高生产能力。由于牛鞭效应，后端供应商往往受到更大的经济影响，面临更大的财务压力，从而更难也更不情愿提高生产能力。在行业腾飞、经济景气时，往往由于后端供应商未能及时扩张生产能力而影响整个供应链的销售业绩。

❋ 3.1.3　供应链中的曲棍球棒效应

曲棍球棒效应(Hockey-Stick Effect)又称曲棍球杆现象，是指在某一个固定的周期（月、季、年），前期销量很低，而期末销量会有一个突发性的增长；而且在连续的周期中，这种现象会周而复始地出现，其需求曲线的形状类似于曲棍球杆，因此在供应链管理中被称为曲棍球杆（Hockey-Stick）现象。为了便于理解该现象，这里将某公司 2019 年和 2020 年的日销售出库量按照时间序列绘制了曲线图，如图 3.2 所示。可以看出，每月月初的日销售出库量很低，月中逐步增加并达到相对均衡，月底则急剧增加。曲棍球棒效应对公司的生产和物流运作非常不利——在期初，生产和物流能力被闲置，在期末，又会造成能力的紧张甚至短缺。

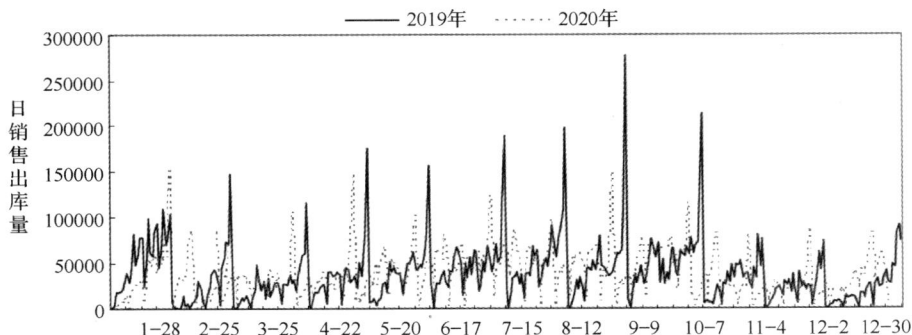

图 3.2 2019 年和 2020 年某公司全年日销售出库量变化趋势

曲棍球棒效应缘何产生？公司对销售人员的周期性考评及激励政策是造成这种需求扭曲现象的重要原因。在公司的营销系统中，为了激励销售人员努力工作，通常会对他们规定一个固定的工资和一个销量的目标。如果销量超过这个目标，就能够拿到奖励的佣金；超出目标越多，拿到的佣金也越多。如果销量在目标以下，就只能拿固定的工资。销售人员非常聪明，他们在考核期限未到时，会看看不努力能够卖多少，如果不用努力就能达到目标当然是最理想的。但是快到期末的时候，如果离目标还有一定的距离，他们就会拼命地干，因此订单就会大幅增多。在快速消费品行业，曲棍球棒效应非常普遍和明显。

此外，这些公司为了促使经销商长期、更多地购买，会普遍采用一种称为总量折扣（Volume Discounts）的价格政策，这种价格政策也是造成曲棍球棒效应的一个原因。在营销战略中，价格折扣往往被公司用作提高分销渠道利润和抢占市场份额的利器。在较长的时期内，公司主要采用基于补货或订单批量的折扣方式；但是在近 10 年，基于买方在某一固定周期（月、季、年）的累计购买量的折扣方式（即总量折扣）开始流行起来。在快速消费品行业，这种价格政策更为普遍。

曲棍球棒效应的存在，给公司的生产和物流运作带来很多负面的影响。在这种情况下，公司在每个考核周期的期初几乎收不到经销商的订单，而在临近期末的时候就会收到大幅增加的订货量。对于运用 MTS（Make-to-Stock，按库存生产）生产模式的公司来说，为了平衡生产能力，它们必须按每期的最大库存量而非平均库存量建设或租用仓库，从而使公司的库存费用比需求均衡时高很多。而且，这种现象使公司物流作业人员和相关设施、车辆在期初被闲置，而在期末，工作人员手头的工作大量堆积，厂内搬运和运输的车辆不停运转，甚至出现短缺，从而不得不从外部寻求支援。这种情况不仅使公司期末时的加班更多，物流费用更高，而且工作人员的差错率也增加，送货延误的情况也时有发生，公司的服务水平显著降低。对于运用 MTO（Make-to-Order，按订单生产）和 JIT（Jusr-in-Time，准时制）生产模式的公司而言，曲棍球棒效应的危害更大，其生产能力在期初由于没有订单而闲置，在期末又

由于生产能力的限制而影响订单的按时完成，甚至会影响部分经销商对某些产品的正常需求，从而导致部分客户的流失。

此外，基于总量折扣的价格政策并不能增加客户的实际需求，经销商增加的订货量大部分被积压在渠道中，延长了客户购买产品的货龄，从而使客户的利益受损，并增加了供应链的总成本及供应链成员企业的经营风险。如果经销商的库存太多，或者产品临近失效期，通常会采取两种措施：一种是折价销售，这种方式会对市场造成冲击；另一种是迫使公司退货或换货，从而形成逆向物流，增加公司和经销商处置产品的费用。从长远来看，这两种结果对公司和经销商的正常经营与获取利润都非常不利。

3.2 供应链失调对绩效的影响

以牛鞭效应为代表的供应链失调会对供应链绩效产生很大的不良影响。由于需求放大效应的影响，供应方往往需要维持比需求方更高的库存水平或者更大的生产准备计划。需求变化是不确定因素，供应链的自然反应是要么增加库存，要么增加产能。需求变动越大，供应链成员企业的库存、产能变动就越大。而建立库存、产能，以及消耗多余库存、产能都会给供应链的产品流、资金流带来很大挑战。牛鞭效应的存在会影响整个供应链的运作，损害供应链绩效，具体表现在以下几个方面。

（1）增加了生产成本。企业及其供应商为了满足因牛鞭效应而产生的具有变动性的订单流，要么扩大生产能力，要么增加库存量。但是，这两种做法都会增加单位产品的生产成本。

（2）增加了库存成本。为了应付增大了的需求变动性，企业不得不保有比牛鞭效应不存在时还要高的库存水平。同时，高水平的库存还增加了必备的仓储空间，从而导致库存成本的增加。

（3）延长了供应链的补给供货期。由于牛鞭效应增加了需求的变动性，与一般需求相比，企业及其供应商的生产计划更加难以安排，往往会出现当前的生产能力和库存不能满足订单需求的情况，从而导致供应链的补给供货期延长。

（4）提高了供应链的运输成本。企业及其供应商在不同时期的运输需求与订单的完成情况密切相关。由于牛鞭效应的存在，运输需求会随着时间的变化而剧烈波动，从而提高了运输成本。

（5）提高了供应链和送货与进货相关的劳动力成本。企业及其供应商送货的劳动力需求将随着订单的波动而波动，分销商和零售商进货的劳动力需求也存在类似的波动。为了应付这种订单的波动，在供应链的不同阶段有着不同的选择，或者保有剩余劳动力，或者实行变动劳动力。无论是哪种选择，都会增加劳动力成本。

（6）降低了供应链内产品的供给水平，导致更多的货源不足现象发生。订单的大幅波动使得企业无法及时向所有的分销商和零售商供货，从而导致分销商和零售商出现货源不足的频率加大，供应链内产品的供给水平降低。

（7）给供应链每个节点企业的运营都带来负面影响，从而损害了供应链不同节点企业之间的关系。供应链上的每个节点企业都认为自己做得尽善尽美，而将这一责任归咎于其他节点企业。于是，牛鞭效应就会导致供应链上不同节点企业之间互不信任，从而使潜在的协调努力变得更加困难。

📖 **实例 3-1   半导体行业的牛鞭效应**

图 3.3 是 1991—2001 年北美洲半导体行业整体库存量的变化趋势。这是个两级供应链：芯片制造是需求方，设备制造是供应商（他们为芯片商提供设备）。半导体行业大致 4 年一个周期，行业景气时，芯片商的需求上升，传递到其设备供应商时，需求的增幅增大；相应地，设备供应商就要增加产能、库存。因为设备供应商在供应链的后端，所以其产能、库存变化更大。在几个季度里，设备行业的库存可以轻易翻一番，或者减少一半甚至更多。整个行业因为有多个企业，存在聚合效应，单个企业的变化就更加剧烈。因此，半导体设备制造企业要么是在产能爬坡，整条供应链非常忙碌；要么是在产能下坡，大家为消耗多余的产能、库存而头痛。

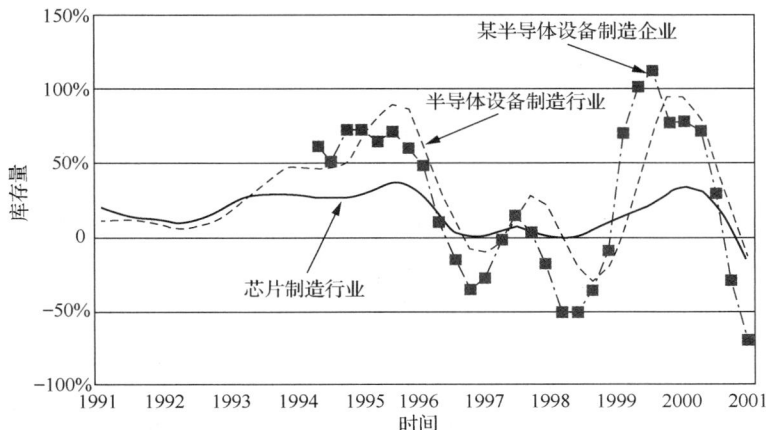

图 3.3   1991—2001 年北美洲半导体行业整体库存量的变化趋势

牛鞭效应导致供应链出现对市场变化的过激反应。当市场需求增加时，整个供应链的产能增加幅度超过市场需求的增加幅度，超出部分则以库存的形式被积压在供应链的各个节点。一旦需求增长放缓或呈负增长，大量资金和产品将以库存的形式被积压，导致整个供应链资金周转不良，影响供应链的运作，甚至导致企业倒闭，尤其是处于供应链末端的小企业。

以半导体设备制造行业为例，2000 年前后网络经济泡沫破灭后的大量库存直到 2002 年才处理完，各大公司动辄注销几千万美金的过期库存。又如 2008 年的金融危机后，半导体设备制造行业陷入严重的衰退危机，设备产量大幅下降，生产线大幅裁员。对众多的一级、次级供应商而言，这意味着新订单锐减，甚至很长时间没有新订单。没有新订单就没有新的营业收入，结果是大批供应商处于崩溃边缘，大幅裁员，甚至难逃破产厄运。以芯片供应商为例，2008 年的芯片行业，特别是记忆芯片，产能过剩，日本、韩国的大多数芯片厂家不盈利，芯片只能低价出售。于是，整个行业经历了痛苦的动荡：整合，老厂关停并转让，消化产能。但随后的几年里，全球 GDP 增长迅速，转化成差不多 10 倍的芯片需求增长，芯片的产能开始短缺。而受制于供应商以及供应商的供应商，芯片制造商无法迅速扩张产能，短缺情况直到 2016 年都未能及时解决。当然，所有的短缺最终都会过去，而短缺之后就是过剩。可以说，所有的短缺，最后都以过剩收尾；而所有的过剩，也都从短缺开始。

对于市场的响应速度而言，牛鞭效应表明，越是处于供应链的后端，企业的响应速度越慢。其结果是，当市场需求增加的时候，供应商往往产能不足，无法支持制造商；而当市场需求放缓时，供应商则往往继续过量生产，造成库存积压。由于牛鞭效应，伴随着过量生产导致的是整个供应链的生产能力过度膨胀；一旦经济不景气，整个供应链上的企业将被迫大幅裁减人员，关、停、并、转设备。

3.3 牛鞭效应成因及供应链协调的有效措施*

❋ 3.3.1 牛鞭效应的主要成因

牛鞭效应的主要成因在于，供应链中企业间的信息不对称和不完全共享，或者从较深层次来看，就是供应链中企业的管理方式不符合供应链管理价值最大化的原则。造成牛鞭效应的其他因素如下。

（1）供应链的结构。由于供应链的多层次性，当客户需求信息在供应链企业之间层层传递时，该信息被多次加工，导致其越来越严重地偏离客户需求。同时，制造商生产的产品需要经过分销商和零售商等中间环节才能交付到客户手中，引起物流延迟；而客户订货信息需要经过零售商、分销商处理才能传递给制造商，又会造成信息延迟。

供应链越长，节点企业越多，制造商离客户越远，牛鞭效应越明显。

（2）需求预测修正。在供应链中，供应链企业一般利用移动平均或指数平滑等方法，将下游成员的订货数据作为需求信号。基于这个信号，上游成员会调整需求预测，同时也会向再上一级成员更大幅度地增加或减少订购，从而产生需求放大或缩小现象。例如，零售商按客户需求预测订货，确定订货点和安全库存；同样，分销商也按零售商的订货数量预测需求。各个环节往往考虑到毁损、漏订等情况而连续对未来需求进行修正。

沿着供应链向上游移动时，各企业获得的需求信息与实际的客户需求信息之间产生的偏差越来越大，从而产生牛鞭效应。

（3）批量订货行为。一方面，订货交易成本的存在，运输中规模经济的影响，乃至订单处理、仓储管理的落后，以及出于应对不确定性风险因素、降低缺货成本和维持安全库存的考虑，供应链中的企业经常进行批量订货。另一方面，从供应商的角度看，供应和需求往往存在空间距离和时间的矛盾，因此几乎不存在连续不断的订单。如果企业频繁地订货，也会增加供应商的工作成本，供应商会对大量或批量订货给出最优惠的定价。

这两个方面的原因，促使订货量比实际销售量大得多，上游供应商看到的是一个与客户需求相差很大的订单，而不是最终的客户需求，牛鞭效应随之产生。

（4）价格波动。在营销管理的目标市场中，制造商和分销商会周期性地使用特殊促销方式，如通过价格折扣、数量折扣和特殊奖励等进行产品促销。零售商将会在此时发出很大的订单产生预先购买行为，使得采购量大于实际需要量，而后一段时间内不订货，从而人为地增大需求的变动性，使需求发生扭曲，产生需求放大的现象。

这种营销手段也增加了供应链中的各级库存，引发牛鞭效应。

（5）供应不足博弈。如果产品供不应求或预测到某种产品将缺货，当供应商自身的供应能力不足时，供应商往往会根据下游成员的订货量进行配额限量供应。下游成员为了获得更大份额的配给量，就会故意夸大销售量和订货需求，进行博弈。此时，上游供应商将基于下游成员的订单进行生产，这样就会偏离真实的需求。当需求下降时，下游成员会减少或忽然取消订单。

因此，这种供应不足条件下的博弈将导致需求预测的歪曲，使得上游供应商承担高昂的库存成本和资源配置失误成本，产生牛鞭效应。

（6）订货的提前期过长。供应链各企业利用需求预测更新其目标库存水平，而订货的提前期加大了需求预测变化，较长的提前期将导致目标库存水平发生较大的改变。提前期越长，对企业的订购点和安全库存的影响越大，也会降低需求信息的时效性，从而影响整个系统的稳定性，产生牛鞭效应。

（7）成员间缺少协作。由于供应链各企业之间存在一定的利益冲突关系，彼此之间不愿共享涉及商业秘密的信息，因此供应链上成员间信息交流和共享程度有限，各企业无法掌握下游的真正需求和上游的供货能力，很难实现存货互通有无和转运调拨，只能各自持有高额库存。

同时，由于缺乏良好的协调，有关客户需求的信息无法及时返回供应链中进行共享分析，造成对客户需求响应的滞后，这也是产生牛鞭效应的重要原因之一。

3.3.2 维持供应链协调的方法

解决牛鞭效应最好的方法是将这个鞭子缩得越短越好，这样在传递过程中导致的客户需求偏差也会变小。高效的供应链管理系统可以弱化牛鞭效应，直接降低企业的运营成本，实时响应客户需求的理想状态。高效地整合供应链被认为是维持供应链协调最有效的武器，但是一些传统的模式必须改变，才能实现供应链真正的高效运转。

1. 优化供应链结构，减少供应链流通环节

供应链中水平层次和垂直规模的参与者越多，流通环节越多，信息的扭曲程度也越大，因此需要优化供应链结构。我们可将供应链中所有的参与者分类，保留重要型参与者，剔除支持型参与者，通过这一方式优化供应链结构；同时，采用基于互联网的 B2B 和 B2C 电子商务，与客户面对面进行交易，也可以有效减少供应链的流通环节，弱化牛鞭效应。

2. 集中客户需求信息，避免多方需求预测

牛鞭效应的主要成因是信息不对称，即采购方知道的供应商不知道，供应商知道的采购方不知道。企业内部也存在这种情况：在部门利益的驱动下，部门之间互相防范，信息不共享，如销售为了确保有货，故意拔高预测，从而驱动生产部门和供应商增加额外的库存，由此产生牛鞭效应。

通过互联网或 EDI 实现信息共享，供应链企业可根据相同的原始数据更新各自的预测，并能够对客户需求信息进行集中处理以减少供应链的不确定性。这不仅在供应链企业的整体运作中起到重要作用，而且对于加强整条供应链上各个企业间的相互协作、提高供应链的反应速度和竞争力都有着重要的作用。

实例 3-2　使用信息系统，加快信息流速度

避免多方需求预测的另一种方法是绕过下游成员，直接面向客户销售获取有关信息。

3. 打破批量订货模式

减少订货批量可以使供应链中订单的波动幅度减小。根据经济订货批量模型，只要能采

取措施使每批产品的订货成本、运输成本及接收成本降低，那么订货批量就会减少。沃尔玛和 7Eleven 便利店集中多款产品进行发货，成功减少了产品订货批量。因此，企业应调整其订货策略，实行小批量、多批次的采购或供应模式。

首先，制造商可以采用连续库存补充计划模式从分销商和零售商处得到及时、准确的销售时点信息，通过这些信息确定已销售的产品数量，然后根据分销商和零售商的库存信息及预先规定的库存补充程序，确定发货补充数量和配送时间。

其次，利用信息技术实现网上订货，使信息传递的成本降低，这样企业就不必通过将订单积累到一定批量后再集体发送来降低发送成本了。

最后，企业可订购多种不同的产品，从而获得批量运输的规模经济效益。将小批量的多种产品集中到一辆卡车运输，即零担拼整车运输，可以在减少批量的同时又不增加运输成本。例如，7Eleven 便利店根据卡车运输时保持的温度将产品进行分类，将所有相同运输温度的产品装载在同一辆卡车上，这样大大减少了向零售店送货的卡车数量，同时保证了产品多样化。还有一些企业使用带多个隔间的卡车送货，每个隔间保持不同的温度，可以装运各种不同的产品，从而减少订货批量。另外，企业可使用循环取货/牛奶取货模式，在一辆卡车上组合装运几家零售商或供应商的产品，也可以减少订货批量。例如，很多第三方物流服务商为零售商开展组合运输，允许每个零售商小批量订货，这样可以降低每个零售商的固定运输成本。

实例 3-3　可视化订单，缩小订单批量

4．减少价格波动

通过减少客户需求过程内在的变化性，可以弱化牛鞭效应。零售商可通过稳定的价格策略减少对提前购买的激励。

以天天低价策略为例，它通过给客户提供一个固定的价格，可以形成较稳定的、变化性较小的客户需求模式。这样，即使存在牛鞭效应，分销商所观察到的订单变化也会减小。

实例 3-4　沃尔玛的天天低价策略

5．减少供不应求时的博弈行为

当供不应求时，首先，制造商可以查询各下游成员以前的销售情况，并以此作为向他们配货的依据。这样就可以使下游成员消除试图通过夸大订货量获得较多配给的心理。

其次，制造商可以在销售旺季来临之前帮助销售商做好订货工作，从而更好地设计生产能力和安排生产进度，并通过互联网共享关于生产能力、库存水平和交货计划等方面的信息，增加信息透明度以缓解下游成员的恐慌心理，减少博弈行为，避免生产过量和供给过剩，从而有效预防牛鞭效应的产生。

6．缩短提前期

提前期在很大程度上影响需求的变化，因此，缩短提前期可以减少提前期内需求的不确定性，提高预测精度，从而预防牛鞭效应的产生。提前期由生产和运输产品的时间、信息处理的时间等构成，因此，缩短提前期的途径也有很多。供应链企业可以通过应用先进的信息技术和高效、快速的物流技术缩短提前期，包括信息提前期（即处理订单的时间）和订货提前期（即生产和运输产品的时间）；同时通过多频度、小数量联合送货方式实现实需型订货，使需求预测的误差进一步降低；还可通过越库运输（Cross-Docking）缩短仓储和运输时间，从而预防整个供应链的牛鞭效应。

实例 3-5 中欧铁路运输，权衡在途和运费

浙江温岭的一家公司从德国斯图加特的一个供应商处进口原材料，最初的运输方式是采用海运。从斯图加特到温岭的海运时间是 59 天，这个时间只是单纯的运输时间。德国供应商还要求有 60 天的交货提前期，即从下订单到原材料抵达温岭，总共需要 4 个月左右的时间。

可以想象，当温岭这家公司的客户需求出现波动的时候，特别是需求在这 4 个月之内增加了，都会让这家公司难以及时交货。当海运无法满足该公司应对需求波动的需求时，一般会采用空运的方式来弥补，但是空运费用是海运费用的 2 倍多，公司的利润几乎都被空运费用给"吃掉了"。

在这种情况下，公司考虑采用铁路运输的方式，其运输时间和海运相比几乎减少了一半，而费用增加了 50%。这个折中的方案既让公司减少了运输时间，也不会造成过多的费用负担。3 种方案的对比如表 3.1 所示。

表 3.1 3 种方案的对比

方案	海运	空运	铁路
路线	斯图加特→汉堡→上海→温岭	斯图加特→法兰克福→上海→温岭	斯图加特→杜伊斯堡→上海→温岭
费用比率	1	2.12	1.48
运输时间/天	59	13	33

7. 形成战略性伙伴关系

供应链企业形成战略性伙伴关系可以改变信息独享的方式，实现供应链内部的库存管理，从而弱化牛鞭效应。

例如，供应链企业实施 VMI（Vendor Managed Inventory，供应商管理库存），由上游供应商直接管理下游零售商的库存，由上游供应商确定下游零售商的安全库存和补充数量。这样，上游供应商不再仅仅依赖于下游零售商发出的订单进行决策，相应地弱化了牛鞭效应。

实例 3-6 京东与美的构建供应链深度协同，提高运营效率

京东与美的在 2014 年年底宣布达成战略合作关系。双方表示，将在物流配送、大数据分析、智能设备等方面进行深度合作。2014 年 11 月 27 日，京东与美的系统对接一期项目立项。2015 年 1 月 29 日，京东和美的系统直连项目上线，实现了基础订单数据及销量库存数据共享。2015 年 4 月底，双方实现传输数据量 500 万条，每天有数千条产品数据被共享。2015 年 5 月 18 日，京东与美的深度协同项目（EDI 对接二期项目）立项。2015 年 7 月 30 日，京东和美的"协同计划、预测及补货"项目上线。2015 年 8 月 15 日，京东完成了首次备货计划，将订单下发美的。

由于双方构建供应链的深度协同是行业内的前瞻性探索，双方都没有成熟的经验可借鉴，因此双方在项目进行过程中建立了例会、QQ、邮件等多种途径的沟通机制。双方沟通后决定，对业务同时进行调研，结合双方业务实际的工作流程确定深度协同的模式。双方梳理了现有的业务流程，再根据采销的实际需求确定了协同计划、预测及补货的协同模式。

双方出于对数据传输性能、安全性及便利性的考虑，决定采用 EDI 的方式进行对接，

如图 3.4 所示。双方将往来的文件转换成标准的文件样例，通过 FTP 服务器加密的方式，双方系统定时扫描和对照服务器的文件，接收与同步对方的数据。

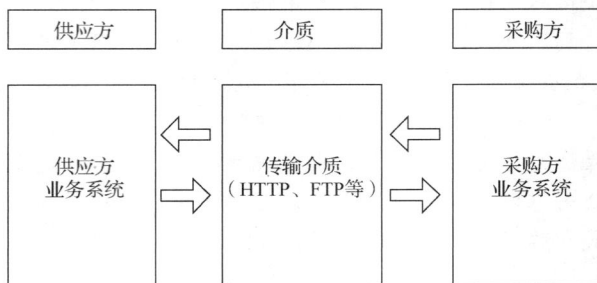

图 3.4　EDI 采购流程示意图

　　京东与美的打通 EDI，进行供应链深度协同，双方将如何受益？对于京东而言，实现了降低缺货风险、降低库存周转、提高数据共享效率的三大优化效果。对于美的而言，实现了生产计划预测性加强、智能补货的优化效果。

3.4　供应链协同管理及协同体系建设

　　在工业互联网时代，不管是制造业还是零售业，对于供应链管理的重视程度和需求都是直线上升的。商业全球化意味着供应链全球化，全球化的供应链服务需要实现社会化协同。其价值在于创新供应链商业模式，调整供应链结构，优化供应链流程，共享供应链信息，标准化供应链物流，最终实现供应链价值传递并增值，构造竞争优势并保持核心竞争力。

　　供应链协同体系建设的核心是对供应链整体战略及各环节的业务流程、关键信息、物流配送、资本资金、相关商流要素进行的重构优化管理。其本质是为提高核心竞争价值而进行的相互交互和彼此协调的组织行为。供应链协同管理可以有效突破传统企业管理的组织界限，建立跨组织双赢的业务流程结构，实现供应链整体价值的最大化。

3.4.1　供应链协同管理与供应链协同体系的含义

　　供应链协同管理是一种开源、创新、敏捷、融合的管理，是对系统工程中各个分系统、子系统进行空间、时间、功能、结构、流程等的重组与重构，实现"同步→关联→合作→竞争→协同"的供应链协同优化路径演变，如图 3.5 所示。

图 3.5　供应链协同优化路径演变

　　供应链协同的主要价值是创新供应链商业模式，调整供应链结构，优化供应链流程，共享供应链信息，标准供应链物流，最终实现供应链价值传递并增值，构造竞争优势群和保持核心竞争力。供应链协同管理能有效突破传统企业管理的组织界限，建立跨组织双赢的业务流程结构，实现供应链整体价值的最大化。

　　供应链协同体系将在供应链各个不同环节的组织结构、增值环节（如研究开发、资源整合、模式创新、集中采购、离散制造、流程制造、市场营销、渠道网络、物流配送、售后服务等）方面具有特定优势的相关交互企业组织起来，以整体协同管理为目标，以专业协同技术为基础，以业务信息共享为手段，以物流运营标准为支撑，从系统工程的战略高度出发，有效促进供应链的内部、外部协调一致，在保证供应链整体效益价值的同时让各参与企业也能获得效益，开创多赢的局面。

3.4.2 构建供应链协同管理的意义及现有问题

1．构建供应链协同管理的意义

（1）供应链协同管理可以发现客户的真实需求。供应链协同管理以客户需求为中心，供应链企业协同合作有助于发现客户的真实需求，而客户需求是供应链驱动的首要要素，更是供应链协同管理的主要目标和主要方向，确保了供应链协同管理的方向性。

（2）供应链协同管理可以有效提升行业整体价值。供应链协同管理可以有效实现企业资源优势互补，通过协同各参与企业的信息流、资金流、物流及其他相关资源的整体性，增加行业客户的融合性和参与性，实现行业价值最大化。

（3）供应链协同管理可以科学地构建企业生态平台。供应链协同管理使供应链企业在业务交互中可以与上下游企业进行良好的业务关联。供应链协同管理所创造的平台价值是个体企业无法创造的，需要借助供应链整体协同才能实现。

（4）供应链协同管理可以实现商业模式创新。供应链协同管理是一个持续改进的过程，在供应链企业不断协同的过程中，供应链的结构、流程及盈利模式等发生了巨大的变化，从而带来了商业模式的改变和创新。

2．传统供应链管理存在的问题

传统供应链管理只是业务流程的集成，缺少灵活性，局限于流程性关联，从而影响了整体供应链的价值传递和相关增值。其存在的问题主要体现在以下几个方面。

（1）传统商业模式陈旧造成盈利能力下降。供应链商业模式的创新是供应链管理的重要组成部分和技术方法，成为引领供应链竞争优势的核心驱动因素。

目前，我国企业同质化竞争严重，导致利润率下降，各行各业面临的市场条件发生了根本变化，均面临经营模式雷同、产品及市场同质化等问题；行业需求结构明显分化，仅依靠降低成本已经无法取得竞争优势。

（2）组织结构层级复杂使得管理协同难度加大。供应链上的各个企业是处于不同价值环节的实体，上下游的业务关系注定各企业间存在利益分配冲突，商业行为会导致各企业间产生对抗行为，而且不同企业的价值观、企业文化、组织结构、战略目标不同，会使各企业不理解或者不信任对方企业的行为。

供应链企业在协同合作中涉及较多的商业信息和商业秘密，所以会采取相关保护和防范措施，合作具有一定的局限性。这导致供应链企业信任与亲密程度很低，供应链整体协同效率大大降低。

（3）业务流程不畅使得整体运营成本增加。部分供应链企业的管理流程和业务流程不能区分，导致业务流程不清晰，核心业务流程受到职能管理的制约，业务流程不顺畅。

同时，业务流程不顺畅，导致研发、生产和营销不匹配，整体效率低下；流程被人为分割，各自为政，浪费现象严重，不利于降低整体运营成本。

（4）信息孤岛造成市场反应速度降低。传统供应链管理仅关注单一节点最优，而未考虑

整条供应链的协同，导致供应链效能失调而形成信息孤岛，信息共享同步性较差。各企业仅仅根据单一内部预测和不完整的需求确定管理方法与目标，从而产生供应链的牛鞭效应。

同时，传统企业内部信息化水平较低，业务流程和信息传递失衡，导致整个供应链无法实现敏捷反应，不确定性增加和预测准确度降低，造成管理频频失误。

❋3.4.3　供应链协同体系的建设

为了弥补传统供应链管理的不足和管理缺陷，供应链企业可以通过合作进行协同管理，从而大大提高供应链整体的协同能力。供应链协同体系的建设是生态型圈层建设，只有从企业战略层面、执行层面到企业的组织层面、技术层面等进行全面的协同才能实现有效合作。通过在跨职能、跨维度、去结构、去中心上实现供应链协同，整条供应链才能实现高效率、高可视、低成本、低风险地提供相关产品和相关服务。供应链协同体系建设的主要方法如下。

1．供应链战略目标协同体系

供应链战略目标协同体系是指供应链协同体系运营的战略目标具有一致性，既有整体战略的统一目标，也有个体企业的协同目标。供应链战略目标协同体系建设，本质上是界定整个供应链的战略方向、业务聚焦和各参与企业的利益平衡关系。

协同的重点内容包括：供应链战略的职能集成化、响应敏捷化、服务柔性化、渠道网络化、价值知识化、利润最大化、成本最小化、利益平衡化等。确立供应链战略协同目标，还应建立战略的沟通协商、平衡制约、合理退出、管控监督、综合评价等机制，让参与企业能够明确自身的权、责、利，确保供应链战略协同目标的实现。

2．供应链组织结构协同体系

供应链组织结构协同体系主要通过组织结构优化，由传统的"竞争—博弈"模式转变为"合作—整合"模式。

供应链组织结构是供应链组织在职、责、权、利方面的动态结构构成，其本质是供应链企业为实现供应链的整体目标，在业务范围、个体责任、相对权利方面形成的分工协作结构体系。供应链组织结构必须随着供应链战略调整而进行相关协同，供应链组织结构协同主要包括组织协同和结构协同。

供应链组织结构协同强调建立科学的供应链结构，通过结构优化实现结构层次清晰、科学分层管理，明确供应链结构协同的要求、责任、权利。因此，建设供应链组织结构协同体系可以提升参与企业的软实力，促进供应链管理的溢价增值和取得竞争优势。

3．供应链业务流程协同体系

供应链业务流程协同体系涉及从供应链企业内部到供应链各参与企业的一系列管理活动。由于各种供应链生产要素的需求变化，导致供应链业务流程需要进行调整和迭代，因此，业务流程协同成为供应链协同的重要组成部分。供应链业务流程协同重构成为供应链价值增值的重要手段和方法。

供应链企业在产品研发、集中采购、生产制造、渠道网络、物流配送及售后管理等方面重构业务流程，对协同流程进行全面优化，突破供应链流程管理的瓶颈，采取符合供应链实际情况的最佳做法，把整个供应链构建成一个动态、规范、平滑、高效的流程管理体系，并对供应链现有流程进行重新整合以实现供应链的高效运作，以流程带动信息流、物流和资金流在供应链内无障碍地流转，使协同业务流程管理发挥真正的效果。

4．供应链信息共享协同体系

供应链信息共享协同体系是指以信息数据驱动传递为基础，实现数据信息的有效传递、实时共享的协同体系。

数据驱动的信息共享协同是实现供应链管理成功的重要支撑条件，供应链各环节的正常运营是基于供应链各节点企业的信息传递和共享；没有信息传递和共享，各个企业就会成为彼此孤立的信息孤岛。只有实现高精确度的信息传递和共享，保证需求信息在传递过程中不失真、不离散，供应链企业才能够有效弱化供应链中的牛鞭效应，解决信任问题和迭代问题。供应链企业以信息共享为工具、以优化供应链绩效为目标进行协同决策，不仅解决了各节点企业单一目标、分散决策所造成的供应链整体效益失调问题，也解决了传统集成式供应链管理中核心企业主导决策所带来的诸多问题。

5．供应链信任机制协同体系

供应链信任机制协同体系是指为了供应链能协同运作而制定信用准则、规范及契约交易的基本制度，是供应链有效协同的前提和制度保证。

供应链各企业间的合作是以商业信任和企业精神为基础的，要实现供应链协同管理就必须加强征信体系和信任机制建设，这样供应链的运作安全才能得到保证。信任机制的建立有效缩短了企业的交易时间，降低了交易成本，并能减少摩擦与矛盾，促成谈判与协商，从而大大提高了效益。

供应链信任机制协同规则主要有企业愿景、诚信规范、技术标准、质量标准、价值准则、程序原则、办事原则及利益分配和风险分配规则等。因此，各企业应积极参与供应链信任机制协同规则的制定、选择和执行，确保供应链信任机制协同体系的有效监督和执行落实。

6．供应链财务结算协同体系

供应链财务结算协同体系要以现金流精益化协同管控为核心，密切衔接供应链相关业务流程，把有限的资金资源在供应链各个环节进行最优配置。

资金管理作为供应链管理的重要组成部分，正逐步成为贯通供应链各业务领域的重要管理手段，供应链资金管理能力的高低也成为影响企业价值创造的关键因素之一。企业可根据资金结算和现金流的动态状况统筹安排资金，形成引导供应链业务流程提升的倒逼机制。

建设供应链财务结算协同体系是在财务结算协同管理总框架下，以供应链资金预算管理协同为核心，以现金流量动态管控为重点，以财务、业务流程融合为支撑，以资金筹集和账期管理交互为基础，掌控供应链企业的融资、营运资金管理、资金结算等关键性环节，实现财务结算的安全性、流动性、盈利性的协调统一，以及财务资金结算全过程的可视性、可控性。

随着供应链体系的建设，供应链企业可以应用资金管理协同平台和资金池，对全供应链的资金进行协同管理，资金统一筹集调配、统一运营管理、统一风险控制，实现信息共享对称、利益高度协配，构建高效的供应链财务结算协同体系，保障供应链稳健持续发展。

7．供应链金融资本协同体系

供应链金融资本协同体系是产业供应链和金融经营协同的融合，其增值收益主要来自产业支持下金融业务的经营成本和产业组合稳定现金流支持下的资金成本节约。

高效的供应链金融资本协同体系是供应链企业实现溢价增值的重要途径。供应链金融资本协同体系通过优化债务资本结构降低整体融资成本，开展资本技术化、科学化运作以实现资本溢价增值，拓展企业金融工具，促进金融资本盈利模式创新，寻找供应链新的利润增长点，不断提升供应链整体资金使用效率和整体效益，把金融资本占总体资产、营业收入的比例控制在合理区间；通过资本管理计划优化，在保证企业资金链安全可控的前提下最大限度地减少企业资金的低效沉淀，以资金运作产业化为目标，确保企业资本的流动性、安全性、效益性；制定存量资本运营原则和资金运作措施，争取使金融资本在供应链整体运作过程中实现协同效益最大化。

8．供应链物流支撑协同体系

供应链物流支撑协同体系是指在供应链互动协同管理范围内，相关企业在协同条件下物流体系运营的相关管理。供应链协同采购整合、制造整合、渠道整合、信息整合等，都需要物流支撑协同体系的重构优化加以支撑才能实现。供应链企业要考虑整体物流成本的有效归集和合理分配，不仅要降低某项业务的单一成本，还要有效降低供应链总体成本。

传统渠道的物流服务体系大多是产品导向，按照干线运输、区域仓储、区域调拨、末端分仓配送来规划物流路径。而供应链物流支撑协同体系随着供应链协同整体需求来优化整个物流运作，使物流、信息流和资金流的配合流动实现高效优化，并实现整体性、系统性的创新管理，通过对仓储库存和运输配送过程的协调，发挥物流资源的组织协同效应，大大降低供应链的整体物流成本。

9．供应链线上线下协同体系

供应链线上线下协同体系主要通过信息技术与物流配送网络的支撑实现全渠道的需求订单、便捷支付、物流配送之间的有效融合和交互衔接，使整个供应链的采购、计划、生产、流通、服务等业务过程更加协同高效。

供应链线上线下协同体系主要通过统一的信息平台数据和线下业务流程数据共享，实现数据结构化，通过数据协同业务实现供应链生产要素高效匹配，以需求数据为基准，通过数据协同产生新的增值方式，以便供应链企业及时、准确地提供相关产品和服务。

打造以线上、线下资源融合控制为核心的供应链线上线下协同体系，可通过线上资源和线下资源共同培育和合作来实现。向上游延伸与品牌商合作、与战略合作伙伴联合；向下游联合线下实体渠道，构建线上线下融合的、协同的多渠道体系。

10．供应链需求预测协同体系

供应链需求预测协同体系是驱动整个供应链业务的源头和核心要素。供应链需求预测协同体系是由预测目标、预测工具等多个要素组成的系统服务体系。需求预测指供应链企业根据现有的基本状况、运营特点及影响需求发展变化的众多因素，运用理论分析、数据统计等方法进行多维度的分析研究，从而判断未来的发展方向和趋势。

需求预测可以科学高效地优化库存管理，降低供应链的运营成本，显著提高运作效率，对供应链战略的总体设计和有效实施具有重要的意义。供应链需求预测协同体系是柔性制造和按需生产的基础，是连接生产制造和销售服务的桥梁。供应链各环节的运营都需要需求预测的相关数据进行配合支持。供应链需求预测协同体系直接或间接影响供应链的销售计划、制造排产计划、财务资金筹集管理等的准确性、及时性、科学性。因此，供应链需求预测协同体系可以有效保障供应链的成功。

11．供应链产品研发协同体系

供应链产品研发协同体系是供应链企业的核心竞争力，产品研发与供应链协同构建了产品与供应链同步化设计的框架和流程，从而确保了产品和供应链之间的协调性与一致性。

客户个性化定制的需求使得产品研发的需求模式发生了变化，产品研发的需求由传统的产品功能驱动转变为客户驱动，产品开发从内部驱动转变为客户驱动，产品开发也由内部被动设计转变为供应链协同设计。供应商协同参与产品设计已经成为必然趋势。构建分布式、多组织的异地设计中心，以及供应商联合设计的协同平台体系架构，可以快速提高供应链的整体研发效率和协同研发的战略价值。

12．供应链采购管理协同体系

供应链采购管理协同体系是基于供应链管理协同的需要，从传统的采购模式向现代采购模式转变，即采购战略从传统交易向战略合作转变、采购需求从库存需求向订单驱动转变、采购范围从定向内部向协同外部转变。

在供应链协同条件下，采购管理是通过客户或订单驱动进行的，从客户驱动开始延伸到整个供应链。这种驱动模式可以快速响应客户需求，降低采购整体成本，形成供应链协同下的采购管理理念。

传统采购模式下，供应商只关注价格等主要因素，并且与采购方是交易关系；而基于供应链采购管理协同的采购更关注采购综合总成本，并注重与供应商建立战略合作伙伴关系。因此，在供应链协同采购的影响下，企业中的采购管理模式不断得到优化创新。

13．供应链库存管理协同体系

供应链库存管理协同体系是将库存管理嵌入整个供应链之中，从点到链、从链到面的分布式协同库存管理体系。

供应链库存管理协同体系基于供应链的总体战略，以降低库存整体成本和提高响应能力为目标，通过对流程上各个库存节点进行管控协调，使各环节库存分布合理，保持供应链整体库存管理成本最低化。在供应链库存管理理念中，库存不仅是维持生产销售的措施，而且是供应链的重要平衡机制，有助于消除供应链管理的不规则需求波动，保持供应链总体供需平衡。

传统库存管理只考虑内部资源的有效利用，而供应链库存管理协同可以实现整条供应链各环节库存的动态平衡，及时准确地预测供应链各项异常变化带来的需求波动。供应链库存管理协同使供应链上各企业间建立战略合作关系，实现供应链整体动态库存的科学分配。

14．供应链制造管理协同体系

供应链制造管理协同体系是借助信息网络技术将线性流程工作转变为并行离散工作，以实现供应链内部和跨供应链体系的各个工序、工位、环节、流程高效协同的生产模式，并最终实现资源优化利用的目标。

供应链制造管理协同是以产品为对象，通过服务型制造、敏捷制造、智能化制造、云制造等模式，将产品生命周期的各个阶段涉及的数据集成并进行数据应用，将各类生产要素进行优化整合，使制造环节各个流程可以高效协同。同时，制造管理协同将间断式、孤岛式的流程管理转变为集成化管理，实现了全生命周期管理。

制造管理协同是提升制造环节的需求敏捷性、缩短生产周期、提高制造效率、实现协同开发的重要手段。供应链制造管理协同体系还简化了传统制造模式，通过制造管理协同的优化实现制造模式的创新，从而形成完整的管理控制闭环。

15．供应链销售服务协同体系

供应链销售服务协同体系是以满足终端客户的消费需求为核心，以销售渠道战略协同为前提，以销售服务资源共享为主导，以销售信息充分共享为基础，对主要供应链销售渠道和终端客户实施的销售服务运作体系。

销售服务协同是供应链升级迭代协同运作创新的转变，满足了客户驱动的渠道融合和客户交互，提升了消费理解与敏捷反馈，是供应链客户之间战略合作一体化的直接体现。建立供应链销售服务协同体系是供应链协同的重要手段之一。

供应链销售服务协同体系从外部环境、内部组织及合作特征等方面对销售服务渠道驱动因素进行协同。多样化的供应链销售服务协同体系建设对协作方式和管理要求不同，同时也对共享服务资源的开放、动态、透明和共享保持差异需求。

素养小课堂

关键词：团队协作；合作共赢；信息共享

在供应链管理过程中，企业一直在尽力保证在每一个环节不缺货欠货，努力维持自己的库存水平稳定，但最终结果是造成订单恐慌、牛鞭效应。因为零售商会根据历史销量做出合理预测，但为了保证这笔订单是及时可得的，能够适应顾客下一轮需求的变化，他们通常会将订单量放大后向上游供应商下单，而上游商家出于同样考虑，也会加大订单量。

如果各商家之间可以共享数据，根据整个供应链的情况做出最合适的订单决策，牛鞭效应将被明显缓和。幸运的是，随着信息技术的发展，实时信息一体化系统的建成，加强供应链内部企业的交流联系与合作，使得信息共享、系统协作越来越可能实现。啤酒游戏使我们领悟到团队协作的重要性，只有协作才能共赢，也让我们感受到信息共享是一个完全可以降低成本和风险的有效途径。

面对国际形势的深刻变化和世界各国同舟共济的客观要求，"人类命运共同体"的崇高理念和"合作共赢"等战略思想，展示出了一种全球性和全局性思维，对于解决供应链的协调问题，也是很有指导意义的。

思考与练习

第4章 供应链物流管理

🛒 学习目标

➢ 了解物流的概念与价值。
➢ 了解物流的作用、分类与基本要素。
➢ 熟悉物流管理在供应链中的地位。
➢ 掌握供应链中的物流战略管理与物流管理战略。
➢ 熟悉企业物流管理与企业竞争力。
➢ 掌握典型的企业物流模式。
➢ 熟悉电子商务物流的概念、特点与发展趋势。

物流贯穿供应链全过程，连接着供应链中的各个企业，是企业间相互合作的纽带。供应链是物流、信息流和资金流的综合体，因此，如何进行有效的物流管理，特别是在电子商务不断发展的背景下，使物流同信息流、资金流等协同，使整个供应链高效运作，就成为供应链管理要解决的核心问题之一。本章首先对物流的概念、价值等进行概述，对现代物流代表性理论观点进行介绍；然后，对物流管理在供应链中的地位进行详细讨论，并介绍供应链中物流的特征和物流系统模型；接着阐述供应链中的物流战略管理与物流管理战略，包括物流战略管理在企业战略管理和物流管理中的位置、物流战略管理的阶段及物流管理战略的框架等；随后论述供应链中企业物流管理与企业竞争力的关系，并介绍自营物流、第三方物流、物流联盟等典型的企业物流模式；最后简要介绍电子商务物流，包括电子商务物流的概念、特点、发展趋势等。

4.1 现代物流概述

开篇案例

戴尔公司别具一格的
电子商务物流系统
构建

　　在经济全球化和电子商务发展的双重推动下，传统物流正在向现代物流迅速转型。随着社会生产的不断升级，人们对于物流的理解也不断加深，本节将具体介绍物流的概念、价值、作用、分类、基本要素、代表性理论观点等。

4.1.1　物流的概念

　　物流的概念是随着交易对象和环境变化而发生变化的，因此需要从历史的角度进行考察。

　　物流在英语中最初为 Physical Distribution，意为实物分配。1935 年，美国销售协会最早对物流进行了定义：物流是包含于销售之中，并伴随种种经济行为的物质资料和服务从生产地到消费地的流动过程。

　　美国物流管理协会于 1986 年将 "Physical Distribution" 改为 "Logistics"，其理由是前者表示的领域较狭窄，后者的概念则较宽广、连贯、整体。其还对 Logistics 做出如下定义：以适应客户需求为目的，同时追求自身 "效率" 最大化与 "费用" 的最优相对效果，对原材料、半成品、成品及与其关联的信息，从产业地点到消费地点之间的流通与保管而进行的计划、执行、控制的过程。

　　我国国家标准《物流术语》（GB/T 18354—2006）将物流定义为："物品从供应地向接收地的实体流动过程。根据实际需要，将运输、储存、装卸、搬运、包装、流通加工、配送、信息处理等基本功能实施有机结合。"

　　从实物分配到现代物流，物流的概念不断得到明确和升华。本书对物流的定义是：物流是供应链的重要组成部分，是原材料、半成品、成品及与其关联的信息从供应地向接收地的实体流动过程，根据实际需要，将运输、储存、装卸、搬运、包装、流通加工、配送、信息处理等基本功能实施有机结合，以满足客户需求。物流是物体物理性的实体运动与相关活动的总称，它具有以下内涵。

　　（1）历史性。物流概念的形成和发展与社会生产、市场营销、企业管理所处的历史环境和不断进步密切相关。

　　（2）过程性。物流不是单个环节，而是为满足客户需要，以最低的成本，通过运输、保管、配送等方式，实现原材料、半成品、成品及与其关联的信息由产地到消费地转移的全过程。

　　（3）多功能性。物流的主要功能包括运输、储存、装卸、搬运、包装、流通加工、配送、信息处理等。

　　（4）以 "实物流动" 为核心。物流中的 "物" 包括原材料、半成品、成品及相关信息，物流无论是从实物分配、后勤还是现代物流的角度，都强调以 "实物流动" 为核心。

　　（5）以满足客户需求为目的。物流活动由供应地出发，本质上是需求驱动的，因此，它以满足客户需求为目的。

　　（6）供应链的重要组成部分。产品或服务是供应链价值实现的载体，产品或服务在供应链内从设计、加工到完成后交付给客户，都需要依赖于物流活动。

4.1.2 物流的价值

生产、物流和消费是社会经济活动的三大组成部分。其中，物流是连接生产与消费的必要环节。在经济全球化时代，一个企业乃至一个国家的竞争力不取决于能生产多少产品，而取决于能生产多少满足客户和市场需求的产品，更取决于现代物流能力。任何一个产品只有通过物流环节进入客户手中，才能具有产品价值、货币价值和使用价值。

物流如此重要，其价值具体体现在时间价值、空间价值和形态价值3个方面。

（1）时间价值。"物"从供给者到需求者之间有一段时间差，由改变这一时间差创造的价值称为时间价值。物流的时间价值包含3个方面：第一，缩短时间差创造价值；第二，弥补时间差创造价值；第三，延长时间差创造价值。

（2）空间价值。"物"从供给者到需求者之间有一段空间差，供给者和需求者之间往往处于不同的空间，由改变这一空间差创造的价值称作空间价值。物流的空间价值包含3个方面：第一，从集中生产空间流入分散需求空间创造价值；第二，从分散生产空间流入集中需求空间创造价值；第三，从甲地生产空间流入乙地需求空间创造价值。

（3）形态价值。"物"从供给者到需求者之间的流动是一个过程，物流活动过程可以改变产品的形态，从而创造形态价值。在物流活动中，形态价值主要通过流通加工的形式进行创造，所以也称作加工价值。这里的加工价值，不是创造产品实体、形成产品的主要功能和使用价值，而是完善性的、补充性的加工活动，具有增加附加价值的属性。

4.1.3 物流的作用

概要地说，物流的作用包括服务商流、保障生产和方便生活3个方面。

（1）服务商流。在商流活动中，产品所有权在购销合同签订的那一刻，便由供方转移到需方，但产品实体并没有因此而移动。除了非实物交割的期货交易，一般的商流都必须伴随相应的物流过程，即按照需方（购方）的需要，由供方（卖方）将产品实体以适当方式、途径向需方转移。在整个流通过程中，物流实际上是以商流的后继者和服务者的姿态出现的。没有物流的作用，商流活动就会成为一纸空文。

（2）保障生产。从原材料的采购开始，便要求有相应的物流活动，将所采购的原材料配送到位，否则，整个生产过程便成了无米之炊；在生产的各工艺流程之间，也需要原材料、半成品的物流过程，以实现生产的流动性。就整个生产过程而言，它实际上就是系列化的物流活动。合理化的物流，能够通过降低运输费用而降低成本，通过优化库存结构而减少资金占压，通过强化管理而提高效率等，进而促进整个社会经济水平的提高。

（3）方便生活。实际上，生活的每一个环节都有物流的存在。网络购物的兴起促进了快递业的迅猛发展，我们的生活已经不能没有快递员，快递架起了从工厂到客户的桥梁；通过国际运输，世界名牌可以出现在不同肤色的人身上；先进的储藏技术可以让新鲜的果蔬在任何季节亮相；搬家公司周到的服务，可以让人们轻松地乔迁新居；多种形式的行李托运业务，可以让人们享受更加舒适的旅途。

4.1.4 物流的分类

目前，学界在物流分类标准方面并没有统一的看法，下面主要从研究对象的范围、物流活动覆盖的范围、物流服务对象的范围、物流的流向、物流活动的特殊性等方面对物流进行分类。图 4.1 所示是常见的物流分类体系。

- 物流分类
  - 以研究对象的范围分
    - 宏观物流
    - 微观物流
  - 以物流活动覆盖的范围分
    - 国际物流
    - 区域物流
  - 以物流服务对象的范围分
    - 社会物流
    - 企业物流
  - 以物流的流向分
    - 正向物流
    - 逆向物流
  - 以物流活动的特殊性分
    - 一般物流
    - 特殊物流

图 4.1　物流分类体系

1．以研究对象的范围分

按照研究对象的范围，物流可分为宏观物流和微观物流。

（1）宏观物流。宏观物流是指从社会再生产总体角度认识和研究的物流活动。宏观物流的参与者是构成社会总体的大产业、大集团，其主要特点是综观性和全局性，其主要研究内容是物流总体构成、物流与社会的关系、物流与经济发展的关系、社会物流系统和国际物流系统的建立与运作等。社会物流、国民经济物流、国际物流等均属于宏观物流的范畴。

（2）微观物流。与宏观物流相对，企业从事的实际的、具体的物流活动属于微观物流。其主要特点是具体性和局部性。整个物流活动中的一个局部、一个环节的具体物流活动属于微观物流，在一个小地域空间内发生的具体的物流活动属于微观物流，针对某一种具体产品所进行的物流活动也属于微观物流。企业物流、生产物流、供应物流、销售物流、回收物流、废弃物物流、生活物流等均属于微观物流的范畴。

2．以物流活动覆盖的范围分

按照物流活动覆盖的范围，物流可分为国际物流和区域物流。

（1）国际物流。国际物流是现代物流系统中发展较快、规模较大的一个物流领域。国际物流是伴随和支撑国际经济交往、贸易活动和其他国际交流所发生的物流活动。国际物流的实质是按国际分工的原则，依照国际惯例，利用国际化的物流网络、物流设施和物流技术，实现产品在国际之间的流动和交换，以促进区域经济的发展和世界资源的优化配置。近年来，国际分工日益深化，全球经济一体化及国际贸易的不断发展，国际物流得到了迅速发展。

（2）区域物流。区域物流是国家范围内的物流，即一个经济区域内的物流。区域物流往往处于同一法律、规章、制度之下，受相同文化及社会因素的影响，处于基本相同的科技水平和装备水平。相对来说，其风险较小，没有面临国际物流所处的极复杂的环境。区域物流研究的一个重点是城市物流，因为随着社会分工的深化、细化，国际合作的加强，一个城市及其周边地区通常会逐渐形成小的经济地域，而城市经济区域的发展有赖于物流系统的建立和运行。

3．以物流服务对象的范围分

按照物流服务对象的范围，物流可分为社会物流和企业物流。

（1）社会物流。社会物流指超越一家一户的，以一个社会为范畴、面向社会为目的的物流。社会物流往往是由专门的物流承担人承担的，如第三方物流。社会物流的范畴涵盖社会经济的大领域，带有综观性和广泛性。

（2）企业物流。企业物流是从企业角度研究的物流活动，是一种微观物流。企业物流包含供应物流、生产物流、销售物流、回收物流和废弃物物流等具体的物流活动。

4．以物流的流向分

按照物流的流向，物流可分为正向物流和逆向物流。

（1）正向物流。正向物流是供应商经制造程序将产品制作完成后，再销售给最终客户的一连串的过程，是从生产地到消费地的物流活动。

（2）逆向物流。逆向物流是客户委托物流企业将产品从指定的所在地送达供应商所在地的过程，是从消费地到生产地的物流活动。

5．以物流活动的特殊性分

按照物流活动的特殊性程度，物流可分为一般物流和特殊物流。

（1）一般物流。一般物流指某些具有共同点的、一般性的物流活动。一般物流研究的着眼点在于物流的一般规律，建立普遍适用的物流标准化系统，研究物流的共同功能要素，研究物流与其他系统的结合、衔接，研究物流信息系统及管理体制等。

（2）特殊物流。特殊物流是指某些具有特殊属性的物流活动。在遵循一般物流规律的基础上，带有特殊制约因素、特殊应用领域、特殊管理方式、特殊劳动对象、特殊机械装备特点的物流，皆属于特殊物流的范围。特殊物流的产生是社会分工深化、物流活动精细化的产物。例如，按劳动对象分，有水泥物流、危险品物流等；在特殊的领域有军事物流、废弃物物流等。

❈ 4.1.5　物流的基本要素

物流的基本要素有运输、储存、包装、装卸搬运、流通加工、配送和信息处理。

（1）运输。运输是使用设施和工具（火车、汽车、飞机、轮船等），将产品从一个点转移到另一个点的物流活动。产品产地与销地之间存在空间的背离，有的产品是甲地生产，乙地消费；有的产品是乙地生产，甲地消费；有的产品是国外生产，国内消费；有的产品是城市生产，农村消费；有的产品是农村生产，城市消费。要使客户买到所需产品，必须使产品从产地转移到销地，这一职能只有通过运输才能实现。因此，物流的运输职能创造了物流的空间效用。它是物流要素的核心。

（2）储存。储存就是保护、管理、储藏产品。产品生产与产品消费存在时间上的不均衡，如农副产品大多是季节性生产，常年消费；日用工业品大多是集中生产，分散消费。这就使得产品流通的连续进行存在时间上的矛盾。要克服这个矛盾，必须依靠储存的作用。储存能够保证产品流通连续地、均衡地顺畅进行，能使产品连续地、充足地提供给市场。产品储存在产品流通过程中处于一种或长或短的相对停滞状态，它创造了物流的时间效用，是物流的支柱。

（3）包装。包装是在流通过程中为保护产品、方便运输、促进销售，按一定技术和方法而采用的容器、材料及辅助物等的总称。要使产品实体在物流中通过运输、储存环节顺利地到达客户手中，必须保证产品的使用价值完好无损。因此，产品包装十分必要。合适的产品包装可以保护产品的内在质量和外观质量，使产品在一定条件下不致因外在因素的影响而被破坏或丢失，保障物流活动的顺利进行。包装是运输、储存职能发挥的条件，常被视作物流的起点。

（4）装卸搬运。装卸是指产品在指定地点依靠人力或机械自动设备装载或者卸下。搬运是在同一场所内，对产品进行以水平移动为主的物流作业。装卸搬运是物流过程中一个必备的环节。产品必须有人接收、分拣、组装，以满足客户的订货需要。在物料搬运设备中投入的直接劳动和资金是物流总成本的一个主要组成部分。产品搬运的过程越少，产品损坏的可能性就越小，而仓储的整体效率也会增加。现实中人们还会利用各种各样的机械化和自动化设施协助产品搬运。装卸搬运是整个物流活动过程中的一个微系统。

（5）流通加工。流通加工是在产品从生产者向客户运动的过程中，为了促进销售、维护产品质量和实现物流效率，而对产品进行的再加工。流通加工的内容包括装袋、分装、贴标签、配货、数量检查、挑选、混装、刷标记、剪断、组装和再加工改制等。流通加工职能的发挥有利于缩短产品的生产时间，满足客户的多样化需求，克服生产单一性与需求多样化的矛盾，提高产品的适销率。

（6）配送。配送是指按客户的订单要求，在物流中心进行分货、配货工作，并将配好的产品送交收货人。配送与运输存在区别，在产品由其生产地通过配送中心发送给客户的过程中，由生产地至配送中心之间的产品空间转移称为"运输"，而从配送中心到客户之间的产品空间转移则称为"配送"。采取配送方式，通过增加经济订货批量可以实现经济地进货，又通过将多个客户的小批量产品集中在一起进行一次发货等方式，提高了物流的经济效益。在整个物流过程中，配送的重要性可与运输、储存、流通加工等并列。

（7）信息处理。如果把一个企业的物流活动看作一个系统，那么这个系统中就包括两个子系统：一个是作业子系统，包括上述运输、储存、包装、装卸搬运、流通加工、配送等具体的作业功能；另一个则是信息子系统，信息子系统是作业子系统的神经系统。企业物流活动状况要及时收集，商流和物流之间要经常互通信息，各种物流职能要相互衔接，这些都要靠及时有效的物流信息处理来完成。信息处理是由于物流管理活动的需要而产生的，其功能是保证作业子系统的各种职能协调一致地发挥作用，创造协调效用。

❈ 4.1.6 现代物流代表性理论观点*

1．商物分离理论

商物分离理论是物流科学赖以生存的先决条件。所谓商物分离，是指流通过程中商流和物流这两个组成部分，各自按照自己的规模和渠道独立运动。现代化的分工和专业化是向一切经济领域延伸的。第二次世界大战以后，流通过程中的商流和物流出现了更明显的分离，从不同的运动形式逐渐变成两个有一定独立运动能力的不同运动过程，这就是所谓的"商物分离"。商流是指产品价值的运动，主要解决产品所有权的问题；物流是指使用价值的运动，主要满足产品实体的运动。分离的类型可以表现为商流中转、物流直达，商流在前、物流在后，物流在前、商流在后，只有商流、没有物流等。

2．黑大陆学说与物流冰山学说

（1）黑大陆学说。1962年，管理学家彼得·德鲁克（Peter Drucker）发表了题为《经济的黑色大陆》一文，他将物流比作"一块未开垦的处女地"，强调应高度重视流通及流通过程中的物流管理。彼得·德鲁克曾说："流通是经济领域的黑色大陆。"由于流通领域中物流活动的模糊性特别突出，是流通领域中人们认识不清的细分领域，所以"黑大陆"学说主要针对物流。

黑大陆学说主要是指尚未认识、尚未了解的领域，如果理论研究和实践探索照亮了这块黑大陆，那么摆在人们面前的可能是一片不毛之地，也可能是一片宝藏之地。黑大陆学说是对 20 世纪经济学界存在的愚昧认识的一种批判和反对，指出在市场经济繁荣和发达的情况下，无论是科学技术还是经济发展，都没有止境。黑大陆学说也是对物流本身的正确评价，即这个领域未知的东西还有很多，理论与实践皆不成熟。

（2）物流冰山学说。物流冰山学说是日本早稻田大学西泽修教授于 1970 年提出来的，他在专门研究物流成本时发现，现行的财务会计制度和会计核算方法都无法掌握物流成本的实际情况，因而人们对物流成本的了解是一片空白，甚至有很大的虚假性，他把这种情况比作"物流冰山"。图 4.2 所示为物流冰山学说示意图。冰山的特点是大部分沉在水面之下，而露出水面的仅是冰山的一角。物流便是一座冰山，其沉在水面以下的是我们看不到的黑色区域，而我们看到的只是物流的一部分。

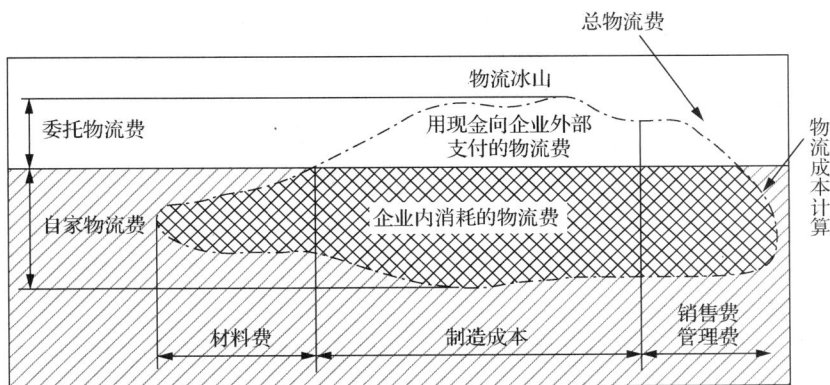

图 4.2 物流冰山学说示意图

物流冰山学说之所以成立，有 3 个方面的原因。

（1）物流成本的计算范围太大。其计算范围通常包括原材料物流，工厂内物流，从工厂到仓库、配送中心的物流，从配送中心到商店的物流等。由于涉及的单位多，牵涉的面广，所以很容易漏掉某一部分，就会对物流成本的计算产生较大的影响。

（2）运输、储存、装卸搬运、包装、流通加工、配送及信息处理等各物流环节中，如果只计算运输和储存的费用而不计算其他费用，与全部费用相比，两者的计算结果差别相当大。

（3）在整个物流环节中，把哪几种费用列入物流成本的问题。例如，向外部支付的运输费、储存费、装卸费等费用一般会列入物流成本，但是企业内部产生的物流费用，如与物流相关的人工费、物流设施建设费、设备购置费及折旧费、维修费等是否也列入物流成本，这些都与物流成本的核算直接相关。

3．第三利润源泉说

日本学者西泽修教授于 1970 年提出第三利润源泉说，将物流作为第三利润源泉，合理组织产供销环节，将产品按必要的数量以必要的方式，在要求的时间内送到指定的地点，从降低的物流成本中获取利润。第三利润源泉是相对于第一利润源泉和第二利润源泉而言的。

在生产力相对落后、社会产品处于供不应求的历史阶段，由于市场产品匮乏，制造企业无论生产多少产品都不愁卖不出去。生产型企业为了达到规模化生产的目的，大力进行设备更新改造，提高生产能力，通过规模经济降低生产成本，以此创造企业的剩余价值，由此产生了所谓的第一利润源泉。当产品极大丰富，市场格局转为供过于求时，产品的销售遇到了极大的阻碍，这时依靠提高生产能力和扩大经济规模而实现的第一利润源泉达到了极限，很难再为企业的持续发展提供动力。这时企业逐渐将管理的重心放在依靠科技进步来提高劳动生产率、降低消耗上，从而降低成本、增加利润，这就是所谓的第二利润源泉。

但是，随着社会经济的进步和发展，在如今越来越强调差异化、高增值服务的背景下，前两个利润源泉可挖掘的空间越来越小，人们逐渐意识到物流领域的潜力，于是出现了第三利润源泉。这3个利润源泉着重开发生产力的3个不同要素：第一利润源泉的挖掘对象是生产力中的劳动对象；第二利润源泉的挖掘对象是生产力中的劳动者；第三利润源泉的挖掘对象则是生产力中劳动工具的潜力，同时注重挖掘劳动对象与劳动者的潜力，因而更具全面性。

4．效益背反与物流的整体观念

效益背反（Trade Off）又称为"二律背反"、效益悖反。效益背反是物流领域中很普遍的现象，是物流领域中内部矛盾的反映和表现。物流系统的效益背反包括两个方面：一是物流成本与服务水平的效益背反，二是物流各功能活动的效益背反。相比较之下，后者更受关注。

因此，物流领域中的效益背反通常指物流的若干功能要素之间存在损益的矛盾，即某一功能要素的优化和利益发生的同时，必然存在另一个或几个功能要素的利益损失。这是一种此消彼长、此盈彼亏的现象，往往导致整个物流系统效率低下，最终损害物流系统的功能要素的整体利益。例如，减少物流网络中仓库的数量并减少库存，必然会使库存补充变得频繁，从而增加运输的次数。寻求消除物流领域中的效益背反现象，就是要寻求物流系统优化，追求物流的总体最优。因此，企业需要树立物流整体观念，从全局角度解决物流问题。

5．物流一体化

物流一体化（The Integration of Logistics）是20世纪末发展起来的最有影响力的物流管理模式之一，它是指以物流系统为核心的由生产企业、物流企业、销售企业直至客户组成的供应链的整体化和系统化。其基本含义是企业不同职能部门之间或供应链上不同企业之间通过物流合作，达到提高物流效率、降低物流成本的效果。物流一体化是物流业发展的一个相对高级和成熟的阶段，可分为3个层次：物流自身一体化、微观物流一体化和宏观物流一体化。物流一体化还包括3种形式：垂直一体化、水平一体化和物流网络化。目前，研究最多、应用最广的是垂直一体化。

（1）垂直一体化。垂直一体化物流要求企业将提供产品或运输服务等的供货商和客户纳入管理范围，并作为物流管理的一项中心内容。垂直一体化物流要求企业实现从原材料到客户的每个过程对物流的管理；要求企业利用自身条件建立和发展与供货商和客户的合作关系，形成联合力量，赢得竞争优势。供应链是对垂直一体化物流的延伸，是从系统观点出发，通过对原料、半成品和成品的生产、供应、销售的整个过程中物流、资金流和信息流的协调，以满足客户需求。所以，供应链管理是集成化管理，它关注的是产品的流动，而不是传统观念中的功能分割或局部效率。

（2）水平一体化。水平一体化物流指通过同一行业中多个企业在物流方面的合作来获得规模经济效益和提高物流效率。例如，不同的企业可以用同样的装运方式进行不同类型产品的共同运输。显然，不同产品的物流过程不仅在空间上是矛盾的，而且在时间上也是有差异的。要解决这些矛盾和差异，必须依靠掌握大量物流需求和物流供应能力信息的信息中心。此外，实现水平一体化物流的另一个重要条件，就是要有大量的企业参与并且有大量的产品存在，这样企业间的合作才能提高物流效益。当然，产品配送方式的集成化和标准化等问题也是不能忽视的。

（3）物流网络化。物流网络化是垂直一体化物流与水平一体化物流的综合体。当一体化物流的每个环节同时又是其他一体化物流系统的组成部分时，便会形成物流网络。要想实现物流网络化，首先要有一批优秀物流企业与生产企业结成共享市场的同盟，进而分享更大份额的利润。同时，优秀物流企业要与中小型物流企业结成市场开拓的同盟，利用相对稳定和完整的营销体系，帮助生产企业开拓销售市场。这样，竞争对手成为同盟军，物流网络就成为一个生产企业和物流企业多方位纵横交叉、互相渗透的协作有机体。由于先进信息技术的应用，当加入物流网络的企业数量增加时，物流网络的规模效益就会显现出来，这也促进了社会分工的深化，第三方物流的发展也就有了动因，整个社会的物流成本会因此大幅度下降。

4.2 供应链中的物流管理

物流管理作为现代供应链管理思想的起源，同时也是供应链管理的一个重要组成部分。在供应链环境下，物流出现了一些新的特征，要求供应链企业进行有效的物流战略管理，以更高的服务水平满足客户的需求。

✳ 4.2.1 物流管理概述

1．物流管理的发展历程

（1）物流管理的形成——实体分销管理（PDM）

20世纪60年代，当西方管理科学的重心开始从生产领域转移到非生产领域时，实体分销管理（Physical Distribution Management，PDM）的概念开始形成并受到重视。当时，物流以外的活动领域的管理已经得到了改善，生产领域的机械化、自动化取得进展，计算机在事务处理方面得到应用，销售方面采用了科学的营销方法，而物流领域亟待发展。因此，以降低成本、减少资金占用、缩短生产周期为主要目标的物流合理化被称作继"节约原材料""提高劳动生产率"之后的"第三利润源泉"和"最重要的竞争领域"，物流各功能活动的综合管理开始得到推进。其特征是，将销售领域存在的运输、储存、配送等活动，以信息系统作为中介手段构成有机的整体，遵循效益背反原则，经济合理地配置相关资源，以达到降低成本的目的。

（2）物流管理的发展——企业集成化物流管理（ILM）

虽然PDM将存在于企业经营各个领域的运输、储存、配送等活动在各自的领域范围内实行一体化管理，大大增强了企业的客户导向，有效降低了企业的分销成本费用，与个别管理相比有了一大进步，但它只涉及产品的分销物流活动。事实上，物流贯穿于整个企业的运作流程，不仅包括分销物流，而且包括采购物流和生产（服务）物流。因此，PDM的思想和方法后来同样应用到原材料、零部件的采购物流活动中，即所谓的"采购物流管理"；应用到企业生产（服务）的物流活动中，即所谓的"生产（制造）物流管理"或"服务物流管理"。这样，将采购物流、生产（服务）物流和分销物流集成起来，形成了企业集成化物流管理（Integrated Logistics Management，ILM）。ILM的目标是：在适宜的时间，以期望的服务水准和最低的成本将原材料与成品配置到指定的场所。ILM的特征是：依据企业的经营战略，将存在于企业生产经营全过程中的物资移动作为一个有机整体进行管理，以实现经营效益的最大化。

（3）跨企业的物流管理——供应链管理（SCM）

随着过剩经济时代的到来，市场竞争日趋激烈，客户需求呈现多样化与个性化，客户变得越来越"挑剔"。如何在竞争激烈和快速变化的市场中建立以销定产的生产经营体制和实时决策系统就成为一个尤为重要的问题。特别是要通过提高对产品的预测准确率来降低企业的库存，减少交货期的延误，从而保住大量有价值的客户。近年来，随着信息技术的进步，获取销售信息变得容易起来。同时，即时的数据通信、庞大的数据库构建也成为可能。物流信息系统的建立为解决以销定产问题指明了方向。在这一背景下，企业一方面越来越注重利用自身的有限资源形成自己的核心能力，发挥核心优势；另一方面，企业充分利用信息网络寻找互补的外部优势，与供应商、分销商等上下游企业构建供应链网链组织，通过供应链管理（Supply Chain Management，SCM）形成整体优势。

SCM跨越了单个企业的边界，在完整的产业链条上应用系统观念进行集成化管理。如果供应链上的所有企业都孤立地优化自己的物流活动，那么整个供应链的物流不可能实现优化。因此，要实现更大范围，乃至整个供应链物流的最优化，供应链企业就必须从整体协调各成员企业的物流活动。这就是SCM的本质。

2．物流管理的概念

物流管理（Logistics Management）是指在社会再生产过程中，根据物质资料实体流动的规律，应用管理的基本原理和科学方法，对物流活动进行计划、组织、指挥、协调、控制和监督，使各项物流活动实现最佳协调与配合，以降低物流成本，提高物流效率和经济效益。现代物流管理是建立在系统论、信息论和控制论的基础上的。

现代物流管理是系统整合的协作物流，以企业整体最优为目的。从产品供应体系的角度来看，现代物流不是单个生产、销售部门或企业的事，而是包括供应商、批发商、零售商等相关联企业在内的整个统一体的共同活动，从而使物流管理成为一种供应链管理。从供应链战略管理的角度出发，现代物流管理指挥跨企业组织的物流作业，通过强化流通过程中所有企业的关系，以实现产品供应链全过程的价值和经营行为的最适化。

3．物流管理的目的

实施物流管理的目的是要在尽可能低的总成本条件下实现既定的客户服务水平，即寻求服务优势和成本优势的一种动态平衡，并由此创造企业在竞争中的战略优势。根据这一目的，物流管理要解决的基本问题，就是把合适的产品以合适的数量、合适的价格在合适的时间和合适的地点提供给客户。

现代物流通常被认为是由运输、储存、装卸搬运、包装、流通加工、配送和信息处理等环节构成的。系统方法认为，系统的效益并不是各个局部环节效益的简单相加。从这一角度出发，物流系统并不是简单地追求在各个环节上实现各自的最低成本，物流各环节的效益之间存在相互影响、相互制约的倾向，存在交替易损的关系。例如过分强调包装材料的节约，就可能因包装易于破损而造成运输和装卸费用的上升。因此，系统方法强调要进行总成本分析，以及避免次佳效应和成本权衡应用的分析，以达到总成本最低，同时满足既定的客户服务水平的目的。

4．物流管理的原则

企业要想进行有效的物流管理，需要遵循一些基本的原则。

在总体上，坚持物流合理化的原则，即在兼顾成本与服务的前提下，对物流系统的构成要素进行调整改进，实现物流系统整体优化。

在宏观上，除了完善支撑要素建设外，还需要政府及有关专业组织的规划和指导。

在微观上，除了实现供应链的整体最优管理目标外，还要实现服务的专业化和增值化。现代物流管理的永恒主题是成本和服务，即在努力削减物流成本的基础上，努力提升物流增值性服务。

在服务上，具体表现为 7R 原则，即适合的质量（Right Quality）、适合的数量（Right Quantity）、适合的时间（Right Time）、适合的地点（Right Place）、优良的印象（Right Impression）、适当的价格（Right Price）和适合的产品（Right Commodity）。企业要为客户提供上述 7 个方面的服务。

✿ 4.2.2　物流管理在供应链中的地位

供应链是物流、信息流、资金流的协调统一。物流管理很自然地成为供应链管理体系的重要组成部分。从传统的观点来看，物流在制造企业的生产过程中被视为辅助职能部门。但是，现代企业生产方式从大批量生产转向精细的准时生产和定制化生产，企业的物流活动也随着企业生产方式的变化而变化。此外，对客户需求的及时响应，要求企业以最快的速度把产品递送到客户手中，以提高企业快速响应市场的能力。所有这一切，都要求企业的物流系统具有和制造系统及外部合作伙伴协调运作的能力，以提高供应链的敏捷性和适应性。

因此，物流管理不仅要保证企业内部生产过程的连续性，而且要在供应链管理中发挥更重要的作用。这包括创造客户价值，满足客户需求；协调制造活动，提高企业的敏捷性；为客户提供个性化服务，塑造企业形象；提供信息反馈，协调供需矛盾。只有建立敏捷且高效的供应链物流系统，企业才能达到提高自身竞争力的要求。

一般来说，衡量供应链竞争力和运作绩效的指标有很多，比较常用的、较为主要的指标有供应链响应周期、供应链总成本、供应链总库存水平、供应链按期交付可靠性及供应链的客户服务水平等。而物流管理和这些指标紧密相关，对这些指标具有重要的影响。

（1）对供应链响应周期的影响。这是对供应链竞争力影响最大的一个指标。供应链响应周期是指整个供应链从接到客户订单到最终交货的时间间隔。物流管理水平的高低对供应链响应周期的影响是巨大的。

（2）对供应链总成本的影响。物流管理水平的高低反映在供应链总成本上，可以从物流费用占总费用的比例看出来。

（3）对供应链总库存水平的影响。低水平的物流管理对供应链总库存水平的影响，主要体现在订货量在供应链上被逐级放大。这一效应的结果是导致供应链上各级的库存量越来越大，增加了库存成本，使供应链的总体竞争力下降。

（4）对供应链按期交付可靠性的影响。供应链按期交付可靠性是对供应链整体信誉的一种衡量，也是供应链吸引客户的一种有效手段。按期交付可靠性高，就容易得到客户的信任，就会有源源不断的订单；反之则会逐渐失去现有客户。因此，这一点也是影响供应链整体竞争力的关键因素。

（5）对供应链的客户服务水平的影响。供应链管理的核心是要向所有提出需求的客户及时提供精确的产品，这依赖于物流活动。

综上所述，供应链管理能力是 21 世纪企业的核心竞争力，物流管理在供应链管理中处于一种核心地位。物流管理水平的高低和物流能力的强弱，直接影响供应链的整体竞争力及其绩效。要适应市场竞争的现实要求，传统的物流管理已经很难适应，企业必须另辟蹊径，结合供应链的特点，综合采用各种物流手段，实现物资实体的有效移动，既保障供应链正常运行所需的物资需要，又保障整个供应链的总物流费用最低、整体效益最高，即进行以供应链思想为基础的供应链物流管理。供应链物流管理，是指以供应链核心产品或核心业务为中心的物流管理体系。前者主要是指以核心产品的制造、分销和原材料供应为体系而组织起来的供应链物流管理。例如汽车制造、分销和原材料的供应链的物流管理，就是以汽车产品为中心的物流管理体系。后者主要是指以核心物流业务为体系而组织起来的供应链物流管理，如第三方物流、配送、仓储、运输供应链的物流管理。

✱ 4.2.3　供应链中物流的特征

提高信息的共享程度对供应链管理而言非常重要。如果可以做到信息共享，那么供应链上任何节点的企业都能及时掌握市场的需求信息和整个供应链的运行情况，每个环节的物流信息都能透明地与其他环节进行交流与共享，从而避免出现需求信息的失真现象。

企业物流网络规划能力的提升，也反映了供应链管理环境下的物流特征。企业可以充分利用第三方物流的资源降低库存的压力。

作业流程的快速重组能力极大地提高了物流系统的敏捷性。企业可通过消除不增加价值的过程和时间，使供应链的物流系统进一步降低成本，为实现供应链的敏捷性、精细化运作提供基础性保障。

企业信息跟踪能力的提高，可使供应链物流过程更加透明化，也为实时控制物流过程提供了条件。在传统的物流系统中，许多企业只有能力跟踪企业内部的物流过程，但没有能力跟踪企业之外的物流过程，原因之一是缺乏可以共享的信息系统和信息反馈机制。

合作性与协调性是供应链管理的一个重要特点，但如果没有物流系统的无缝连接，所订的产品逾期未到，客户需求不能及时得到满足，供应链的协调性就会大打折扣。因此，拥有无缝连接的物流系统是实现供应链协调一致运作的前提条件。

灵活多样的物流服务，提高了客户满意度。制造商和物流服务商通过实时信息交换，及时地把客户关于运输、包装和装卸方面的要求反映给相关企业及管理部门，可提高供应链管理系统响应客户个性化需求的能力。

归纳起来，供应链环境下物流的特征可以用以下几个词语简要概括。

信息——共享　　交货——准时

过程——同步　　响应——敏捷

合作——互利　　服务——满意

这些特征实际上是对供应链环境下物流系统相比传统物流系统所拥有的优势的生动描述。在传统的物流系统中，需求和供应信息在供应链中逐级传递，信息容易扭曲失真；由于缺乏整体性的物流规划，常常导致库存增加的同时，企业无法很好地满足客户需求，导致物流系统不协调而失去市场机会。而在供应链环境下的物流系统中，信息流量大大增加，而且信息传递不再是逐级传递而是网络式传递，更加快速、准确和透明；利用系统观点进行统一的物流规划，企业可合理进行库存管理，也能更好地满足客户需求；整个物流系统更加协调，提升了供应链对客户需求的响应能力和服务能力。图4.3所示为供应链环境下的物流系统模型，可以看作是传统物流系统的大升级。

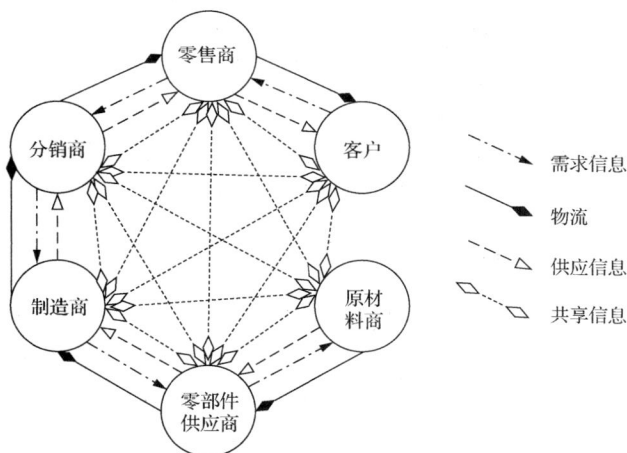

图 4.3　供应链环境下的物流系统模型

✲ 4.2.4　供应链中的物流战略管理与物流管理战略

1．物流战略管理在企业战略管理和物流管理中的位置

从企业战略管理的角度来看，物流战略管理是企业战略管理的一项重要内容。企业的总体战略目标对于企业来说至关重要，企业战略包括多个方面的内容，物流战略同企业的制造、营销、财务战略一样，都是企业战略的重要组成部分。图 4.4 所示为企业的职能战略结构。

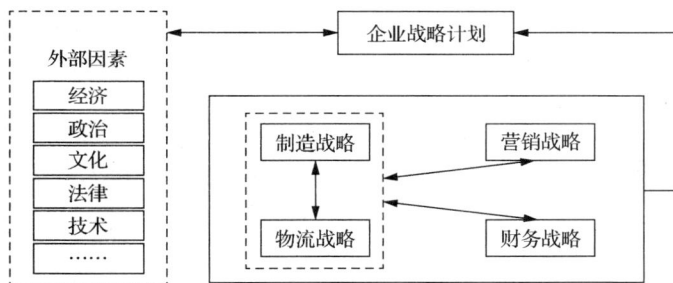

图 4.4　企业的职能战略结构

从物流管理的角度来看，物流战略管理是物流管理的一项基本内容，是对企业的物流活动实行的总体性管理，是企业制定、实施、控制和评价物流战略的一系列管理决策与行动。其目标是使企业的物流活动与环境相适应，以实现物流活动的长期、可持续发展。图 4.5 所示为供应链的物流管理结构。

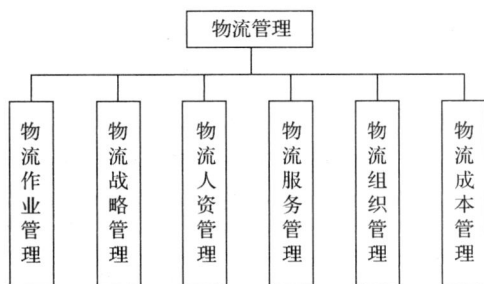

图 4.5　供应链的物流管理结构

2．供应链物流战略管理的阶段

供应链物流战略管理由 3 个阶段构成，即物流战略制定、物流战略实施、物流战略控制。

（1）物流战略制定。物流战略制定就是企业在分析内外环境的基础上，按照一定的程序和办法，规定战略目标，划分战略阶段，明确战略重点，制定战略对策，从而提出指导企业物流活动长远发展的全局性总体规划。物流战略制定是一项十分重要且复杂的系统工程，需依照一定的程序和步骤进行，包括树立正确的战略思想，进行战略环境分析，确定物流战略目标，划分战略阶段和明确战略重点，制定战略对策和战略评价等。

（2）物流战略实施。物流战略实施就是将战略转化为行动，是物流战略管理过程中难度最大的阶段。物流战略实施成功与否，是整个物流战略管理能否实现战略目标的关键。其主要涉及以下问题：企业如何制定年度物流目标、制定物流政策、配置物流资源，以便使企业制定的物流战略能够得到落实；为了实现既定的战略目标，企业还需要获得哪些外部资源以及如何使用这些资源；企业需要对组织结构做哪些调整；如何处理可能出现的利益再分配问题与企业文化的适应问题；如何进行企业文化管理，以保证企业物流战略的成功实施等。

（3）物流战略控制。物流战略控制是物流战略管理的最后阶段。物流战略控制的方法主要有事前控制、事中控制和事后控制。物流战略制定固然重要，但物流战略实施与物流战略控制同样重要。一个良好的物流战略仅是物流战略管理成功的前提，有效的物流战略实施、物流战略控制才是物流战略目标顺利实现的保证。物流战略控制阶段，企业可能会由于经营情况发展变化而对物流战略进行必要的调整，以保证其对企业物流管理进行指导的有效性，包括调整企业的长期物流发展方向、企业的物流目标体系、企业物流战略的执行等内容。

3．供应链物流管理战略

现代物流管理同供应链紧密相关，供应链环境下的物流管理战略对于供应链竞争优势的获得和供应链的可持续发展具有重要作用。供应链物流管理战略的内容根据层次高低，可分为全局性战略、结构性战略、功能性战略及基础性战略。

（1）全局性战略。物流管理的目的是满足客户需求，因此提供良好的客户服务应该成为物流管理的最终目标，即全局性战略目标。企业提供良好的客户服务，可以提高企业的信誉，便于企业获得第一手市场信息和客户需求信息，增加企业的亲和力并留住客户，使企业获得更大的利润。企业要实现提供良好的客户服务的战略目标，必须建立客户服务的评价指标体系，如平均响应时间、订货满足率、平均缺货时间、供应率等。虽然目前对于客户服务的评价指标还没有建立统一的规范，对客户服务的定义也不同，但企业可以根据自己的实际情况建立提高客户满意度的管理体系，通过实施客户满意工程全面提高客户服务水平。

（2）结构性战略。物流管理的结构性战略包括渠道设计和网络分析。渠道设计是供应链设计的一个重要内容，包括重构物流系统、优化物流渠道等。通过优化物流渠道，提升物流系统的敏捷性和响应速度，供应链可以获得最低的物流成本。网络分析为物流系统的优化设计提供参考依据。企业可用的网络分析方法有标杆法、调查分析法、多目标综合评价法等。物流管理的结构性战略目的是不断减少物流环节，消除供应链运作过程中不增加价值的活动，提高物流系统的效率。

（3）功能性战略。物流管理的功能性战略包括物料管理、运输管理、仓库管理 3 个方面。

其内容主要有运输工具的使用与调度、采购与供应、库存控制的方法与策略、仓库的作业管理等。物料管理与运输管理是物流管理的主要内容，企业必须不断改进管理方法，使物流管理向零库存这个极限目标努力，降低库存成本和运输费用，优化运输路线，保证准时交货，使物流活动适时、适量、适地地高效运作。

（4）基础性战略。物流管理中基础性战略的主要作用是为物流系统的正常运行提供基础性保障。其内容包括组织系统管理、信息系统管理、政策与策略、基础设施管理等。要健全物流系统的组织管理结构和做好人员配备工作，企业就要重视对有关人员的培训，提高他们的业务素质。信息系统是物流系统中传递物流信息的桥梁，此外，库存管理信息系统、配送分销系统、客户信息系统、EDI/Internet 数据交换与传输系统、电子资金交易系统等都对提高物流系统的运行效率起到关键作用。因此，企业必须从战略的高度规划与管理物流系统，保证物流系统高效运行。

综上所述，供应链物流管理战略是一个有层次的、系统的战略体系。图 4.6 所示为供应链物流管理战略的框架体系。

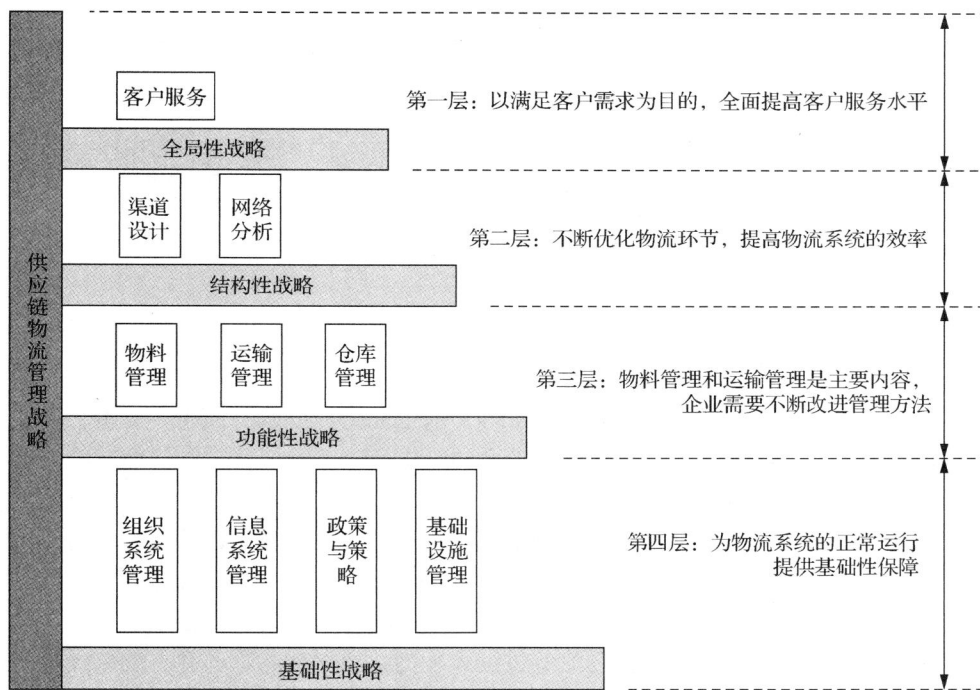

图 4.6　供应链物流管理战略的框架体系

4.3 供应链中的企业物流管理

供应链中的企业都处于一条供应链上或处于供应链的网络结构中。在生产和经营过程中，物流向下端供应链传递的同时，还会有原材料的输入和半成品或成品的输出。企业的这些物流管理活动和企业竞争力有何关系？典型的企业物流模式有哪些？企业如何选择适合自身的物流模式？这些都是本节需要探讨的问题。

4.3.1 企业物流管理概述

1．企业物流管理与企业物流活动分类

企业物流是指在企业生产经营过程中，产品从原材料供应、生产加工到销售，以及伴随生产消费过程所产生的废旧物资的回收和再利用的完整循环活动。企业物流是从企业的角度展开的，与企业相关的物流活动是具体的、微观的物流活动。

企业物流管理是指在社会再生产过程中，根据物流的规律，应用管理的基本原理和科学方法，对企业物流活动进行计划、组织、领导、控制和创新，使各项物流活动实现最佳的协调与配合，以降低物流成本、提高物流效率和经济效益。成本最低，投资最少，服务改善，这 3 个目标几乎对所有企业的物流管理而言都是合适的，因此常作为企业物流管理最基本的目标。

企业物流活动可以分为供应物流、生产物流、销售物流、回收物流与废弃物物流等具体的物流活动，如图 4.7 所示。

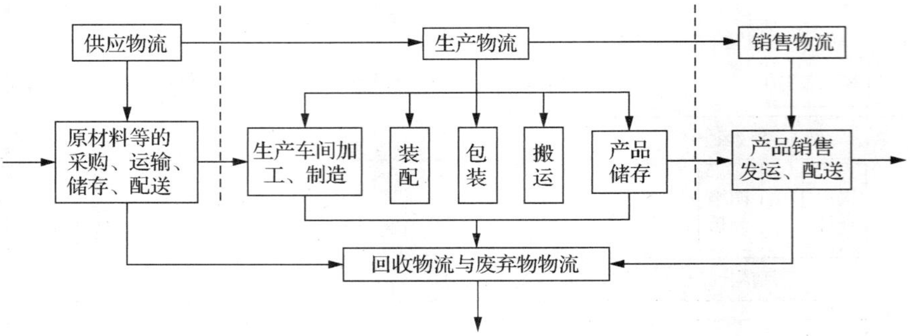

图 4.7　企业物流活动

（1）供应物流。供应物流（Supply Logistics）是企业为保证自身的生产节奏，不断组织原材料、零部件、燃料、辅助材料供应的物流活动。供应物流一般包括原材料等的采购、运输、储存、配送等。企业供应物流不仅要保证供应，而且要在成本最低、消耗最少的限制条件下组织物流活动，必须有效地解决供应网络问题、供应方式问题、零库存问题等。

（2）生产物流。生产物流（Production Logistics）是指生产过程中，原材料、在制品、半成品、成品等在企业内部的实体流动。生产物流是与整个生产工艺过程相伴的，实际上已构成生产工艺过程的一部分。企业生产物流的过程大体为：原材料、零部件、燃料、辅助材料等从企业仓库或企业的“门口”开始，进入生产线的开始端，进一步随生产加工过程一个环节一个环节地“流”；在“流”的过程中，原材料等被加工，同时产生一些废料、余料，直到生产加工终结，再“流”至产成品仓库。要实现生产物流合理化，企业要尽可能使生产物料在合适的时间到达合适的地点，避免出现物料停转、怠工等料等问题。

（3）销售物流。销售物流（Distribution Logistics）是企业为保证自身的经营利益，不断伴随销售活动，将产品所有权转给客户的物流活动，涉及产品的销售发运、配送，一般包括包装、运输、装卸搬运、储存等。在买方市场的条件下，企业需要又好又快地满足买方的要求，因此销售物流活动带有极强的服务性。此外，随着电子商务的发展，销售物流的空间范围不断扩大，销售物流的难度也在不断提升。企业需综合考虑送货方式、包装水平、运输路线、物流方式等以实现销售物流的目的。

（4）回收物流和废弃物物流。回收物流（Return Logistics）是指企业在社会再生产过程中，对可利用产品进行回收所形成的物流。废弃物物流（Waste Logistics）是指企业对废弃物进行回收所形成的物流。回收物流和废弃物物流均涉及企业对在供应、生产、销售等物流活动中产生的各种边角余料和废料进行回收和处理的过程。

2．企业物流管理的发展阶段

企业物流管理的发展大致可以分为配送管理、物流管理、供应链管理3个阶段。

（1）配送管理。配送管理是企业物流管理早期发展不成熟的阶段性产物，针对企业的配送部分。物流管理起源于第二次世界大战中军队输送物资装备所发展出来的储运模式和技术。战后，这些技术被广泛应用于工业界，并极大地提高了企业的运作效率，为企业赢得更多客户。当时的物流管理主要针对企业的配送部分（配送管理），即在产品生产出来后，如何快速且高效地经过配送中心把产品送达客户，并尽可能维持最低的库存量。在这个初级阶段，物流管理只是在既定数量的产品生产出来后，被动地迎合客户需求，将产品运到客户指定的地点，并在运输的领域内实现资源最优化使用，合理设置各配送中心的库存量。准确地说，在这个阶段，物流管理并未真正出现，但已经涉及运输管理、仓储管理和库存管理。

（2）物流管理。现代意义上的物流管理出现在20世纪80年代。人们发现利用跨职能的流程管理的方式观察、分析和解决企业经营中遇到的问题非常有效。通过分析从原材料运送到工厂，流经生产线上每个工作站，产出成品，再运送到配送中心，最后交付给客户的整个流通过程，企业可以消除很多看似高效率实际上却降低了整体效率的局部优化行为。在这个阶段，物流管理的范围扩展到除运输外的需求预测、采购、生产计划、存货管理、配送与客户服务等领域，以达到整体效益的最大化。相应地，美国实物配送管理协会在20世纪80年代中期改名为美国物流管理协会，而加拿大实物配送管理协会则在1992年改名为加拿大物流管理协会。

（3）供应链管理。供应链管理是一种集成的管理思想和方法，它执行供应链中从供应商到客户的物流计划和控制等职能。供应链管理理论的产生远远滞后于具体的技术与方法的实践。供应链管理产生和发展之初，多是以一些具体的方法的形式出现的。常见的供应链管理方法有快速响应、有效客户反应等。供应链管理与传统的物流管理在存货管理的方式、产品流、成本、信息流、风险、计划及组织间关系等方面存在显著的区别，这些区别使得供应链管理比传统的物流管理更具优势。要成功地实施供应链管理，供应链各节点企业之间必须要信息共享，做到开诚布公。对于追求不同目标的企业来说，这实在不是一件容易的事情，尤其是在一家企业与众多的竞争对手均有合作的情况下，要实现信息共享更加困难。因此，成功的供应链整合，首先需要各节点企业在如下方面达成一致：共同认识到最终客户的服务需求水平，共同确定供应链中存货的位置及每个存货点的存货量，共同制定把供应链作为一个实体进行管理的政策和程序等。

❋ 4.3.2　企业物流管理与企业竞争力

企业竞争力是企业生存与发展的法宝，是企业相较于竞争对手所具有的资源获取能力（或称为资源优化配置能力）、市场占有能力和持续盈利能力的综合体现。根据现代物流和供应链管理理论，作为企业的"第三利润源泉"，物流管理的效益和效率应该成为企业竞争力的决定因素。企业获取资源、占有市场和持续盈利的能力，即企业竞争力。企业竞争力与企业物流管理的效率和效益有着密不可分的联系，企业物流管理的效率和效益越高，则企业竞争力就越强。因此，企业可展开有效的物流管理，提高自身在物流资源配置与利用、物流组织管理和效率方面的素质和能力，从而提升自身在生产经营、满足客户需求方面的竞争优势。

企业物流管理的素质与能力主要体现在物流成本、物流效率、物流质量和物流服务4个方面。企业的物流管理可以聚焦于这些方面，切实构建自身基于物流的竞争力。

（1）物流成本竞争力。所谓物流成本，是指由物料、半成品、成品等实体的物理性空间运动所产生的货币支出的总和。企业的物流成本主要包括运输成本、库存成本、仓储费用、订单处理和信息费用、客户服务成本等。物流成本竞争力是指企业相较于竞争对手在降低物流总成本方面所具有的能力。根据中国物流与采购联合会的报告，一般产品物流成本占产品总成本的比例为：在发达国家，物流费用占总费用的比例为9%～10%，而我国企业物流费用占总费用的比例高达20%～24%。可见，提高物流成本竞争力将成为提高我国企业竞争力的关键。快速发展企业现代物流，将大大提高生产与流通领域的集约化程度，改善企业经营管理方式，有效降低产品成本，使企业在降低物质消耗、提高劳动生产率以外获取第三利润源泉，迅速提高企业的竞争力。

（2）物流效率竞争力。所谓效率，是指单位时间内所完成的工作量的高低。物流效率是指企业在单位时间内能安全地将生产经营中所需的资源及时运抵作业地点，或将产品和服务送达市场和客户所在地的数量。因此，物流效率竞争力就是企业相较于竞争对手更有效地控制与管理物流的能力。企业的物流效率越高，其生产效率、分销效率和客户满意度也相应提高。物流效率竞争力越强，企业进行资源优化配置、占有市场和持续盈利的能力也越强。有资料显示，我国企业在产品的整个生产销售过程中，用于加工和制造的时间仅占约10%，物流过程所占用的时间几乎为90%。这些数据均明显高于发达国家的相应指标，这说明我国企业物流效率有着巨大的发掘潜力。

（3）物流质量竞争力。物流活动渗透于生产和消费的各个环节，其目的在于向生产部门和客户提供及时且准确的物料与产品递送服务，是一个广泛满足生产者与客户的时间效用和空间效用的活动。物流质量的高低直接影响与制约生产和消费的质量及其价值的实现程度。物流质量竞争力就是企业比竞争对手更有效地满足生产者与客户对准时、准确的物流需求的能力。或者说，就是企业以较低的成本，将正确的产品在正确的时间送达正确地点的能力。企业的物流质量竞争力越强，则其递送货物的时间、地点和产品质量的误差就越小，物流损耗及废弃物物流所引起的环境影响也较小。因此，企业不仅应关注自身产品的设计、生产和分销质量，还应关注物流质量。

（4）物流服务竞争力。现代物流是相对于传统物流而言的，它以满足客户需求为目标，充分运用现代网络信息技术，对运输、储存、装卸、搬运等物流活动采取集成式管理，以尽可能低的物流总成本为客户提供多功能、一体化的增值服务。因此，现代物流不仅是企业实现生产价值的关键环节，同时也是创造价值的重要环节。所谓物流服务竞争力，就是企业在一定的时间、空间位置，以一定的价格向客户提供比竞争对手更多、更好的个性化、专业化物流服务并获得增值的能力。随着现代市场中的产品更加丰富、产品质量趋同、产品生命周期缩短，客户对服务的关注可能超过对产品和服务的价格的关注。只有服务功能强、质量好、效率高的产品和服务，才能提高客户的满意度和忠诚度。换言之，在现代市场竞争中，针对客户需求提供差异化的优质物流服务是企业获取差异化竞争优势的重要途径。我国企业物流经理人面对的一项非常大的挑战就是针对不同客户的需求，为其量身定做符合其要求的服务内容，同时还要将服务成本控制在一定限度内。目前，一些新的物流服务模式，如实时物流、逆向物流、全程物流和跟踪服务等，正日益受到我国企业的青睐。

✳ 4.3.3　企业物流模式

1．典型的企业物流模式

在"大而全、小而全"时代，几乎所有企业的物流都以自营为主，只将运输、储存等个别环节外包。然而在供应链管理模式下，企业十分强调构建核心竞争力。因此，供应链中的企业面临物流模式的重要决策：是选择企业内部物流管理部门的自营物流模式，还是将企业的物流业务外包给第三方物流企业实施代理物流模式，又或者选择物流联盟。不同的物流模式具有各自不同的特点。

（1）自营物流模式

自营物流（Self-Logistics，SL）是指自营型的企业（集团）通过独立组建物流系统，实现对内部各部门、场、店的产品供应。目前，电子商务企业自建物流系统主要有两种情况：一是传统的大型制造企业或批发企业经营的 B2B 电子商务网站，由于其在长期的传统商务中已经建立起初具规模的营销网络和物流配送体系，在开展电子商务时只需将其进行改进、完善，就可满足电子商务背景下对物流配送的要求；二是具有雄厚资金实力和较大业务规模的电子商务企业，在第三方物流企业不能满足其成本控制目标和客户服务要求的情况下，自行建立适应业务需要的畅通、高效的物流系统，同时还可以向其他的物流服务需求方（如其他的电子商务企业）提供第三方综合物流服务，以充分利用自身的物流资源，实现规模效益。

实例 4-1　京东物流集团：成为值得信赖的供应链基础设施服务商

自营物流的优点如下。首先，企业拥有很强的物流控制权，能有效协调物流活动的各个环节，能以较快的速度解决物流活动管理过程中出现的问题。其次，企业可以很好地提高自身的品牌价值，一方面可以服务到家，使客户近距离了解企业、熟悉产品；另一方面，企业可以掌握最新的客户信息和市场信息，并根据客户需求和市场发展动向对其战略方案做出调整。最后，自营物流有助于减少交易风险。企业通过内部行政权力控制原材料的采购和成品的销售，不必为运输、储存、配送和售后服务的佣金问题进行谈判，有效降低了交易风险。

自营物流的缺点如下。首先，自营物流增加了企业的投资负担，削弱了企业抵御市场风险的能力。其次，当企业规模有限时，其物流配送的专业化程度会非常低，成本较高。再次，对于大多数企业而言，物流部门只是企业的一个后勤部门，物流活动管理也并非企业所擅长的。在这种情况下，自营物流就等于迫使企业从事不擅长的业务活动，反而会削弱企业的竞争优势。最后，由于许多自建物流的企业采用内部各职能部门彼此独立的形式完成各自的物流活动管理工作，没有将物流成本剥离出来独立进行核算，所以企业很难准确计算产品的物流成本，难以进行准确的效益评估。

（2）第三方物流模式

第三方物流（Third Party Logistics，3PL）模式，是指由物流业务的供需方之外的第三方完成物流服务的运作模式，承担企业物流外包工作的服务方主要是第三方物流企业。

第三方物流也称作委外物流（Logistics Outsourcing）或合约物流（Contract Logistics）。第三方物流是一种实现供应链物流集成的有效方法和

实例 4-2　第三方物流之专业快递企业

策略，它通过协调企业之间的物流服务，把企业的物流业务外包给专业的物流企业。第三方物流提供的主要服务是集成运输，使供应链中的小批量库存补给规模化以获得规模效益。除集成运输服务外，第三方物流还提供客户订单处理、流通加工、仓库管理等服务，这体现了物流服务日益专业化的发展趋势。

第三方物流通过签订契约的形式规范物流经营者与物流客户之间的关系。物流经营者根据契约规定的要求提供物流服务，并以契约管理所提供的物流服务活动及其过程。将物流业务剥离出来，由第三方物流企业完成，企业就能将资源集中投注到自己的核心业务中，因而有助于提高供应链管理的运作效率。

第三方物流具有以下优势：有利于集中主业、减少库存、减少投资、加快资本周转、灵活运用新技术、提高客户服务水平、降低物流成本、提升企业形象；通过提供高效、精准、具有经济效益的运输方式，满足不同企业的不同订单种类和地域的需求，为企业提供更完善的物流服务，有效降低人力和物力成本。

（3）物流联盟

联盟是介于独立的企业与市场交易关系之间的一种组织形态，是多个企业出于自身某些方面发展的需要而形成的相对稳定的、长期的契约关系。物流联盟（Logistics Alliance，LA）指货主企业选择少数稳定且有较多业务往来的物流企业，与之形成长期互利的、全方位的合作关系。货主企业与物流企业优势互补，相互信任，共担风险，共享收益。物流联盟一方面有助于货主企业的产品迅速进入市场，提高其竞争力；另一方面也使物流企业有了稳定的资源。当然，物流联盟的长期性、稳定性会使货主企业更换物流企业的行为变得困难，货主企业必须对今后过度依赖于某个物流企业的局面做周全考虑。在现代物流中，是否组建物流联盟作为企业物流战略的决策之一，其重要性是不言而喻的。我国许多企业的物流服务水平还处于初级阶段，组建物流联盟便显得尤为重要。

物流联盟有以下优势。首先，大企业通过物流联盟能迅速开拓全球市场，如 Laura Ashley 正是与联邦快递公司结成联盟，完成其全球物流配送，从而使业务在全球范围内得以开展。其次，长期供应链关系发展成为联盟形式，有助于降低企业的风险。单个企业的力量是有限的，如果一个企业在某个领域的探索失败了，将对其造成很大的损失；但如果几个企业联合起来，在不同的领域分头行动，就会降低风险。再次，企业（尤其是中小企业）通过与物流企业结成联盟，能有效降低物流成本，提高企业的竞争力。最后，物流企业通过与其他企业结成联盟，有利于弥补自身在业务范围内服务能力的不足。例如，联邦快递公司发现自己在航空运输方面存在明显的不足，于是决定把一些非核心的业务外包给 Fritz 公司，与 Fritz 公司结成物流联盟。

2．企业物流模式的选择

企业在选择物流模式时，需要从以下几个方面进行考虑。

（1）企业规模和实力。资金充裕的大中型企业有能力建立自己的物流配送体系，"量体裁衣"，制订合适的物流需求计划，保证物流服务的高质量。麦当劳公司每天必须把汉堡包等保鲜食品运往各地，为保证供货的及时准确，于是组建了自己的货运公司。同时，过剩的物流网络资源还可外供给其他企业。小企业则受资金、人员及核心业务的限制，物流管理效率难以提高，更适合把物流业务外包给第三方物流企业。

（2）企业的物流管理能力及现有的物流网络资源。物流管理能力强、网络资源丰富时，企业可选择自营物流模式。若物流管理能力弱、网络资源差，企业适合组建物流联盟。联合利华上海有限公司与上海友谊集团储运公司提供了一个关于物流联盟的例子。联合利华是一家大型化妆品生产企业，对物流服务的需求较高。友谊集团储运公司则是一家在仓储管理方面有丰富经验的国有储运企业，其主要物流基地就在联合利华附近，交通便捷，且库房面积大，设施齐全。联合利华与友谊集团储运公司经过几番谈判，最终决定组建物流联盟。双方通过合同明确了友谊集团储运公司在作业时制、产品出入库等方面都要按照联合利华的要求进行相应的调整。

（3）通过划分企业的核心与非核心业务确定选择何种物流模式。按照供应链的理论，企业将不是自己核心业务的物流业务外包给从事该业务的专业公司去做，这样从原材料供应到生产，再到产品销售等各个环节的各种职能，都由某一领域具有专长或核心竞争力的专业公司互相协调和配合来完成，这样所形成的供应链具有最大的竞争力。例如，计算机行业的康柏和戴尔公司分别将物流业务这一非核心业务外包给英国第三方物流企业 Exel 物流集团和美国联邦快递公司。

（4）考虑物流对企业成功的影响程度。如果物流对完成企业战略起着关键作用，企业可选择自营物流，或寻找较为可靠的第三方物流企业，建立长期稳定的物流联盟。自营物流保证了企业的核心业务不受外界因素的影响；而与可靠的第三方物流企业合作，令企业在物流设施、运输能力、专业管理技巧上获益颇丰，降低了成本及风险。

综上所述，自营物流模式比较适用于有较强的物流管理能力和一定规模的企业；第三方物流模式比较适用于物流管理能力缺失以及有着众多专业化的第三方物流企业可供选择的企业；物流联盟模式比较适用于物流管理能力欠缺、规模和实力相对均衡、配送业务互补性强、共同利益较多的企业。随着电子商务的不断发展，这些典型的物流模式同电子商务的结合也日益紧密，在电子商务背景下正获得日益广泛的应用。

4.4 电子商务物流

电子商务的快速发展，催生了电子商务物流。电子商务同物流关系紧密，物流是电子商务的重要构件，物流服务质量决定电子商务的发展水平，而电子商务引领物流的发展方向。本节将介绍电子商务物流的概念，阐述电子商务与物流的关系，并对电子商务物流的特点及未来的发展趋势进行探讨。

4.4.1 电子商务物流的概念

电子商务作为一种新的数字化生存方式，代表未来的贸易、消费和服务方式。电子商务物流是伴随着电子商务技术和社会需求的发展而产生与发展的，它是帮助电子商务实现其经济价值不可或缺的重要组成部分。

学界对电子商务物流尚无统一的定义，具有代表性的主要有以下两种观点。

观点一认为，电子商务物流是指利用计算机技术、互联网技术、电子商务技术等信息技术所进行的物流活动，即物流企业的电子商务化。

观点二认为，电子商务物流就是为电子商务服务的物流，或者是面向电子商务的物流，即与电子商务这一新兴行业相配套的物流。

结合上述观点，我们可以从更广义的角度理解这一概念：电子商务物流是在电子商务环境下，依靠计算机技术、互联网技术、电子商务技术等信息技术对传统物流管理进行改造，实现企业内和企业间物流资源共享和优化配置的物流方式。电子商务物流的目标是通过现代科学技术的运用，在电子商务背景下实现物流的高效化和低成本化，促进物流产业的升级及电子商务和国民经济的发展。电子商务物流的本质是实现物流的信息化和现代化，即企业采用网络化的计算机技术和现代化的硬件设备、软件系统及先进的管理手段，严格地、守信用地按客户的订货要求进行一系列分类、编配、整理、分拣、配货等理货工作，定时、定点、定量地将产品交给客户，满足其对产品的需求。

从上述的定义可以看出，电子商务物流不但实现了信息流、商流、资金流的电子化、网络化，而且实现了物流配送系统的网络化，物流管理的科学化、电子化，以及物流设施的机械化、自动化，使物流的流动速度加快、准确率提高，最终实现物流的智能化。这样既能有效减少库存，缩短生产周期，加速资金周转，提高物流效率，降低物流成本，又提高了物流服务的质量，更好地满足客户的多品种、小批量、多批次的需求。

❋ 4.4.2　电子商务与物流的关系

1．物流是电子商务的重要构件

随着信息化的深入，电子商务的组成部分日益明晰，包括信息流、商流、物流、资金流等。以产品性质为区分依据，产品可分为有形产品和无形产品。在电子商务平台上，企业和客户可以完成信息流、商流和资金流的交换，甚至可以完成无形产品的所有权变更；但是电子商务平台对有形产品的运移乏力，必须借助物流系统来完成。因此，物流是电子商务的重要构件，承担着商家与客户之间的实物配送服务，直接影响电子商务优势的发挥。当前的消费模式下，多数客户倾向于以电子商务的方式购买产品。这不仅是因为科技创新引导消费模式发生了转变，还因为电子商务平台上的产品种类繁多、价格合理，能够方便快捷地满足客户日益增多的个性化需求。然而，所有的这些变化最终都要落实到客户得到的产品上。若物流服务不到位，就会直接影响客户对企业的信用评价，削弱企业的核心竞争力。因此，企业必须将物流纳入电子商务系统，明确企业的核心竞争力不应只局限于产品本身，也要将物流发展水平当作评估电子商务系统和企业市场竞争力的重要指标。

2．物流服务质量决定电子商务的发展水平

电子商务是一个系统工程，有众多的组成部分，物流服务便是其中之一。高品质的物流服务能够加快信息流、商流、资金流的流速，提高资本的使用效率。宏观视角下，随着电子商务规模的扩大，物流在电子商务体系中的重要性日益凸显。物流服务质量已经成为电子商务推进的基本保障，在"以客户为中心"的现代商务活动中更是如此。同时，优质的物流服务也能更好地辅助于信息流、商流、资金流的流动。微观视角下，信息技术渗透于经济社会的方方面面，技术创新成为经济社会进步的重要动力，先进技术对现代物流的发展至关重要。高品质的物流服务可以减少商业纠纷，为商家赢得良好的声誉，有利于商家与客户建立长期合作关系；可以加速资金周转，提高资本利用率和利润率；可以提高客户满意度，催生消费需求，从而推动电子商务的发展。然而，劣质的物流服务会制约电子商务的发展。若物流服务采用的技术和管理方式超前于电子商务的发展现状，必然造成物流资源的浪费，增加企业生产运营成本，妨碍电子商务的发展。若物流服务采用的技术和管理方式滞后于电子商务的发展水平，必然因短板效应阻碍电子商务的发展，甚至使经济社会陷入供求紊乱的窘境。可见，物流服务质量决定电子商务的发展水平，只有与电子商务的发展相匹配的物流服务才是高品质的物流服务。

3．电子商务引领物流的发展方向

随着信息技术的发展，我国的电子商务也在短短 10 多年的时间里经历了从无到有、从弱到强、从小到大的爆炸式的发展。但是，在电子商务行业快速发展的背后，也存在一些问题和障碍——物流就是一个瓶颈。电子商务要想获得跨越式发展，物流的发展起到关键作用；同时；电子商务的发展也为物流的发展提供了一个良好的契机。

传统商务向电子商务转变是经济发展、技术变革、信息膨胀、经济一体化的综合体现与要求。电子商务是商业贸易的电子化形式，对物流发展影响巨大，其发展水平直接决定物流的发展理念、组织管理、运作模式等的演进方向，影响物流服务的内部组织形式、具体工作流程等的改革力度，从而决定物流在电子商务系统中的经济地位。随着科技与信息检索结合程度的深化，电子商务与时俱进，交易媒介多样化，交易日益便捷化，这必然要求与之配套的物流服务必须通过采用新技术、拓展新思路、构思新方式等途径不断进行自我完善，以适应电子商务的发展需求。

素养小课堂

关键词：爱国情怀；中国经济发展；民族自豪感；物流技术创新

双十一网购狂欢节是指每年 11 月 11 日的网络促销日。双十一网购狂欢节源于淘宝商城（天猫）2009 年 11 月 11 日举办的促销活动，当时参与的商家数量和促销力度均有限，但营业额远超预想的效果，于是 11 月 11 日成为天猫举办大规模促销活动的固定日期。近年来"双十一"已成为中国电子商务行业的年度盛事，并且逐渐影响到国际电子商务行业。2021 年 11 月 11 日，天猫"双十一"全天交易额 5403 亿元，相比 2020 年的 4982 亿元增加了 421 亿元。

中国电子商务和物流的蓬勃发展，是党领导中国人民取得的辉煌成就。经过短短十多年的发展，中国电子商务市场已成为全球最大的电子商务市场，规模几乎是美国和欧洲的两倍，这是举世瞩目的。中国电商及物流、中国经济、中国科技等都已逐渐迈入世界舞台的中央。电子商务在过去几年爆炸式增长带来了海量的物流需求，处于下游的物流企业在以超常规的速度发展的同时，也陷于疲于应付的境地。"十四五"时期，我国将构建国际国内双循环格局，电子商务仍将处于高速增长阶段，但也存在着"快而不强"的问题。我们应有清醒的认识：物流的本质是服务，简单的"人海"战术和"跑马圈地"的粗放发展不具有可持续性，我们将逐步从追求量的增长转变为追求质的提升，发挥改革创新精神，砥砺前行，推动电子商务物流的信息技术、自动化技术和人工智能的发展，从要素驱动、投资驱动转变为创新驱动。

4.4.3 电子商务物流的特点与发展趋势

1．电子商务物流的特点

（1）物流信息化。在电子商务时代，物流信息化是电子商务发展的必然要求。物流信息化表现为物流信息的产品化、物流信息收集的数据库化和代码化、物流信息处理的电子化和计算机化、物流信息传递的标准化和实时化、物流信息存储的数字化等。因此，条形码技术、数据库技术、电子订货系统（Electronic Ordering System，EOS）、电子数据交换、快速反应及有效客户反应、企业资源计划等技术与观念在我国的物流中将会得到普遍的应用。物流信息化是一切的基础，没有物流信息化，任何先进的技术设备都不可能应用于物流领域，信息技术在物流中的应用将会彻底改变世界物流的面貌。

（2）物流自动化。物流自动化是充分利用各种机械和运输设备、计算机系统和综合作业协调等技术手段，通过对物流系统进行整体规划及技术应用，使物流的相关作业和内容省力化、效率化、合理化，从而快速、精准、可靠地完成物流的过程。物流自动化的基础是物流信息化，物流自动化的核心是机电一体化，物流自动化的外在表现是无人化，物流自动化的效果是省力化。另外，物流自动化还可以提升物流作业能力、提高劳动生产率、减少物流作业的差错等。物流自动化涉及的技术和设施非常多，如条形码/语音/射频自动识别系统、自动分拣系统、自动存取系统、自动导引车、产品自动跟踪系统等。物流自动化在物流管理的各个层次中发挥着重要的作用。发达国家已将物流自动化设施和设备广泛运用于物流作业流程中。而我国物流业起步较晚、发展水平较低，物流自动化技术的普及还需要一定的时间。

（3）物流网络化。物流网络化的基础也是物流信息化，这里的物流网络化有两层含义。一是指物流配送系统的计算机通信网络，包括物流配送中心与供应商或制造商的联系要通过计算机通信网络，物流配送中心与下游客户之间的联系要通过计算机通信网络。例如，物流配送中心向供应商提交订单的这个过程，就可以使用计算机通信方式，借助于增值网（Value-Added Network，VAN）上的电子订货系统和电子数据交换技术自动实现。物流配送中心通过计算机通信网络收集下游客户订单的过程也可以自动完成。二是指组织的网络化，即所谓的企业内部网（Intranet）。物流网络化是物流信息化的必然要求，是电子商务背景下物流活动的主要特征之一。当今世界，互联网等全球网络资源的可用性及网络技术的普及，为物流网络化提供了良好的外部环境，物流网络化趋势不可阻挡。

（4）物流智能化。这是物流自动化、物流信息化的一种高层次应用。物流作业过程中大量的运筹和决策，如库存水平的确定、运输（搬运）路径的选择、自动导引车的运行轨迹和作业控制、自动分拣机的运行、物流配送中心经营管理的决策等，都需要借助于大量的知识才能做出。在物流自动化的进程中，物流智能化是不可回避的技术难题。可喜的是，专家系统、机器人等相关技术在国际上已经有比较成熟的研究成果。为了提高物流现代化的水平，物流智能化已成为电子商务背景下物流发展的一个新趋势。

实例4-3　物流智能化已是大势所趋，机器人成为电商新宠

（5）物流柔性化。柔性化本来是为实现"以客户为中心"的理念而在生产领域提出的，但要真正做到柔性化，即真正地根据客户需求的变化灵活调节生产工艺，没有配套的柔性化物流系统是不可能实现的。20世纪90年代，国际生产领域纷纷推出弹性制造系统（Flexible Manufacturing System，FMS）、计算机集成制造系统（Computer Integrated Manufacturing System，CIMS）、企业资源计划以及供应链管理的概念和技术，这些概念和技术的实质是要将生产、流通进行集成，根据需求端的需求组织生产，安排物流活动。因此，柔性化物流系统正是为适应生产、流通与消费的需求而发展起来的一种新型物流模式。这就要求物流配送中心根据消费需求"多品种、小批量、多批次、短周期"的特点，灵活地组织和实施物流作业。

2．电子商务物流的发展趋势

在电子商务时代，由于企业销售范围的扩大，以及销售方式和客户购买方式的转变，送货上门成为一项极为重要的服务业务，促进物流行业的兴起。多功能化、信息化、全球化、

标准化和一流的物流服务水平，已成为电子商务背景下物流企业追求的共同目标。在电子商务环境下，冷链物流的发展也值得关注。

（1）多功能化——物流业发展的方向

在电子商务时代，物流业发展到集约化阶段，一体化的配送中心不仅提供储存和运输服务，还必须开展配货、配送和各种提高产品附加值的流通加工服务项目，也可按客户的需要提供其他服务。现代供应链管理即通过从供应者到客户的供应链的综合运作，使物流达到最优化。

供应链系统完全适应了供应链经营理念的全面更新。以往产品经由制造、批发、仓储、零售各环节间的多层复杂途径，最终到客户手里。而现代供应链已简化为由制造经配送中心而送到各零售点。它使产业分工更加精细，产销分工日趋专业化，大大提高了社会的整体生产力和经济效益，但同时也带来了供应链不断简化与客户需求不断提高的冲突，这迫使供应链上的每个企业向多功能化发展，以适应这一变化。

（2）信息化——现代物流业的必由之路

在电子商务时代，企业要提供更好的服务，物流系统必须要有较高的信息化水平，这样才能帮助企业提供更好的信息服务，以赢得客户的信赖。在电子商务环境下，由于全球经济的一体化趋势进一步加强，当前的物流业正在向数字化、智能化、信息化的方向发展。

产品与生产要素在全球范围内以空前的速度自由流动。电子数据交换技术与互联网的应用，使物流效率的提高更多地取决于信息管理技术，而电子计算机的广泛应用提供了更多的需求和库存信息，提高了信息管理的科学化水平，使产品流动更加容易和迅速。不难看出，数字化、智能化、信息化，以及设备间、系统间、设备与系统间的互联互通，将是物流业在工业 4.0 或智能制造大环境下的必然发展趋势。

（3）全球化——物流企业竞争的趋势

20 世纪 90 年代早期，电子商务的出现加速了全球经济的一体化。许多知名跨国企业都采用了全球生产的方式，选择在全球劳动力成本较低的地区建设制造厂，并将生产产品所需的各种零部件的生产基地分布于全球，标准化的零部件在企业总部进行组装后，再运往全球各地进行销售。

在全球经济一体化背景下，全球化的发展趋势使物流企业和生产企业紧密地联系在一起，形成了社会大分工，实现全球协同发展。生产企业集中精力制造产品、降低成本、创造价值，物流企业则花费大量时间、精力从事物流业务。国际运输企业之间也在快速结盟。任何企业想要在全球范围内建设自己的运输网络都需要投入大量的人力、物力和财力，而国际运输企业间的结盟使这件看似不可能实现的事情出现了转机。国际运输企业的联合，使它们在世界各地的运输网络连成一个覆盖全球的网络。航运业中已经有企业进行航线的联合，以实现环球运输。

（4）标准化——现代物流合理化的基础

标准化是物流现代化管理的必要条件和重要体现，它是以整个物流系统为出发点的，涵盖运输、储存、装卸、搬运、包装、流通加工、配送、信息处理、在库管理、物流组织管理、物流成本的管理和控制等。标准化以整个物流系统中每一项具体的、重复性的事物或概念为对象（包括技术、管理、工作方面的对象），通过制定标准、组织标准实施和对标准的实施进行监督等，实现整个物流系统的协调统一，以获得更好的经济效益。

建立和实施标准化物流，可以保证整个物流系统功能的发挥，从而保证产品在流通过程中质量完好，最终降低物流成本，增强企业的市场竞争力。由于物流标准化极为重要，因此国际物流业一直都在探索物流标准化的措施，物流标准化将是今后物流发展的重要趋势之一。

（5）一流的服务——物流企业的追求

在电子商务背景下，物流企业是介于供货方和购货方之间的第三方，是以提供服务作为第一宗旨的。从当前物流的现状来看，物流企业不仅要在本地区提供服务，而且还要提供长距离的服务。因此，如何提供高质量的服务便成为物流企业管理的中心课题。在此过程中，配送中心至关重要，产品一般都是通过它送到客户手中的。配送中心应在概念上进行变革，由"推"到"拉"。配送中心应更多地考虑"客户需要我提供哪些服务"，从这层意义上讲，它是"拉"，而不是仅仅考虑"我能为客户提供哪些服务"，即"推"。

如何满足客户需要并把产品送到客户手中，就要看配送中心的作业水平了。配送中心不仅与供货方保持紧密的伙伴关系，而且直接与客户联系，能及时了解客户的需求信息，并在供货方和客户双方中间起着桥梁的作用。一流的服务能使物流企业与供货方结成战略伙伴关系（或称策略联盟），一方面有助于供货方的产品迅速进入市场，提高竞争力；另一方面则使物流企业有稳定的资源。对物流企业而言，较高的服务质量和服务水平正逐渐成为其重要的追求。

（6）冷链物流——现代物流业最后一片"蓝海"

冷链物流（Cold Chain Logistics）泛指冷藏冷冻类食品在生产、储藏运输、销售等各个环节中始终处于规定的低温环境下，以保证食品质量、减少食品损耗的一项系统工程。它是随着科学技术的进步、制冷技术的发展而建立起来的，是以冷冻工艺学为基础、以制冷技术为手段的低温物流过程。

随着人们对生鲜食品需求的增加，特别是生鲜电商的蓬勃发展，冷链物流需求旺盛，被视为现代物流业的最后一片"蓝海"。我国农产品储藏保鲜技术发展迅速，农产品冷链物流发展环境和条件不断改善，农产品冷链物流也得到较快的发展。我国每年约有 4 亿吨生鲜农产品进入流通领域，冷链物流在物流业中所占比例逐步提高。随着冷链市场不断扩大，一大批优秀的农产品冷链物流品牌迅速崛起，逐渐成为农产品冷链物流行业中的翘楚，并呈现出网络化、标准化、规模化、集团化的发展态势。

思考与练习

第 5 章

电子商务物流模式

- ➤ 了解自营物流模式、第三方物流模式和即时物流模式的优势和劣势。
- ➤ 掌握前置仓模式。
- ➤ 了解"店+仓"模式。
- ➤ 掌握菜鸟模式产生的背景及其天网、地网布局。
- ➤ 了解 RaaS 模式。
- ➤ 掌握跨境电商物流模式。

　　基于对成本、服务品质、商业模式的考量，企业选择何种物流模式一直是业界探讨和争论的话题。淘宝和天猫平台上的中小卖家，基本上选择了以第三方物流为主的物流模式，基于京东的自营电商平台则选择了全自营的物流模式。随着新零售时代的到来及跨境电商的发展，新的电商物流模式也在不断涌现，本章将从不同维度、不同消费场景对电商物流进行分析。

5.1 自营物流模式

开篇案例

品骏快递连续 22
个季度盈利仍被
唯品会放弃

简单来说，自营物流模式就是由企业负责物流的全部环节，包括配送中心的建设和管理，独立组建配送队伍，进行相关软件、硬件设备的投入等。自营物流模式的典型代表是京东，京东坚持自营产品、自营物流。除了京东，苏宁易购、唯品会、亚马逊等也是自营物流模式的典型代表。

❋ 5.1.1 自营物流模式的优势

1．保证物流的及时性和货品的安全性

网络购物发展至今，第三方物流模式的送货速度虽然有所提升，但与电商企业自营物流的送货速度相比，仍有很大差距。电商企业自营物流采用"一级区域配送中心→二级转运中心→配送站或前置仓"的物流模式，不仅送货速度快，而且管理严格、中转少，货品安全性也得到了很好的保障。

2．电商企业可以从全局把控供应链

自营物流模式需要电商企业自建仓储和配送体系，电商企业可以从全局把控供应链，及时发现问题、解决问题，不断提高服务水平和盈利水平。

3．提高品牌效应和客户忠诚度

电商企业自营物流模式下，配送员能够以统一的企业形象与客户交流，提供高品质的服务，无形中提高了品牌效应和客户忠诚度。此外，自营物流的配送队伍人员变动较小，配送员作为电商企业的代表，能够与客户建立良好的互动关系。

4．保证节假日的配送

每年春节等节假日期间，采用自营物流模式的电商企业能够开展正常的配送业务，以便从情感的角度打动客户，提高客户对品牌的忠诚度。此外，每年"双十一"期间，自营物流也能够保证货品的及时送达和安全。

❋ 5.1.2 自营物流模式的劣势

1．投入大、风险高

自营物流属于重资产模式，配送中心的建设、配送队伍的招募、运输车辆的购置等都需要投入巨额资金，无形中增加了电商企业的经营风险。京东、苏宁易购、唯品会等企业在自营物流体系上投入了巨额资金。

2．规模限制、成本高

自营物流只有在电商企业的经营具有一定规模的基础上才可以实施，否则会造成设施和人员的浪费，无形中提高了运营成本。

3．增加管理难度

像京东这类自营物流的电商企业，通常有着庞大的仓库作业和配送队伍，由此增加了管理难度。截至 2020 年年底，京东物流共有员工超过 25 万人，其中仓储、快递、客服等一线

员工超过 24 万人，快递人员数量超过 19 万人。

❋ 5.1.3 自营物流模式的典型案例

1．京东和京东物流

京东于 2004 年正式涉足电商领域，目前已是我国主要的自营物流电商平台，拥有庞大的自营电商物流体系。京东集团 2020 年净收入 7458 亿元，全年产品交易总额（Gross Merchandise Volume，GMV）突破 2 万亿人民币。

京东物流始终重视技术创新在企业发展中的重要作用。基于 5G、人工智能、大数据、云计算及物联网等技术，京东物流正在持续提升自身在自动化、数字化及智能决策方面的能力，不仅通过自动搬运机器人、分拣机器人、智能快递车等，使仓储、运输、分拣及配送等环节的效率大大提升，还自主研发了仓储、运输及订单管理系统等，支持客户供应链的全面数字化，并通过专有算法，在销售预测、产品配送规划及供应链网络优化等领域辅助管理者做出决策。凭借这些专有技术，京东物流已经构建了一套全面的智能物流系统，成功实现服务自动化、运营数字化及决策智能化。截至 2020 年 9 月 30 日，京东物流在全国共运营 28 座"亚洲一号"大型智能仓库。截至 2020 年年底，京东物流已经拥有及正在申请的技术专利和计算机软件版权超过 4400 项，其中与自动化和无人技术相关的超过 2500 项。图 5.1 所示为京东送货无人机。

同时，京东物流着力推行其战略级项目"青流计划"，从"环境""人文社会""经济"3 个方面，协同行业和社会力量共同关注人类的可持续发展。京东物流在全国范围内逐步将自身及第三方合作伙伴的物流车队改为新能源汽车，通过与多个品牌合作，在整个供应链中推广使用可重复利用的包装，将胶带宽度由 53 毫米减少至 45 毫米，并将纸箱回收计划扩大至全国范围。

京东物流坚持"体验为本、技术驱动、效率制胜"的核心发展战略，携手社会各界共建全球智能供应链基础网络，为客户提供一体化供应链解决方案，为客户提供"有速度更有温度"的高品质物流服务。

图 5.1 京东送货无人机

2．苏宁易购和苏宁物流

苏宁易购是中国的 O2O 智慧零售商，主要经营家用电器、3C 数码、生活家居、食品、服饰、母婴等产品。苏宁易购自 2009 年开始推进转型创新，运用互联网技术再造业务流程、组织体系，建立起覆盖全部消费人群、全渠道、全品类的运营机制，成为主流零售行业中具备线上线下双向销售及服务能力的企业。基于前瞻性的创新布局，苏宁易购的智慧零售模式已经进入落地实施并快速发展的阶段。

苏宁易购 2020 年产品销售规模为 4163.15 亿元，实现营业收入 2522.96 亿元。2020 年苏宁易购线上产品销售规模为 2903.35 亿元，线上产品销售规模占比近 70%。

苏宁物流始于 1990 年，早期主要为苏宁电器提供物流服务。2012 年，苏宁物流从苏宁内部服务体系中剥离出来，逐渐转型为第三方物流企业，开始为家电厂商提供物流解决方案。2015 年 1 月，苏宁物流集团成立，苏宁物流开始独立运营，转型为综合物流服务平台。除服务家电厂产品外，3C、日化、食品类产品也开始使用苏宁物流服务。2016 年 12 月 30 日，苏宁物流全资收购天天快递。通过收购天天快递，苏宁物流能够很好地强化其"最后一公里"配送能力，可以在短期内整合双方在仓储、干线、末端等方面的快递网络资源。随着苏宁易购向综合电商平台方向发展，苏宁物流也逐渐升级产品线，打造"仓配、运输、城配、冷链、跨境、售后"六大专业化产品群；升级智慧物流，构建"数据+无人"两大智能生态，在一站式服务和一体化创新上为合作伙伴线上线下融合赋能，共创一个开放、共享的新物流体系。

苏宁物流拥有零售行业较为先进的自建物流设施网络。2020 年，苏宁物流新增、扩建 9 个物流基地，完成 10 个物流基地的建设，加快物流仓储用地储备。截至 2020 年 12 月 31 日，苏宁物流已在 48 个城市投入运营 67 个物流基地，在 15 个城市有 17 个物流基地在建、扩建。苏宁物流地产基金的投资运作，形成了公司仓储物业"开发—运营—基金运作"这一良性资产运营模式。图 5.2 所示为苏宁智慧物流上海奉贤园区。

苏宁物流协同家乐福拓展到家业务，通过 1 小时达、一日三送等多种服务时效，提供多元化社区服务。此外，围绕快速崛起的下沉市场，苏宁物流为苏宁易购零售云门店提供门店配送、送货上门等服务，为苏宁全场景智慧零售的快速发展提供支撑。

苏宁物流第三方业务保持快速发展。苏宁物流积极发挥仓配一体、送装一体化、高价值产品配送体验等服务优势，尤其在家居物流方面相继与宜家家居、顾家家居等家居品牌扩大合作范围，促进深度合作。

图 5.2　苏宁智慧物流上海奉贤园区

3．唯品会和唯品会物流

唯品会信息科技有限公司（以下简称唯品会）成立于 2008 年 8 月，总部设在广州，旗下网站于 2008 年 12 月 8 日上线。唯品会主营业务为互联网在线销售品牌折扣产品，涵盖名品服饰、鞋包、美妆、母婴、家居等品类。唯品会在中国开创了"品牌折扣+限时抢购+正品保障"的创新电商模式。2020 年，唯品会净收入为 1019 亿元，首次突破千亿元大关。

在业务发展初期，唯品会自己负责仓库的建设和运营，终端快递则外包给快递公司。随着客户对终端配送体验的要求越来越高，2013 年年底，唯品会收购部分落地配公司，成立品骏物流，唯品会物流模式自此转为自营物流。截至目前，唯品会共设立了七大自营物流仓储中心；此外，唯品会投资建设了 5 个国内海淘仓，共覆盖并满足全国 31 个省份的唯品会客户对跨境产品的购买需求。图 5.3 所示为江苏省昆山市淀山湖镇唯品会智能分拣车间。

图 5.3　江苏省昆山市淀山湖镇唯品会智能分拣车间

唯品会是国内电商企业推进智慧物流的典范，先后与极智嘉、兰剑智能、德马科技等知名设备厂商合作。唯品会仓储物流自动化已涵盖产品存储、输送、分拣等各作业环节，全国七大自营物流仓储中心建设了输送系统、Mini-load 集货系统、产品分拣系统、蜂巢全自动集货缓存系统、智能 AGV 搬运机器人系统、魔方密集存储系统、机器人全自动集货缓存系统等自动化项目。

2019 年，唯品会鉴于终端快递履约成本过高及整体业务聚焦的需要，终止品骏快递业务，并改由顺丰速运提供配送服务。唯品会全自营物流模式转为自营仓储、快递外包。由此可以看出，对于部分电商企业而言，其物流模式不是一成不变的，随着企业战略调整以及出于对成本、盈利等因素的考量，物流模式也在发生变化。

5.2 第三方物流模式

目前只有少数电商企业能够建立完整的、全覆盖的自营物流体系，大多数电商企业选择了第三方物流模式。第三方物流模式成为多数电商企业的首选。由于电商物流包含两大重要模块，一是仓储部分，二是配送、快递部分，因此不同的电商企业在进行物流模式选择时会有所侧重。即便像当当这类发展较早的 B2C 电商企业，有条件在全国分区域自建物流中心，其快递业务也选择外包给专业的快递公司或者落地配公司；李宁、森马、安踏、太平鸟等鞋服企业在电商物流布局上，也选择了自建物流中心、外包快递的模式。图 5.4 所示为森马嘉兴电商物流作业现场。

图 5.4　森马嘉兴电商物流作业现场

✳ 5.2.1　第三方物流模式的优势

1．电商企业可以专注发展核心业务

无论是当当这类 B2C 电商企业，还是韩都衣舍、三只松鼠、骆驼服饰这类淘宝品牌，以及森马、太平鸟这类大型的天猫卖家，选择第三方物流模式，都可以使电商企业专注发展其核心业务。

2．初始投资小

相关电商企业如果选择第三方物流模式，在物流体系建设上不用投入过多资金就可以开展全国业务，可以按照自己的业务实际情况选择快递公司进行合作，并对其进行考核评价。

3．第三方物流企业的服务更加专业化

近年来，市场上的专业快递公司不断提高业务服务水平，加大对软、硬件的投入，能够为不同类型的电商企业提供专业化的服务。

✳ 5.2.2　第三方物流模式的劣势

1．时效性差

客户从淘宝或天猫平台上网购产品，目前只有少数区域能够实现当日达或次日达，时效性与自营物流模式相比有很大差距。

2．安全性难以保障

电商企业采用第三方物流发货，由于中转次数多、野蛮装卸等原因，存在快递破损或者被偷盗的风险，客户可能面临较大的损失。

3．综合服务水平欠缺

除顺丰速运外，第三方物流企业多数采取加盟形式，终端配送服务良莠不齐，没有形成统一标准，综合服务水平欠缺。

5.2.3　第三方物流模式的典型案例

我国电商的蓬勃发展带动了快递行业的崛起，如今每天海量快递包裹主要由专业快递公司完成投递。在资本等因素的介入下，如今快递市场份额逐渐向头部快递企业集中。本节主要介绍顺丰速运、"三通一达"、丹鸟等典型的快递企业。

1．顺丰速运

顺丰速运是国内最大的综合物流服务商之一，2020年营业收入超1500亿元。顺丰速运采用直营模式，由总部对各分支机构实施统一经营、统一管理，保障了网络整体运营质量。顺丰速运现已成为全球第四大快递公司，在物流行业的细分领域——快运、冷运、医药、同城等均占据龙头地位，并保持高于行业整体的增长速度，拥有明显的竞争优势。

顺丰航空是我国较大的民营货运航空公司。截至2020年年底，顺丰航空拥有61架自营全货机，现今已发展为国内和国际上影响力较大的货运航空公司，形成覆盖全国、辐射亚洲、触达欧洲、通航全球70余城的货运航线网络。此外，顺丰航空拥有10个枢纽级中转场，39个航空、铁路站点（不含与中转场共用场地的站点），147个片区中转场（不含快运及顺心中转场），其中121个中转场已投入使用全自动分拣设备。图5.5所示为顺丰速运自动化分拣现场。

图5.5　顺丰速运自动化分拣现场

顺丰速运通过大数据、区块链、机器学习及运筹优化、智慧物流地图、物联网、机器人等技术的综合应用，对内提高网络效率，对外赋能行业客户，推动智慧物流全面升级。

素养小课堂

关键词：低碳经济；可持续发展；节能减排

"双碳"目标下，社会经济各领域在低碳转型的道路上将迎重大变革，而能源消耗大户物流企业也将在低碳经济和可持续发展战略中扮演重要角色。作为物流行业的头部企业，顺丰集团是 A 股物流行业公司中率先披露碳排放数据的企业，提出拟在 2021 年基础上，在 2030 年实现自身碳效率提升 55%，实现每个快件包裹的碳足迹降低 70% 的目标。

在实践过程中，顺丰在包装、运输、转运等环节已经取得一定的减排成绩。顺丰方面表示，以包装环节为例，截至 2021 年上半年，顺丰电子运单基本实现全覆盖，瘦身胶带封装比例达到 99.88%，电商快件不再二次包装率达到 99.37%。此外，顺丰打造出全新的循环包装及载具运营管理平台，为客户提供整体循环包装解决方案，升级包装碳排放评价算法与系统，循环箱累计循环 2 180 万次。依托绿色包装技术实验室，研发胶袋、胶带、缓冲材等减量、降解技术产品方案，2021 年上半年累计节省原材料约 1.8 万吨，减少碳排放约 3.5 万吨。而在运输、转运等环节，顺丰采用线路优化、投放新能源车辆、光伏设备、节能设施等举措致力于减少碳排。同时，公司通过推进多式联运、利用货运航空枢纽改善航线、绿色低碳包装、智慧化企业管理、All Green 绿色供应链解决方案等提高运营效率和减少碳排，通过运输及业务模式升级实现降低碳排放目标。

未来，顺丰不仅关注自身运营中的碳排放管理，同时希望绿色价值延伸至供应链，并提出"绿色供应链三步走"，通过科技赋能推动行业绿色转型升级，最终共同建设零碳的商业社会。

2．中通快递

中通快递创建于 2002 年 5 月 8 日，是一家以快递为核心业务，集跨境、快运、商业、云仓、航空、金融、智能、传媒、冷链等生态板块于一体的综合物流服务企业。

2020 年，中通快递营业收入为 252.14 亿元，全年业务量突破 170 亿件，同比增长超 40%。截至 2020 年 9 月 30 日，中通快递全网服务网点近 30000 个，转运中心 91 个（多数为中通快递直营），直接网络合作伙伴超过 5150 家；干线运输车辆超过 10100 辆（其中超 7400 辆为高运力甩挂车），干线运输线路约 3400 条；服务网络通达大多数区县，乡镇覆盖率超过 91%。图 5.6 所示为中通快递双层分拣设备。

图 5.6　中通快递双层分拣设备

3．申通快递

申通快递创建于 1993 年，是我国最早成立的民营快递企业之一。2020 年，申通快递全年营业收入为 215.65 亿元。申通快递主要采用"中转直营、网点加盟"的经营模式。作为快递行业内的领先企业之一，申通快递在加盟模式下历经多年发展，已在全国范围内建立了完善且高效的快递运营网络，快递业务量保持稳步增长的趋势。申通快递具备丰富的快递经营管理经验、标准化的运营管理体系、强大的信息系统平台、高效的人才队伍及知名的品牌声誉，这些构筑了强大的核心竞争力。未来，申通快递将充分把握快递市场的发展机遇，进一步提升自身管理水平和整体盈利能力。

2019 年 3 月，申通快递与浙江菜鸟供应链管理有限公司签署了业务合作协议，双方将在信息系统和产品、全链路数字化升级、国内国际供应链业务、末端网络优化等方面进行深入合作，增加公司的综合竞争力，提升快递行业的服务水平，进一步加快快递行业的发展。图 5.7 所示为申通快递自动化分拣现场。

图 5.7　申通快递自动化分拣现场

4．圆通速递

圆通速递成立于 2000 年 5 月 28 日，是国内大型民营快递品牌企业。2020 年，圆通速递营业收入为 349.07 亿元，业务完成量达 126.48 亿件。圆通速递立足国内、面向国际，致力于开拓和发展国内和国际的快递、物流市场。其主营包裹快递业务，形成了包括同城当天件、区域当天件、跨省时效件、航空次晨达、航空次日下午达和签单返还等在内的多种增值服务产品。圆通速递涵盖仓储、配送及特种运输等一系列的专业速递服务，并为客户量身定制速递方案，提供个性化、一站式的服务。圆通速递还将使用自主研发的"圆通物流全程信息监控管理系统"，确保每一票快件的时效和安全。图 5.8 所示为圆通速递自动化分拣现场。

图 5.8　圆通速递自动化分拣现场

2016年10月，圆通速递在行业内率先上市。截至2020年12月，圆通速递全网拥有分公司4600多家，服务网点和终端门店7万多个，各类转运中心133个，员工45万余人，快递服务网络覆盖全国31个省、自治区和直辖市，已基本实现县级以上城市的全覆盖。

5．韵达速递

"韵达快递"品牌创建于1999年，总部位于上海，是我国规模较大的综合快递物流服务商。2020年，韵达全年营业收入为335亿元，递送包裹超过140亿个。韵达以经营快递业务为主，同时还包括仓储业务、供应链业务等。截至2020年年底，韵达速递的服务网络覆盖全国31个省（区、市）及港澳台地区，通达全球30余个国家和地区，为国内外客户提供优质的生活方式体验。图5.9所示为韵达速递无人机。

图5.9　韵达速递无人机

韵达速递在发展的过程中坚持"以客户为中心"，利用科技的力量推动自身高质量的发展，通过大数据、信息化、智能化技术打造智慧物流，构建以快递为核心的生态圈，为成为具有国际竞争力的全球化综合快递物流服务商而不懈努力。

6．丹鸟

丹鸟在2019全球智能物流峰会上举办了首场品牌发布会。丹鸟首席执行官在品牌发布会上宣布，将运用数字化技术和智能算法，联合配送网络上下游，对全国落地配服务进行升级，为商家提供多种综合物流解决方案，为客户打造本地生活的极致物流体验。图5.10所示为丹鸟快递车。

图5.10　丹鸟快递车

丹鸟专注于区域性、本地化的配送，是由菜鸟网络联合多家落地配公司共同推出的全新服务品牌，以统一的品牌形象服务于末端配送市场。

5.3 即时物流模式

移动互联网和 O2O 本地生活的发展，催生了对物流"极速"和"准时"的两大诉求，进而决定了物流服务模式的进化，即不经过仓储和中转，实现从门到门的送达服务。这种物流模式称为即时物流模式。即时物流模式多运用于外卖平台、生鲜电商、快递末端、商超等。

2019 年美团正式推出新品牌美团配送，并宣布开放配送平台，针对不同场景打造多样式的网络配送模式。此后不久，"饿了么"宣布其即时物流品牌蜂鸟独立，成立蜂鸟即配，将在未来 3 年建立 2 万个全数字化即配站。图 5.11 所示为蜂鸟即配。2019 年 12 月，新达达更名为达达集团，同时完成更名的还有旗下的本地即时配送平台达达快送。达达快送已完成全国 2700 多个县（市、区）的业务覆盖，并拥有众多商超资源。

图 5.11　蜂鸟即配

除了以上 3 家公司，顺丰同城急送、闪送、UU 跑腿、点我达等也是即时物流领域的重要力量。

实例 5-1　新零售本地化大势所趋，同城即时配送推动必不可少

5.4 前置仓模式

前置仓，是指更靠近客户的小型仓储企业，一般设置在客户集中的社区附近。前置仓模式主要适用于生鲜品类的销售。其运营模式是：生鲜品类销售方利用冷链物流提前将产品配送至前置仓存储待售，客户下单后，前置仓按照订单拣选、包装及完成"最后一公里"的上门配送。

前置仓模式填补了大型超市与便利店之间的市场空白，其经营目标是寻找客户在时间成本和产品价格之间的最佳结合点。

✳ 5.4.1 叮咚买菜

叮咚买菜于 2017 年 5 月上线，主打前置仓生鲜电商模式。其创始人梁昌霖于 2014 年创立上海壹佰米网络科技有限公司，开始探索社区 O2O 业态。经过不断尝试和探索，公司最后把业务定位于家庭手机买菜，叮咚买菜至此正式上线运营。叮咚买菜的初期线上业务仅覆盖上海地区，截至 2020 年 12 月，叮咚买菜业务服务范围已经覆盖北京、上海、广州、深圳、杭州、成都、南京等近 30 个城市，实现一线城市全覆盖，全年营收突破 140 亿元，建成前置仓超过 850 个，日订单量 85 万单。图 5.12 所示为叮咚买菜前置仓。

图 5.12　叮咚买菜前置仓

叮咚买菜采用前置仓模式，解决了生鲜产品储存、流通、配送中的诸多问题，使平台离客户更近、配送更快、渗透率更高。叮咚买菜将前置仓建在社区周边一千米内，产品先由中心仓统一加工后运至前置仓。客户下单后，自建物流团队在 29 分钟内将产品配送到家，当单个前置仓的日订单超过 1500 单时，则裂变成两个仓，以保证高效配送。叮咚买菜的"0 元配送费+0 元起送"措施，能够更好地满足即时消费需求，实现"即需即点、所见即所得、即时送达"。图 5.13 所示为叮咚买菜中心仓加工现场。

图 5.13　叮咚买菜中心仓加工现场

叮咚买菜发布的《2020 叮咚买菜大数据报告》显示，截至 2020 年年底，叮咚买菜生鲜直供基地达 350 个，产地直供供应商已超过 600 家，生鲜农产品基地直采占比达到 85%；生鲜商品数量超 5400 个，涵盖蔬菜、水果、水产等多个品类。通过产地直采供货，充分发挥"互联网+"的先进供应链优势，叮咚买菜有效推动了生鲜数字化基础设施升级和生鲜供应链完善，助力农业供给侧结构性改革和升级。

❋ 5.4.2　每日优鲜

2014 年 11 月，每日优鲜以创新的前置仓模式"杀入"生鲜电商市场，致力于为客户提供丰富、质优的生鲜产品以及极速到家的配送服务。前置仓和极速达的商业模式迅速得到市场认可，获得客户一致好评。在成立 3 年内，每日优鲜实现一线城市的整体盈利。目前，每日优鲜年营业收入已经达到百亿元规模，成为生鲜电商领域的领军企业。

每日优鲜已在国内主要城市建立"城市分选中心+社区配送中心"的极速达冷链物流体系。除华北、华东、华南、华中 4 地的分选中心外，每日优鲜已在全国 16 个城市建立了 1700 多个社区配送中心，保证站点辐射到 3 千米范围内的客户，全部配送过程由自有人员完成，最快 30 分钟送达。图 5.14 所示为每日优鲜区域中心仓加工现场。

每日优鲜拥有专业的冷链物流体系，分三大温区保存食材，覆盖整个运输及储存过程，为食材提供适宜的储存环境。

每日优鲜在售产品覆盖水果蔬菜、海鲜肉禽、牛奶零食等全品类。每日优鲜对蔬菜、肉蛋、水产、粮油等食材进行品质严选升级、品类优化拓展，坚持产地直采，与上游供应链深入合作，并通过规模采购、精简流通链条形成成本优势。

图 5.14　每日优鲜区域中心仓加工现场

每日优鲜委托第三方权威检测机构驻场检测每一批次产品，同时秉持"让每个人随时随地享受食物的美好"的使命，全面升级产品质量管控体系，在入库前后对产品进行专业品控团队的层层把关，确保产品的品质与安全。

🛒 5.5　"店+仓"模式

"店+仓"模式主要适用于生鲜行业，以门店为中心，门店既是小型"生鲜超市"，又是线上配送的仓储中心。客户可以体验到店购买，也可以线上下单，以店为仓，进行即时配送。本节内容主要介绍"店+仓"模式的典型案例盒马与京东 7FRESH。

✳ 5.5.1　盒马

阿里巴巴对线下超市完全重构形成新零售业态，用互联网技术和思维重新架构人、货、场的关系。2016 年 1 月，盒马鲜生第一家店在上海金桥开业，在配送范围内推出了最快 30 分钟送达的服务。盒马鲜生作为中国原创商业模式，受到了业内的极大关注。截至 2020 年年底，盒马鲜生已在全国开店 200 多家。随着自身的发展和重新定位，"盒马鲜生"去除了名称中的"鲜生"二字，只保留了"盒马"。同时改变的还有宣传口号，从之前的"有盒马购新鲜"改为"鲜美生活"，强调盒马从生鲜新零售品牌升级为社区生活服务品牌。

盒马运用大数据、移动互联网、智能物联网、自动化等技术及先进设备，实现人、货、场三者的最优化匹配。从供应链、仓储到配送，盒马都拥有自己完备的物流体系。

盒马的供应链、销售、物流履约链路是完全数字化的，产品的到店、上架、拣货、打包、配送等，都通过智能设备识别和作业，简易高效，而且出错率极低。整个系统分为前台和后台，客户下单 10 分钟之内完成分拣打包，20 分钟实现 3 千米范围以内的配送，实现店仓一体。图 5.15 所示为盒马员工店内拣选。

图 5.15　盒马员工店内拣选

盒马拥有全国唯一一个从源头到客户家庭的活鲜全程冷链配送体系。在客户对鲜活水产、新鲜蔬果的需求愈发强烈的背景下，盒马可以更好地满足客户需求。截至 2019 年 9 月，盒马已建成 48 个多温层多功能仓库，其中包括 33 个常温和低温仓、11 个加工中心和 4 个海鲜水产暂养中心，鲜活梭子蟹、湖北洪湖的藕带、四川藏区的黄金荚、新疆吊干杏、海南树上的熟芒果等，通过该体系得以首次快速、大规模进入全国市场。

✳ 5.5.2　京东 7FRESH

2017 年年底，京东旗下线上线下一体化生鲜超市 7FRESH 在北京亦庄大族广场试运营。

作为京东零售生态开放赋能的首个"样板"，7FRESH 和京东物流一样，是独立于京东商城体系的子公司。7FRESH 意为"一周 7 天，每天新鲜"，承诺以门店为中心，周围 3 千米范围内半小时送达，实现线上线下融合。7FRESH 大族广场店总面积超过 4000 平方米，前场面积 2400 平方米，SKU 数量超 3000 种；其中 75% 为生鲜产品，并且提供现场加工的即食服务。图 5.16 所示为京东 7FRESH 生鲜超市。

图 5.16　京东 7FRESH 生鲜超市

5.6　第三方云仓模式

电商发展之初，很多电商企业一仓发全国，在时效性上显然不能满足市场需求，这催生了云仓的出现。目前学术界和业界对云仓还没有统一的定义，本书认为，云仓是以多个仓库为据点，为电商客户提供自动化、信息化、可视化的仓储服务。第三方云仓企业可以根据客户的数据及客户对服务和成本的要求，建议客户把库存分布在不同地区的仓库，让库存离客户最近。一旦网上有订单，系统可以就近发货，缩短送达时间。与此同时，第三方云仓企业通过与专业快递公司合作，能够为客户提供供应链一体化的仓配解决方案，这是第三方云仓企业最大的价值所在。目前，第三方云仓企业主要有中通云仓、心怡科技、SKU360 等。

❋ 5.6.1　中通云仓

中通云仓科技有限公司（以下简称中通云仓），是 2016 年在纽约征券交易所上市的中通快递集团旗下子公司，是专门为美妆、3C、鞋服等领域的企业提供仓储配送一体化供应链服务的平台。中通云仓以信息技术驱动智慧供应链，致力于帮助合作客户提高供应链效率，降低物流成本，保障客户体验。

2016 年中通快递集团开始布局云仓，利用原有运力优势，为客户提供高效整体化服务。中通云仓在全国 19 个省、64 个城市及北京、上海、天津、重庆 4 个直辖市，筛选出 92 家加盟商，形成核心城市云仓、地级城市云仓以及三、四线城市云仓的多级分布形式，实现云仓逐级下沉的战略格局，打造中通云仓新物流版图。图 5.17 所示为中通云仓仓库。

未来中通云仓体系不仅会根据数据分布库存，发展自动化订单履行能力，还会主动以货主为单位对全渠道库存分布自动进行调拨，对库存进行集中和优化，并拉动上游供应链企业的补货。中通云仓覆盖全国的仓配服务体系，基于中央运营协同管理平台，通过总部运营的模式将仓库与客户连接起来，打造扁平快速化的供应链体系，实现物流行业成本、效率、体验的再升级，从而引领新物流服务的变革。

图 5.17　中通云仓仓库

❋ 5.6.2　心怡科技

从 2004 年成立至今，浙江心怡供应链管理有限公司（以下简称心怡科技）始终坚持"让科技物流为商家创造价值"的企业使命，深耕互联网和人工智能技术，致力于构建一站式供应链生态系统。经过多年的耕耘和努力，心怡科技已发展成为国家高新技术企业、国家 5A级物流企业，率先进入供应链服务领域的大数据时代。

心怡科技在国内共设有 88 个 RDC（区域分拨）中心，仓配网络覆盖全国超过 350 个城市；拥有 388 个全球供应链网络，超过 200 万平方米的仓储面积，日峰值订单达 4000 万件。心怡科技每天撬动千亿级消费市场，已成为大数据时代下智能仓配领域的行业领先者。图 5.18所示为心怡科技无人仓。

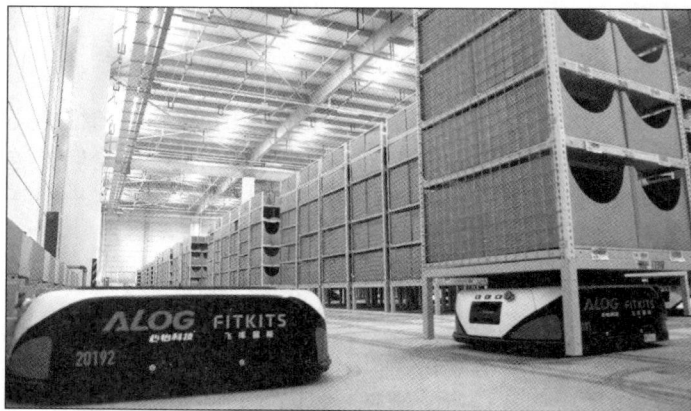

图 5.18　心怡科技无人仓

心怡科技利用"大数据"和"互联网+"技术创新智慧物流模式，纵向打通线上线下的信息通道，为商家赋能；横向整合国内外资源，实现产品全球流通。通过全渠道、全链路的订单和库存精细化管理，心怡科技能够为客户提供更加快速、便捷和个性化的仓配一体化优质服务。

✳ 5.6.3 SKU360

SKU360"华东一号"（以下简称 SKU360），是中国较有影响力的第三方电商物流服务商，位于上海市松江区，占地面积为 2 万平方米，由杜隆集团旗下的上海威吾德信息科技有限公司投资 5 亿元建造。2014 年 7 月，该项目一期工程正式建成并投入使用。建成的 SKU360 一期工程成为中国电商仓储的标杆项目，其规划有 10 万立方米实时有效动态容量，拥有管理 50 万种 SKU 的能力，以及日处理订单超过 20 万件的能力。SKU360 实现了大规模的电商物流货到人拣选。SKU360 提前将工业 4.0 的理念融入仓库的设计、建造和运转，采用德国胜斐迩先进的自动化设备、软件技术和符合中国电商运营经验的运作模式，为电商企业提供真正意义上的智慧仓储服务。SKU360 原本计划在全国多地建设云仓，但因经营管理不善，该企业已经倒闭。图 5.19 所示为上海 SKU360 仓库外景。

图 5.19　上海 SKU360 仓库外景

5.7 菜鸟模式

阿里巴巴集团为了弥补物流上的短板，延续阿里巴巴集团的平台基因，成立了菜鸟网络。菜鸟网络区别于行业中所有的物流公司、快递公司，本书称之为菜鸟模式。

✳ 5.7.1 菜鸟模式产生的背景

阿里巴巴旗下的天猫商城经过多年的快速发展，平台优势逐渐显现，支付业务（支付宝）也蒸蒸日上。但由于天猫商城平台的属性，其物流板块战略价值缺失，整体物流服务水平良莠不齐，难以形成良好的口碑和形象。与此同时，京东以自营产品和自营物流为特色，送货速度快、服务好，因此深受客户好评，这也给阿里巴巴造成了巨大的外部压力。鉴于上述原因，阿里巴巴花费重金打造物流体系，推出了"平台化、网络化"思维的物流体系——"菜鸟网络"。

✳ 5.7.2　菜鸟网络简介

菜鸟网络科技有限公司（以下简称菜鸟网络）成立于 2013 年，是由阿里巴巴集团、银泰集团联合复星集团、富春控股、顺丰集团、"三通一达"（申通快递、圆通速递、中通快递、韵达速递）等，以及相关金融机构共同组成的"中国智能物流骨干网"项目。菜鸟网络是一家互联网科技公司，专注于提供基于物流网络的平台服务。通过大数据、智能技术和高效协同，菜鸟网络与合作伙伴一起搭建全球性物流网络，致力于提高物流效率，加快商家库存周转，降低社会物流成本，提升客户物流体验。菜鸟网络的使命是与物流合作伙伴一同致力于实现全国范围内 24 小时送货必达、全球范围内 72 小时送货必达。

✳ 5.7.3　菜鸟网络物流体系建设

1．菜鸟天网建设

天网即物流数据平台及数据工具，是连通阿里巴巴电商体系、物流公司、商家、客户的数据分享平台。天猫、淘宝、速卖通等阿里巴巴电商平台及相关产业平台产生的商流订单能够驱动菜鸟物流系统，使订单数据与物流数据融合形成天网，即数据驱动。

（1）菜鸟大数据

菜鸟大数据在智慧物流方面发挥着越来越重要的作用。以历年天猫"双十一"为例，菜鸟网络自成立以来，通过建设智慧物流，虽然单日物流订单量从 1.52 亿件（2013 年）攀升到 8.12 亿件（2017 年），但是配送 1 亿件包裹的时间却从 9 天下降到 2.8 天，创造了世界物流业的奇迹。通过大数据技术，菜鸟网络还能帮助快递公司监控 18 万个快递网点包裹运营的一举一动，及时做出决策，快递公司也得以减负。

（2）菜鸟电子面单

2014 年菜鸟电子面单诞生，逐渐取代传统纸质面单，推动中国快递行业进入数字化时代。菜鸟电子面单是由菜鸟网络和快递公司联合向商家提供的一种通过热敏纸打印输出纸质物流面单的物流服务。菜鸟电子面单的使用提高了物流发货效率、降低了使用成本，方便商家直接与各大主流快递公司无缝对接。

菜鸟电子面单是推动快递行业数据化的基石。菜鸟电子面单记录了客户的姓名、地址、电话、消费行为、购买频次、消费习惯等数据，既能帮助快递公司合理规划路由，也能协助商家进行备货指导、风险预警及供应链优化。

（3）菜鸟路由分单

菜鸟路由分单是菜鸟网络基于海量大数据和阿里云计算系统，以菜鸟电子面单为载体，提供的整套完善、高效、准确的快件分拣解决方案。菜鸟路由分单可以实现包裹地址与网点的精准匹配，准确率达 98%。

传统分拨中心流水线上需要大量的分拣员，分拣员需要用 3～5 秒的时间判断每个包裹的下一个路径并进行分拣。快递公司在升级转运中心时，借助菜鸟路由分单可大幅缩短分拣时间并降低出错率。

（4）5级地址库

2016年5月，菜鸟网络与高德地图联合宣布，将合作建设5级地址库，将原来国家标准的4级地址库的地址服务颗粒度精细到小区和楼栋，从而助力打通快递"最后一公里"。客户在网购时，省、市、区县、街道或乡镇这4级地址均是标准化的，可以在数据框内直接勾选；但更细分的地址，如道路名称、村落名称、小区名称、商业门牌号、居民楼栋号等信息，则需要客户手动输入，因为这些地址信息不在国家标准的地址数据库里。洞悉这一痛点后，菜鸟网络与高德地图决定联手打造5级地址库，让末端地址服务的颗粒度更加精细。

2．菜鸟地网建设

菜鸟地网建设即在全国各个中心区域布局仓储中心，搭建连通全国甚至全球的高标准仓储体系。菜鸟网络与合作伙伴一起为商家提供与仓储相关的服务。

（1）菜鸟物流园和菜鸟云仓建设

菜鸟物流园布局在物流作业的集中区域，承接电子商务及传统商业对物流的需求。菜鸟物流园通过集合多方合作伙伴、多种运输手段、多种作业方式及各类运行系统，以保证整条物流链的高效协作及服务水平统一。截至目前，菜鸟网络在全国24个城市建立了34个园区项目。

菜鸟网络通过自建云仓以及联合社会化的仓配资源及能力，与合作伙伴一起在大数据的支持下为商家提供具有行业特色、电商特色的仓配服务，提高商家的仓配执行效率，降低管理成本，同时通过打造多样化、个性化的服务，向客户提供更优质的物流服务体验。图5.20所示为菜鸟未来园区智能仓库现场。

图5.20　菜鸟未来园区智能仓库现场

（2）跨境物流

为更好地服务于客户和商家，菜鸟网络建立了以协同共赢、数据技术赋能为核心的平台，将更多的合作伙伴纳入其中。截至2020年年底，菜鸟网络的跨境物流合作伙伴已经有近百家，其物流网络覆盖全球224个国家和地区，跨境仓库数量达到231个，搭建起一张真正具有全球配送能力的跨境物流骨干网。2021年3月，菜鸟全球包裹网络的日均跨境包裹量超过500万件，位居全球前4名。菜鸟网络的进出口物流保持全速运行，为国际中小企业贸易提供了稳定的服务。通过菜鸟网络创新的"5美元10日达"服务，在全球速卖通平台上销售的外贸企业可以用更低的价格，享受更快、更有保障的出口物流服务；通过菜鸟网络提供的保税、直邮等进口物流服务，天猫国际和考拉海购等平台上的海外品牌可以一站式进入中国市场。图5.21所示为菜鸟网络启用货运包机。

图 5.21　菜鸟网络启用货运包机

（3）菜鸟联盟

2016年3月28日，菜鸟网络宣布与圆通速递、中通快递、申通快递、韵达速递、天天快递、百世快递等国内六大快递企业共同组建菜鸟联盟。菜鸟联盟推出的产品包括当日达、次日达、橙诺达、预约配送、夜间配送、送货入户、开箱验货等，并承诺"说到就到、不到就赔"。

（4）"最后一公里"

菜鸟网络通过建立社区菜鸟驿站、快递柜、校园驿站，与便利店合作等方式解决快递配送"最后一公里"难题。

（5）菜鸟乡村项目

菜鸟乡村项目与本地化的物流合作伙伴，共同建设覆盖中国广大县域及农村地区的平台型综合服务网络，同时为城乡客户、中小企业、电商平台提供产品到村配送、县域间流通、农副产品流通等综合性解决方案。

❋ 5.7.4　菜鸟网络智慧物流建设

1．组建 E.T.物流实验室

菜鸟网络于2015年年底组建E.T.物流实验室，以期实现智能机械代替人工，帮助物流企业提高生产效率、降低人工出错率、提高生产安全性。目前，E.T.物流实验室已经推出的产品包括：菜鸟小G配送机器人，主要用于学校、相关科技园区"最后一公里"配送；菜鸟AR+，主要帮助实现仓库内部智能拣选、智能导航，解放仓库工作人员的双手，提高仓库工作人员的效率和愉悦度；菜鸟小鹭，主要用于园区安防巡逻，可以识别车辆违章、行人违章、园区路面异常等；菜鸟无人车，主要用于末端无人快递的无人配送。

2．投资快仓机器人

2017 年 3 月，菜鸟网络投资使用快仓机器人，进一步提高智能仓库分拣效率，智慧物流进一步升级。上海快仓智能科技有限公司（以下简称快仓公司）成立于 2014 年，为客户提供以智能物流机器人集群和操作系统为核心的内部物流解决方案。图 5.22 所示为快仓机器人。

图 5.22　快仓机器人

❊ 5.7.5　菜鸟网络的商业逻辑

菜鸟网络的商业逻辑是搭建平台，以数据为驱动力，让物流供应链上不同的服务商、商家和客户可以实现高效连接，从而提高物流效率和服务品质，降低物流成本。

2021 年，菜鸟网络实现外部收入 372.58 亿元人民币，同比增长 68%。此外，菜鸟网络在 2021 年实现正经营现金流。菜鸟网络在成立初期，并没有清晰的盈利模式。但截至 2020 年年底，阿里巴巴和菜鸟网络联手，相继布局快递（"三通一达"、百世快递）、落地配（丹鸟）、即时配（点我达、"饿了么"）、智能仓储（心怡科技、快仓公司）、大件物流（日日顺）、干线运输（卡行天下）、地图（高德地图）、智能运力（易流科技）、快递柜（速递易、浙江驿站）、跨境物流（递四方速递）等，基本覆盖了所有物流领域。至此，阿里巴巴和菜鸟网络的物流生态版图雏形基本显现。

5.8　RaaS 模式

软件即服务（Software-as-a-Service，SaaS）是软件行业中的一种商业模式，即通过网络提供软件服务。SaaS 平台供应商将应用软件统一部署在自己的服务器上，客户可以根据工作实际需求，通过互联网向厂商定购所需的应用软件服务，按定购的服务数量和时长向厂商支付费用，并通过互联网获得 SaaS 平台供应商提供的服务。本节主要介绍极智嘉创新推出的 RaaS 模式。

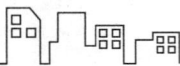

❋ 5.8.1　极智嘉 RaaS 模式介绍

极智嘉科技股份有限公司（以下简称极智嘉）是一家引领全球智慧物流变革的智能机器人公司，在全球 AMR 市场中占有率较高，占据市场领先地位。极智嘉成立于 2015 年，公司总部位于北京，其业务覆盖范围超 30 个国家和地区。公司应用先进的机器人和人工智能技术，打造高效、柔性、可靠的解决方案，帮助全球各行业的企业提高物流效率，实现智能化升级。目前，极智嘉已服务客户超 300 家，项目覆盖电商、零售、鞋服、医药、第三方物流、制造和汽车等行业。

极智嘉于 2018 年在业内首次提出了"机器人即服务（Robot-as-a-Service，RaaS）"的灵活创新商业合作模式，让企业可以选择短期租赁、系统代运营或一站式智能仓储服务。本质上，RaaS 模式仍属于第三方物流模式。

极智嘉在全国部署智能仓储网络，通过打造由 AMR 机器人、智能系统、专业运营体系组成的智能物流服务方案，联合快递合作伙伴，为商家的 B2B、B2C 物流业务提供仓配一体服务。作为极智嘉 RaaS 模式之一的智能仓储服务，为品牌商快速布局新渠道物流、实现多渠道运营、灵活应对市场变化和促销波动提供了新选择。

目前，极智嘉智能仓储网络覆盖华北（天津仓）、华东（昆山仓、杭州仓）、华南（广州仓）、华中（武汉仓）、西南（成都仓）和西北（西安仓）等区域，运营总面积超过 30 万平方米，拥有全面的智能系统、柔性的智能方案和可靠的运营体系等优势，已为完美日记、乐友孕婴童、Tapestry 等企业提供了基于"货到人"解决方案的智能仓储服务，实现商家物流智能化、数字化升级。同时，凭借在美妆、母婴、零售、轻奢等行业丰富的项目经验积累，极智嘉沉淀出高质量的运营标准，打磨出更可靠的智能物流服务方案。

❋ 5.8.2　极智嘉 RaaS 智能仓的三大优势

1．全面的智能系统

极智嘉智能仓能为客户提供从入库到出库全流程的模块化功能，基于先进的人工智能算法提供丰富的操作策略，实现多渠道的库存协同管理，有效应对渠道分化带来的订单需求差异。

2．柔性的智能方案

面对"双十一"大促的订单洪峰，极智嘉智能仓通过灵活的智能机器人增减、调整运营方案，调整出库产能，保证现场运营的效率和稳定性，助力上百家企业从容应对大促挑战。极智嘉智能仓在 2020 年"双十一"大促中取得了发货单量高达 1319 万单的骄人成绩，获得了众多客户的高度赞扬。

3．可靠的运营体系

极智嘉智能仓在高水平运营标准的基础上，提供现场运营数据平台以对现场运营数据进行监控、诊断和优化，实现仓储全流程数据化和可视化，提高现场运营效率、保障现场运营质量。

图 5.23 所示为极智嘉江苏省昆山市仓库外景。

图 5.23　极智嘉江苏省昆山市仓库外景

5.9 跨境电商物流模式

2015 年 6 月，国务院办公厅印发《关于促进跨境电子商务健康快速发展的指导意见》指出，近年来我国跨境电子商务快速发展，已经形成了一定的产业集群和交易规模。支持跨境电子商务发展，有利于用"互联网+外贸"实现优进优出，发挥我国制造业大国优势，扩大海外营销渠道；有利于增加就业，推进大众创业、万众创新，打造新的经济增长点。

由于跨境电商的交易主体分属不同的关境，以及不同关境之间物流体系的不均衡发展，跨境物流成为制约跨境电商发展的最大障碍，本节主要介绍跨境电商的主要物流模式。

5.9.1　出口跨境电商物流模式

目前，中国的外贸企业可选择的跨境电商平台主要有速卖通、eBay、Wish 等，不同的平台，其物流模式有所差异。出口跨境电商物流模式主要有以下几种。

1．邮政包裹模式

相关数据统计显示，2019 年，中国跨境电商出口轻小件包裹约 20 亿件，其中通过中国邮政渠道出口的包裹约为 12 亿件，占据跨境电商出口轻小件包裹市场约 60%的份额。作为中国跨境电商从业较早、市场份额较大的物流服务商，中国邮政积极贴近跨境电商商家的需求，结合"互联网+"的发展趋势，开通国际 E 邮宝和国际小包业务，凭借时限、价格、信息化跟踪查询等优势快速获得市场认可，市场份额连续多年保持高速增长。中国邮政的渠道虽然比较多，但很杂。商家在选择邮政包裹模式发货的同时，必须注意出货口岸、时效、稳定性等。

2．国际商业快递模式

四大国际商业快递企业，即 DHL、TNT、FedEx 和 UPS。这些国际商业快递企业通过自建的全球网络，利用强大的 IT 系统和遍布世界各地的本地化服务，为网购中国产品的境外客户提供极好的物流体验。例如，商家通过 UPS 寄送到美国的产品，最快可在 48 小时内到达。然而，优质的服务往往伴随着昂贵的价格。中国商家通常只有在客户对时效性要求很高的情况下，才会使用国际商业快递派送产品。

3．国内商业快递模式

国内商业快递主要指 EMS、顺丰速运和"三通一达"等。跨境电商物流市场的潜力巨大，国内商业快递企业纷纷开展跨境电商物流业务，在时效性和价格上有一定优势。在国内商业快递模式中，EMS 的国际化业务是非常完善的。依托邮政渠道，EMS 可以直达全球 60 多个国家和地区，费用相较于四大国际商业快递企业要低一些。此外，部分国内商业快递企业的出关能力很强，到达其他亚洲国家只需 2～3 天，到欧美国家则要 5～7 天。

4．专线物流模式

专线物流模式一般是先把产品运输到境外，再交由当地合作快递公司进行目的地的派送。专线物流服务主要依托目的地的业务量规模，通过规模效应降低物流成本，因此，其价格一般比商业快递低。在时效上，专线物流稍慢于商业快递，但比邮政包裹快。市面上较为普遍的专线物流服务有美国专线、西班牙专线、澳大利亚专线、俄罗斯专线、中东专线、南美专线等。业内比较有名的快递企业有递四方、燕文物流、中环运等，国内其他快递企业也大多设有针对不同国家和地区的专线物流服务。

递四方是一家致力于为跨境电商提供全球物流和全球仓储领先服务的专业物流方案提供商，是阿里巴巴集团唯一投资的一家跨境电商物流企业。递四方全球专线服务通过整合全球的速递资源，将产品在境内集中分拣，配载直飞航班，由递四方的海外代理在当地完成清关和本地派送。递四方全球专线服务覆盖范围广、时效快、操作灵活，适合运送高价值、时效要求高的产品，且大部分地区无须收取偏远地区附加费。

5．海外仓模式

（1）海外仓的含义

海外仓是指跨境电商商家按照一般贸易方式，将产品批量出口到海外仓，待客户在网上下单后，再将产品直接从海外仓发出，直接送达客户手中。海外仓模式能够极大地改善境外客户的购物体验，提高商家的信誉。

商务部 2015 年发布《"互联网+流通"行动计划》，提出将推动建设 100 个电子商务海外仓。《2016 年国务院政府工作报告》明确提出："扩大跨境电子商务试点，支持企业建设一批出口产品'海外仓'。"我国政府近几年为了鼓励跨境电商的发展，在海外仓的建设上投入非常多的资源，同时通过定向扶持等政策，鼓励优质的跨境电商企业进行海外仓建设。

（2）海外仓的种类

海外仓目前主要有 3 类。第一类是亚马逊海外仓（Fulfillment by Amazon，FBA）。在此模式下，众多在亚马逊网站上开展第三方业务的中国商家，先把产品预发到亚马逊仓库，亚马逊提供产品检验、产品标志、包装标准化等服务。客户下单后，发货、配送、售后服务全部由亚马逊完成。第二类是自建海外仓。大型的出口电商商家，其订单量比较大，有条件的可以选择自建海外仓，如环球易购在美国、英国、法国、日本、澳大利亚等多个国家都有自建海外仓。第三类是利用第三方海外仓，万邑通、中邮、递四方、飞鸟国际等都较早涉足海外仓业务。

（3）海外仓运作流程

海外仓运作流程在业内一般被分为 3 段。第一段是头程，指境内集货发运至海外仓；第二段是库内，指订单操作及库存管理；第三段是尾程，指出仓配送及售后服务。

📖 **实例 5-2　中邮海外仓**

　　中邮海外仓能为跨境出口电商商家提供美国、英国及巴西等多国境外远程仓储管理服务，系统地为出口中小企业提供端到端的仓配一体解决方案，是中国邮政国际业务的创新产品。其业务包括头程运输、出口报关、结汇退税、境外仓储管理、尾程配送、售后服务等。根据各国法律规定，中邮海外仓提供基于海关监管保税仓或普通仓的仓储和配送服务。该服务能大幅提升出口电商商家的订单履行效率和配送时效，海关清关速度快且能对监管可视，有批量发运和旺季运输的解决方案，服务价格体系更具竞争力，在为客户降低物流成本的同时还能提升销售服务品质。图 5.24 所示为中邮海外仓。

图 5.24　中邮海外仓

5.9.2　进口跨境电商物流模式

　　进口跨境电商物流模式主要有两种——海外直邮模式和保税备货模式。

1．海外直邮模式

　　海外直邮指客户通过境外的电商网站下单后，产品以个人包裹的形式入境并直邮到客户手中。

　　（1）海外直邮购物流程

　　网上下单→境外备货→境外出口报关→跨境运输→进口通关→境内配送。

　　（2）海外直邮物流模式

　　客户通过境外网站购物时，对于支持直邮的产品，可以选择海外直邮，否则需要转运。

　　客户从其他途径，如天猫国际、京东全球购、考拉海购等网站购买的海外直邮产品，基本上由邮政渠道、商业快递公司、海外集货仓企业承担集货、快递等相关业务。目前我国主流快递公司都设有跨境业务。

2．保税备货模式

　　保税备货模式是指跨境电商企业集中进行境外采购，并将产品统一发至境内保税仓库，

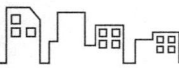

当客户在网上下单后，快递公司直接从保税仓库将产品配送至客户手中。

（1）保税进口购物流程

境外供应商→跨境运输→到港→进口通关→保税仓库存储→客户下单→清关→境内配送。

（2）保税备产品流模式

目前我国的跨境电商企业，如天猫国际、京东全球购、考拉海购、唯品会等基本以保税备货模式为主，该模式下，相关跨境电商企业进行批量采购，有助于降低产品价格。此外，客户在网上下单后，保税仓库直接发货，产品能够较快地送达客户手中；与海外直邮模式相比，其速度大大提升。

思考与练习

第6章 电子采购和仓储管理

学习目标

➤ 了解采购的定义。
➤ 掌握电子采购的采购方式和流程。
➤ 掌握仓储管理作业流程。
➤ 熟悉电子商务环境下的仓储作业。

采购和仓储管理是物流系统中的重要功能和环节，也是电子商务供应链管理的重要内容，影响电子商务供应链总体目标的实现，在电子商务供应链中处于十分重要的地位。电子商务环境下的采购和仓储管理呈现出与传统物流模式不同的特征和方式，其本质是服务于电子商务供应链战略目的。

6.1 采购概述

开篇案例

惠普公司的电子
采购变革

6.1.1 采购的定义

采购（Purchasing）是指采购人或采购实体基于生产、销售、消费等目的，购买产品或服务的交易行为。也可以理解为，采购是企业在一定的条件下通过某种方式从供应市场获取产品或服务的交易行为。因此，采购是企业获得某种资源，以保证生产及经营活动正常开展的一项活动。企业通过租赁形式获得资源的过程即采购。采购可以分为战略采购和日常采购两个部分。

根据获得产品或服务的途径不同，我们可以从狭义和广义两个方面理解采购。狭义的采购指企业通过购买的方式获得所需的产品或服务。广义的采购除了购买的方式外，企业还可以通过以下途径获得产品或服务的使用权，以达到满足需求的目的。

（1）租赁。租赁是指一方以支付租金的方式取得他人产品的使用权。

（2）借贷。借贷是指一方凭借自己的信用和彼此间的友好关系以获得他人产品的使用权，并在使用完毕后返还原产品。这种采购方式中的需方无须支付任何代价即可获得供方的产品使用权。

（3）交换。交换就是采用以物易物的方式取得产品的使用权和所有权，并没有用货币直接支付产品的全部价值。

（4）采购外包。采购外包就是企业在关注自身核心竞争力的同时，将全部或部分的采购业务外包给采购服务供应商（Procurement Services Providers，PSP）。这些专业的采购服务供应商能够为企业提供产品或服务的专业知识，以及相关的基础设施，使企业获得采购的规模经济和辅助决策服务。

6.1.2 采购管理在供应链中的作用

采购的任务是获得企业生产经营中所需要的各种资源的支配权，高效率、低成本、低风险地保证企业生产经营的正常运作。在"利益共享，风险共担"的供应链愿景驱动下，供应链成员相互依存，这种相互依存的关系综合反映了市场的动态特征。为了增加供应链的竞争力，在客户需求的驱动下，供应链成员之间形成了一种复杂的合作竞争关系。采购管理对维持这种合作竞争关系具有非常重要的作用。

首先，采购管理有利于供应链成员之间建立合作伙伴关系，以降低采购风险，提高整个供应链的运营效率。供应链成员之间高度合作的基础在于信息共享，信息共享不仅在于交易数据共享，更重要的是战略信息共享，以便供应链成员能够共同制订采购计划，以最佳的方法和更有效的手段满足客户需求。信息共享是供应链成员更好、更快、更有效地开展工作不可缺少的。

其次，采购管理能有效避免浪费和重复努力。在传统的采购渠道中，企业为了满足下游需求所配置的大量库存，构成了企业的经营风险。供应链成员通过共享信息和共同制订采购计划，有助于排除或减少与库存投机密切相关的风险，降低采购综合成本。供应链合理化背后的中心观念是，库存是必需的、无法彻底排除的，但是可以避免浪费和重复，降低供应商的成本就是在降低企业自身的成本。

最后，伴随着市场经济的发展及生产技术和采购策略的进一步提升，我们可以预测，企业未来典型的决策问题将主要集中在采购管理方面。企业内外的信息交换可以提高采购管理的计划性，并将这些计划转变成供应商的销售计划。在新的采购管理目标体系中，保证交货期、交货质量与服务水平的重要性正在不断提高。供应链管理思想一定会影响采购管理领域的决策过程，同时采购管理也使供应链更加完善、更具竞争优势。

实例 6-1　采购管理的价值

❋ 6.1.3　采购流程

采购流程会因采购的来源、方式及对象等不同而在细节上有所差异，但对于基本流程，每个企业都大同小异。采购流程一般可以概括为 10 个关键步骤，如图 6.1 所示。

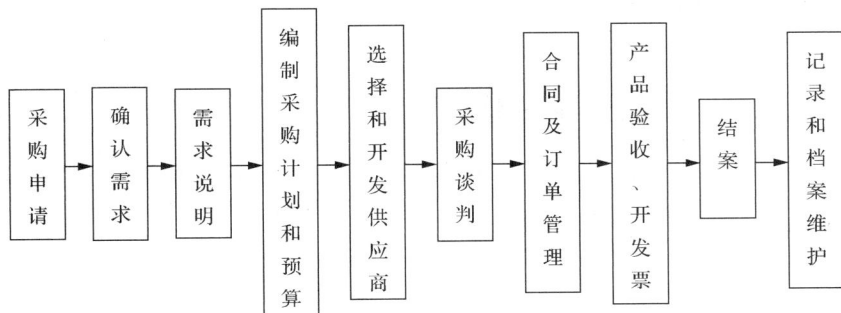

图 6.1　采购流程

（1）采购申请。采购申请又称请购，是指企业内的各个需求部门向负责采购的部门提出在未来一段时间内所需产品或服务的种类及数量等相关信息，并填制表格交给采购部门的过程。

（2）确认需求。任何采购来自企业中某个部门的确切需求，因此在进行采购之前，采购部门应先对来自各需求部门的采购申请进行分类汇总，进而确认整个企业采购产品或服务的种类、采购数量、采购时间、采购权限等。

（3）需求说明。如果采购部门不了解需求部门需要什么，就不可能顺利进行采购。因此在确认需求之后，采购部门必然要对需要采购的产品或服务做出需求说明，包括品质、包装、售后服务、运输及检验方式等，使货源选择及价格谈判等能顺利进行。

（4）编制采购计划和预算。采购计划和预算编制是确定采购项目中的哪些需求可以通过采用组织外部的产品或服务得到满足，以及所需的资金准备等。它包括决定是否要采购、如何采购、采购什么、采购多少、何时采购以及筹集多少资金等内容。

（5）选择和开发供应商。供应商的选择和开发是采购流程中重要的一环，它涉及高质量产品或服务的确定和评价。这一环节主要是采购部门根据需求说明，在原供应商中选择评价良好的供应商并通知其报价，或以登报公告等方式公开征求合适的供应商。

（6）采购谈判。确定了合适的供应商后，采购部门应进行采购谈判，以确定合适的采购价格。

（7）合同及订单管理。在价格谈妥后，采购部门应发出采购订单并办理采购合同。订单和合同均属于具有法律效力的书面文件，必须对买卖双方的要求、权利及义务予以说明。

在签订采购合同之后，为使供应商按期、按质、按量交货，采购部门应根据合同规定进行合同/订单追踪与稽核，及时督促供应商按规定交货，并予以严格检验入库。

（8）产品验收、开发票。签约后，采购部门应按照合同/订单上的规定对供应商所需提交的产品进行验收。供应商交货验收合格后，随即开具发票。采购部门应先核对发票的内容是否正确，核对无误后，财务部门才能办理付款。

凡供应商所交产品与合同/订单规定不符且验收不合格的，企业可根据规定退货，同时应立即办理重购。

（9）结案。凡验收合格并通知财务部门付款后，或验收不合格并进行退货后，采购部门须办理结案手续，清查各项书面资料有无缺失、绩效好坏等，报高级管理层或权责部门核阅批示。

（10）记录和档案维护。凡经结案批示后的采购业务，应列入档案登记并进行分类编号，予以保管，以备查阅或事后发生问题时备查。

6.2 电子采购

✱ 6.2.1　电子采购的定义和优点

电子采购是一种在互联网上创建专业供应商网络平台的采购方式。它能够使企业通过网络寻找管理合格的供货商和产品，随时了解市场行情和库存情况，编制销售计划，在线采购所需的产品，并对采购订单和采购的产品进行在途管理、台账管理与库存管理，实现采购的自动统计分析。

电子采购是一种适应时代发展的先进采购模式，具有公开、透明、快捷和低成本等特点，能够有效地避免采购过程中发生的腐败和风险，提高采购效率。电子采购的优点如下。

（1）有利于扩大供应商范围，提高采购效率，降低采购成本，产生规模效益。由于电子商务面对的是全球市场，企业可以突破传统采购模式的局限，从货比三家到货比多家，在比质比价的基础上找到满意的供应商，大幅降低采购成本。电子采购模式下，采购人员不需要出差，可以大大降低采购费用；通过网站信息的共享，企业可以节省纸张，实现无纸化办公，大大提高采购效率。

（2）有利于提高采购的透明度，实现采购过程的公开，杜绝采购过程中的腐败。电子采购是一场无须谋面的交易，企业将采购信息及采购流程在网站公开，避免交易双方有关人员私下接触，由计算机根据设定标准自动完成供应商的选择工作，有利于实现实时监控，杜绝采购过程中的腐败，使采购更透明、更规范。

（3）有利于实现采购业务程序标准化。电子采购是在对业务流程进行优化的基础上进行的，必须按软件规定的标准流程进行，这样可以规范采购行为和采购市场，有利于建立一种比较良好的经济环境和社会环境，有效避免了采购过程的随意性。

（4）满足企业即时化生产和柔性化制造的需要，缩短采购周期，使生产企业由"为库存而采购"转变为"为订单而采购"。为了满足不断变化的市场需求，企业必须具有快速反应能力。企业通过电子商务网站可以快速收集客户订单信息，然后安排生产计划，再根据生产需求进行物资采购或及时补货，及时响应客户需求，降低库存，提高物流速度和库存周转率。

（5）实现采购管理向供应链管理的转变。由于现代企业的竞争不再是单个企业之间的竞争，而是供应链与供应链之间的竞争，因此要求供需双方建立长期的、互利的、信息共享的合作关系，而电子采购可以使参与采购的供需双方进入供应链，从以往的"输赢关系"变为"双赢关系"。企业可以及时将数量、质量、服务、交货期等信息通过电子商务网站或 EDI 方式传送给供应商，并根据生产需求及时调整采购计划，使供应商严格按照要求提供产品与服务。这有助于企业实现准时化采购和生产，并降低整个供应链的总成本。

6.2.2 电子采购的采购方式

电子采购的采购方式有很多种，常见的有以下几种。

（1）招标采购。招标采购是把传统招标采购流程搬到网上实施的一种采购方式。买方招标主要有以下3种形式：开放式、不公开和密封式。完整的招标采购模块应该具备在线招标、在线投标、在线开评标等功能。以密封投标为例，其招标采购大致流程如下：采购商制定采购方案，发布招标公告；供应商看到招标公告后，根据自己的情况在线递交加密后的投标文件。开标时，采购商、供应商、专家同时进入评标大厅，供应商通过上传密钥文件对投标文件进行解密。由若干个专家组成的专家组负责评标、推荐获胜供应商的工作。在开标大厅中，采购商和供应商均可以在线发言，系统将对其发言记录进行自动备案。采购商主要负责监控远程客户端所有专家的评标情况，最后在线发布中标公告。

（2）竞价采购。竞价采购是一种供应商在网上相互报价，由报价最低者胜出的基于反向拍卖的采购方式。其流程与招标采购相似：首先由采购商在网上发布竞价公告，供应商提交竞价申请，采购商对供应商进行审核并制定竞价规则；在采购商开启竞价大厅以后，供应商进入竞价大厅开始报价。对于每轮反向拍卖，供应商在竞价结束前可以无限次提交价格，系统中的价格将实时更新。供应商在报价时可以看到实时的低价并将其作为参考，但报价不能高于最低价。竞价结束后，由采购员发布中标公告。

（3）直接采购。直接采购主要适用于采购市场中价格比较透明的产品。因为采购价格和采购对象一般比较稳定，所以直接采购的重点不在于双方的协商，而在于如何加快采购流程、缩短采购周期。因此，直接采购系统一般提供供应商在线提交订单、采购商在线确认订单等一系列能够加快采购流程的功能。

（4）目录采购。目录采购是采购商在电子采购平台上进行的一种最基本的交易模式，即采购商直接从目录中选择产品进行交易。这种采购方式具有操作简便、界面直观等特点。

（5）谈判采购。谈判采购主要是通过与供应商在线谈判以实现采购目的的一种采购方式。谈判采购可以只进行商务谈判，如针对价格、质量保证、售后服务、交货付款等内容进行谈判；也可以在技术谈判（如技术指标、技术性能等）确定后，再进行商务谈判。随着信息技术的发展，越来越多的谈判采购支持语音谈判和视频谈判。这些新技术的运用大大促进了谈判采购的发展。

采购商实现电子采购的采购方式有两种：使用 EDI 的电子采购和使用网络的电子采购。电子采购门户站点适用于购买简单产品，它可以让供应商创建和维护其产品的在线目录，其他企业可以从这些目录中搜索产品、下订单并当场确定付款和装运选择。在购买定制产品时，采购方需要提供技术规格和供应要求等信息。其具体步骤为：①整理需求信息，采购人员需要收集来自于需求部门的各项请求及建议，形成采购说明书；②在资金时间、交货期等约束条件下，寻找能满足需求的供应商。EDI 系统能够快速实现采购方与供应商之间的采购信息交换与匹配，加快采购进程。

6.2.3 电子采购的模式

电子采购的模式非常广泛且存在差异性。在电子采购中，采购产品的信息大多来源于企业外部，电子采购平台为采购模式的实现提供了条件。目前，电子采购的模式主要包括卖方模式

（供应商卖方系统）、买方模式（采购商买方系统）和第三方模式（第三方电子采购平台）。

1．卖方模式

卖方模式是指供应商通过电子采购平台发布产品的在线目录，采购商可以直接登录供应商卖方系统，在线浏览并获取自己需要的产品信息，进而做出采购决策，最后完成采购订单的填写。在卖方模式中，供应商是卖方，为了扩大市场份额而开发了自己的网站，方便众多的采购商浏览和采购其在线目录产品。采购商通常是免费登录供应商卖方系统的。这种模式较为常见的例子是商场和购物中心。这种模式的优点是方便采购商随时访问，采购商不需要进行任何的投资；缺点是采购商难以控制和跟踪自身的采购开支。随着电子商务市场的发展，这种模式更多以 XML（Extensible Markup Language，可扩展标记语言）作为基础标准，使采购商的 ERP 系统容易接受简单的采购文件形式（如订单、收据）。但这种模式容易导致采购员滥用职权，如采购员可能违背企业的采购政策，随意向供应商提交采购订单。

2．买方模式

买方模式是指采购商通过互联网发布需要采购的产品信息，而供应商则在采购商的网站上提供自己的产品信息，从而使买卖双方进行信息交流。互相了解之后，双方通过采购商的网站或者其他途径进行协调和沟通，进一步确认采购任务，最终完成整个采购计划。在买方模式中，采购商的部分工作是建立、维护和更新产品目录。虽然这种模式的成本较高，但采购商能够更好地控制整个采购流程。首先，它限定了所需产品的种类和规格。其次，当不同的采购员在采购不同产品时，它可以明确采购权限和数量限制。最后，采购员通过这一个界面就能知晓所有合适的供应商的产品信息，方便进行比较和分析。

3．第三方模式

第三方模式是指供应商和采购商通过第三方电子采购平台进行采购业务活动。在第三方电子采购平台上，多个供应商与采购商能够同时进行各种商业交易。网络上的水平门户和垂直门户能够提高这种模式的交易效率。水平门户主要专注于多行业、多种类的产品，各行各业的采购商都可以前来采购。垂直门户则是专注于某一行业产品的电子商务市场，如化工、能源、钢材等，采购商主要来自相应行业。对于供应商和采购商而言，第三方电子采购平台的优点在于双方都不需要投入大量资源，只需要购买第三方电子采购平台的服务，充分利用第三方电子采购平台提供的技术就能完成在线采购。这种模式能够同时将不同的供应商、采购商集中到同一个市场，不仅方便供应商推广其产品，降低营销成本，而且方便采购商对所需产品进行查找和对潜在供应商进行挑选。图 6.2 所示为第三方电子采购平台。表 6.1 所示为 3 种电子采购模式的比较。

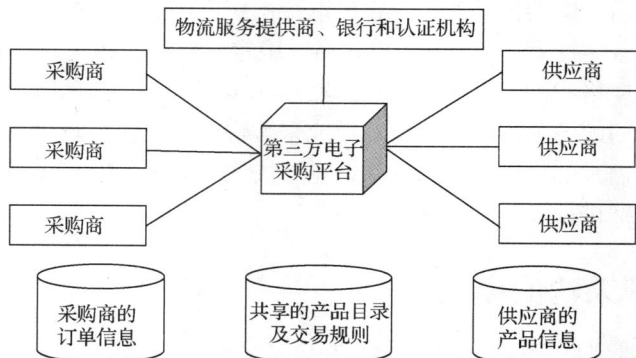

图 6.2　第三方电子采购平台

表6.1　3种电子采购模式的比较

项目	模式类型		
	卖方模式	买方模式	第三方模式
实现形式	采购方通过浏览供应商在互联网上发布的产品目录做出采购决策	供应商针对采购方在互联网上发布所需采购产品信息，进行信息沟通，在采购方网站完成采购业务的全过程	通过一个独立门户站点整合多个买方和卖方的商业交易行为
优点	易于访问，且不需要任何投资	快速响应客户，节省采购时间，利于对采购过程进行控制和跟踪	信用体系比较完善，采购流程完整，高效匹配供应和需求
缺点	难以跟踪和控制采购开支，易导致滥用权力	投入建立和维护网站系统成本大，并且需要大量买卖之间的谈判和合作	在较多运营规则限制，采购流程定制化方面比较受限，扩展性比较低
举例	商店和购物中心	大企业的直接物料采购	平台化的采购服务企业、电子采购软件及方案提供商

✳ 6.2.4　电子采购的流程

实例 6-2　雅马哈的电子采购变革

对于电子采购来说，依据电子采购平台进行库存管理、在线比价等，极大地提高了采购流程运作的效率。电子采购的一般流程如下。

（1）采购人员根据库存状况和销售人员登记的订单，从系统中导出断货品种目录，进行采购需求分析。

（2）根据月销量、销售订单数量和库存周转率，确定采购品种的数量，制作采购计划单。

（3）将采购计划单上传至电子采购平台，并设置询价起止时间。

（4）在询价时间内，由各个上游供应商对订单品种进行标价；询价结束后，由系统自动比价。

（5）采购人员以比价结果为依据，结合供应商的资信情况、配送能力和协议状况等，确定采购订单。

（6）供应商接收到采购订单后，完成发货、配送等后续的一系列工作。

电子采购流程降低了传统采购中大量的人力、物力和财力的消耗，将原本需要花费大量人工费用和电话、传真费用的询价比价环节一步完成；同时减少了采购过程中的人为因素干扰，使整个采购过程留下了痕迹，方便采购管理者对采购工作进行管控和分析。此外，系统的询价比价环节能使企业获得更多的信息资源，并扩大可选择的供应商范围，降低了企业的采购成本，便于企业优化供应链的管理。图6.3所示为电子采购的一般流程。

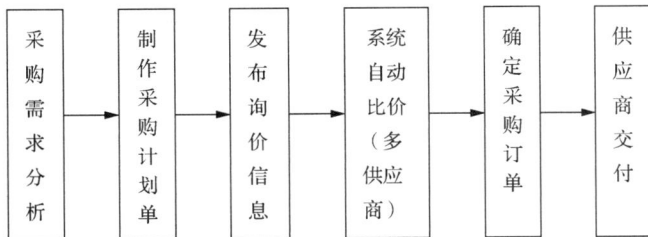

采购需求分析 → 制作采购计划单 → 发布询价信息 → 系统自动比价（多供应商） → 确定采购订单 → 供应商交付

图6.3　电子采购的一般流程

6.2.5 电子采购供应商管理

电子采购供应商管理是对供应商的了解、选择、开发、使用和控制等综合性管理工作的总称。电子采购供应商管理是致力于实现与供应商建立和维持长久、紧密的伙伴关系，旨在改善企业与供应商之间的关系。电子采购供应商管理包括多个步骤，即确立供应商选择目标、确立供应商评价标准，以这些标准为基础识别、筛选供应商，建立与供应商合作关系，在合作过程中对供应商进行评价。

1．确立供应商选择目标

在进行供应商的调查与开发时，企业必须回答供应商筛选程序如何实施、信息流程是怎样的、由谁负责等问题，而且必须确立目标。供应商选择的常见目标是：（1）快速确定值得被全面评估的供应商，以节省企业资源；（2）在适当的情况下，将被评估的供应商数量降低至便于管理的数量。

2．确立供应商评价标准

供应商综合评价的指标体系是企业对供应商进行综合评价的依据和标准，也是企业和供应商所构成的复杂系统中的不同属性指标，是按隶属关系、层次结构有序组成的集合。企业应根据系统全面性、简明科学性、稳定可比性、灵活可操作性的原则，建立集成化供应链管理环境下的供应商评价指标体系。不同行业、企业、产品需求环境下的供应商评价标准应是不同的，但基本涉及质量、成本、交货、合作等指标。

3．供应商分析评价方法

（1）定性分析方法。定性分析方法主要是评估人员根据以往的资料和经验，对评估对象做出分析并进行考评。常用的定性分析方法包括直观判断法和协商选择法。直观判断法是根据征询调查所得的资料并结合采购人员的分析判断，对供应商进行分析、评价的一种方法。其主要是倾听和采纳有经验的采购人员的意见，或者直接由采购人员凭经验做出判断。这种方法的质量取决于对供应商资料的掌握是否正确、全面，以及决策者是否具备良好的分析判断能力与经验。协商选择法是由采购企业选出供应条件较好的几个供应商，分别同他们进行协商，再确定合适的供应商。定性分析方法操作方便，但缺乏科学性，受掌握信息详尽程度的限制，有时不够精确。

（2）定量分析方法。定量分析方法是通过定量计算的方式对供应商进行考评。例如，在质量和交货期都能满足要求的情况下，对供应商按照采购成本进行比较分析的方法称为采购成本比较法。采购总成本一般包括售价、订货费用、运输费用等各项支出的总和。另外常用的定量分析方法还有综合评分法。这些方法都需要获得准确的数据，在此基础上用科学的方法进行分析评估，最后得出对供应商进行考评的结果。定量分析方法的具体步骤包括：①根据供应目标确立供应商评价指标体系；②确定每个指标的权重系数；③进行综合评判。其公式如下。

$$Z_i = \sum y_{i_j} w_j$$

式中：Z_i——第 i 个供应商的综合评价值；

y_{i_j}——第 i 个供应商第 j 个指标的评价值；

w_{i_j}——第 j 个指标的权重。

综合评价值越高，说明供应商的总体绩效越好。

（3）定性与定量相结合的方法。企业在对供应商进行考评时，有些指标是定量指标，有些指标则是定性指标，采用定性与定量相结合的综合评判法，可使考评结果更加准确、全面。某些大型企业集团在对供应商进行管理评价时，一般是由采购经理主导进行的。采购部门根据不同标准对供应商进行分类，并根据其供应情况计算出企业设定的评价指标，在此基础上得出对某一个供应商的总体评价。企业常用的方法如下。

① 线性权重法。这是目前常用的综合评价方法。其基本原理为：给每个指标分配一个权重，每个供应商的定量评价结果为该供应商各个指标的得分与相应指标权重的乘积之和。企业通过比较各个候选供应商的加权结果，对供应商进行排名。

📖 **实例 6-3　运用线性权重法选择供应商**

某汽车配件制造公司生产的制动器需要一种特殊的冲压件，有 5 家供应商表示可以满足需求。该公司进行调查之后，汇总出 5 家供应商的资料，如表 6.2 所示。该公司明确了选择供应商的 6 个评价指标，并确定了权重指数，分别为价格（50%）、质量保障期（20%）、供货期（15%）、付款期限（8%）、运输（5%）和包装（2%）。请帮助该公司选择合适的供应商。

表 6.2　5 家供应商的资料

供应商	价格（50%）	质量保障期（20%）	供货期（15%）	付款期限（8%）	运输（5%）	包装（2%）
A	8000 元	3 个月	现货	90 天	出厂，价格另加 5%	无包装
B	9500 元	2 年	2 个月	60 天	到厂	单件包装
C	8700 元	6 个月	现货	90 天	出厂（同城）	有托架，无包装
D	9000 元	1 年	1 个月	30 天	出厂，价格另加 3%	纸箱包装，3 个/箱
E	9250 元	1 年	3 个月	30 天	到厂	包装加托架，5 个/箱

在本实例中，核心环节是确定适当的分析评价方法。按照线性权重法的基本思路，我们先对照 6 个评价指标对每家供应商进行评分，然后运用线性权重法选择合适的供应商。5 家供应商的评分情况如表 6.3 所示。

表 6.3　5 家供应商的评分情况

供应商	价格（50%）	质量保障期（20%）	供货期（15%）	付款期限（8%）	运输（5%）	包装（2%）	总分
A	50	5	15	8	3	1	81
B	30	20	10	6	5	2	71
C	45	10	15	8	5	1	83
D	40	15	13	4	3	2	75
E	35	15	5	4	5	2	64

确定供应商选择方案：根据 5 家供应商的评分情况，我们可确定供应商 C 为主要供应商；又因为 A 与 C 的得分较为接近，A 可作为次要供应商。

提示：表 6.4 中的评分情况仅供参考，评分标准并不是唯一的，因此供应商选择结果也不是唯一的。

② 层次分析法。层次分析法（Analytic Hierarchy Process，AHP）是美国匹兹堡大学运筹学教授萨蒂（Saaty）于 20 世纪 80 年代提出的一种定性与定量分析相结合的多因素决策分析方法。这种方法将决策者定性的经验判断数量化和结构化，在备选方案结构复杂且缺乏必要数据的情况下使用更为方便，因而在实践中得到广泛应用。层次分析法的基本思路与人们

分析、判断一个复杂的决策问题的过程大体上是一样的。该方法在供应商选择领域也得到了广泛的应用，它克服了综合评分法难以给出准确的判断结果的困难，非常便于确定指标的相对权重。

随着信息技术的发展，越来越多的分析评价方法，特别是大数据及人工智能相关的方法也被广泛地运用于供应商选择的过程中。

4．供应商合作关系的类型

根据供应商评价的结果，按供应商的重要程度，企业可以将供应商分为伙伴型供应商、优先型供应商、商业型供应商和重点型供应商，如图 6.4 所示。

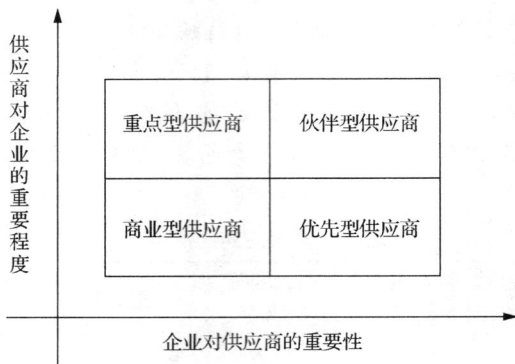

图 6.4　根据重要程度对供应商进行分类

（1）伙伴型供应商。供应商自身有很强的产品开发能力，交易业务对双方都很重要。企业可以考虑与供应商建立长远合作的战略合作伙伴关系，双方共享信息与知识，共同降低成本，持续改进质量，以实现共同发展。

（2）优先型供应商。交易业务对企业不太重要，对供应商十分重要。企业可以考虑从供应商处获得批量折扣，使供应商按照企业设计要求进行生产。

（3）商业型供应商。供需双方基于短期合作建立业务关系，交易业务对双方的重要性较低，双方按照市场价格交易，供应商按照交货订单供货。

（4）重点型供应商。交易业务对供应商不太重要，对企业十分重要。对于这一类型的供应商，企业应以确保供应和质量标准为目标，从战术上保证供应稳定。

素养小课堂

关键词：职业素养；廉洁自律；奉公守法

采购是每个企业正常运转不可或缺的业务活动，然而在企业实际的采购过程中，"痛点"层出不穷。比如，由于缺乏必要的监督，采购成为腐败温床。由于采购、招标涉及企业经营的敏感信息，采购工作大多不适合对外公开，再加上缺乏有效监督机制，采购领域容易产生暗箱操作和腐败行为。另外，供应商"暗箱操作"，增加企业成本。传统采购模式中，产品价格虚高已成为普遍现象，导致企业采购成本居高不下；更为恶劣的是，有些不良供应商会提供次品或降低服务标准。采购工作人员必须遵守国家及企业颁布的各项政策、法规的有关规定。采购工作人员要廉洁自律，奉公守法，切实维护企业及供应商的合法权益。

6.3　仓储管理

❋ 6.3.1　仓储及仓储管理概述

1. 仓储的概念与功能

"仓"即仓库，为存放、保管、储存产品的建筑物和场地的总称，可以是房屋建筑、洞穴、大型容器或特定的场地等，具有存放和保护产品的功能；"储"即储存、储备，表示收存以备使用，具有收存、保管的意思。仓储是指通过仓库对产品进行储存与保管。仓储集中反映了工厂的物资活动状况，是连接生产、供应、销售的桥梁，对促进生产、提高效率起到重要的辅助作用。

仓储的功能有很多，其基本功能包括保管保养、产品集散、库存控制、加工和配送等，此外仓储有以下重要功能。

（1）仓储是整个物流和供应链的控制中心，可以有效管理和减少库存、控制库存成本。

（2）物流和供应链的调节功能主要来自仓储，供应链的反应速度和效率与仓储有密切的联系。

（3）仓储是一个增值的服务中心，是物流和供应链中非常重要的部分。

（4）仓储是物流设备和技术的应用点，要想提高仓储的效率，企业需要有先进的技术和设备。

2. 仓储增值服务

在仓库的多种作业中，除了常见的基本操作，现代仓库越来越多地为客户提供高度定制化的服务，以创造更大价值，这样的服务被称为仓储增值服务。仓储增值服务是物流增值服务的一部分。物流增值服务是指在完成物流基础任务后，根据客户需要提供的各种延伸业务活动，为客户提供的其他服务性项目。物流增值服务主要包括：增加便利性的服务，加快反应速度的服务，降低成本的服务和延伸服务。包装、配送、储存、流通加工等都属于仓储增值服务的范畴。这些物流增值服务的实现大多是在仓储这个重要的物流节点完成的。

实例 6-4　气调储藏提高水果附加值

企业利用仓库可以完成多种工作，如包装、贴标签，甚至轻度制造也能在仓库中完成，这样能够延迟最终的产品配置。例如，蔬菜在加工厂中进行加工并装罐，但是铁罐上不贴标签。这种未贴标签的库存产品并不直接提交给指定的客户，而是在接到某个客户的订单以后，仓库才开始贴标签并进行最终的包装。戴尔计算机的个性化定制也使用了延迟制造策略。

延迟产品配置带来两个方面的经济收益。一方面是能够降低风险，因为定制化的包装是根据客户的实际订单执行的，并非是对客户订单的预测。另一方面是能够减少总库存，虽然仓库中储存的是基础产品，但是仓库能根据不同客户的要求提供贴标签和包装服务。尽管在仓库中进行包装的单位成本要高于直接在生产中进行包装的单位成本，但是降低风险和减少总库存所带来的经济效益抵消了其中的一部分成本。

3．仓储管理

仓储管理（Warehousing Management）是指对仓库和仓库中储存的产品进行管理，包含仓储设施布局和设计，以及仓储作业过程中进行的计划、组织、协调与控制。仓储管理是对物流过程中产品的储存以及由此带来的产品包装、分拣、整理等活动进行管理。仓储管理包含以下基本内容。

（1）仓库的选址与建筑问题。例如，仓库的选址原则，仓库建筑面积的确定，仓库内运输道路与作业区域的布置等。

（2）仓库机械作业的选择与配置问题。例如，如何根据仓库作业特点和所储存物资的种类及其理化特性选择机械装备并明确应配备机械装备的数量，如何对这些机械装备进行管理和维护等。

（3）仓库的业务管理问题。例如，如何组织物资出入库，如何对在库物资进行储存与养护，以及如何根据客户的订单或指令拣货、补货、出库配送等。

（4）仓库的库存管理问题。仓库的库存管理应根据企业、市场的需求状况，采用合理的采购和库存控制方法，储存恰当数量的产品，这样既不会因为储存过少引起生产和市场的中断而造成缺货损失，又不会因为储存过多而占用流动资金等。

其他仓库业务的考核问题，如仓储安全与消防问题，以及新技术、新方法的运用问题等，都是现代仓储管理涉及的内容。在仓储管理的各项内容中，企业需要始终遵循以下原则。

（1）效率原则。效率是指投入一定量的劳动要素时，产品产出量的高低。只有较少的劳动要素投入和较高的产品产出量才能实现高效率。高效率就意味着劳动产出大，劳动要素利用率高。高效率是现代生产的基本要求。

仓储管理的效率可以用仓容利用率、产品周转率、进出库时间、装卸车时间等指标进行衡量。高效率的仓储管理表现出"快进、快出、多存储、保管好"等特征。

（2）效益原则。企业生产经营的目的是追求最大化的利润，这是经济学的基本假设条件，也是社会现实的反映。利润是经济效益的表现。

（3）服务原则。仓储活动本身就是向社会提供服务产品。服务是贯穿于仓储管理的一条主线，仓储的定位、仓储作业、对仓储产品的控制等都是围绕服务进行的。

仓储服务水平与仓储经营成本有着"背反"的关系。服务好，成本高，收费也高。仓储管理就是要在降低成本和提高服务水平之间保持平衡。

✳ 6.3.2 仓储管理作业流程

仓储管理作业流程是指货品在仓库存储过程中必须经过的、按照一定顺序相互连接的作业环节。由于仓储运营的模式不同、作业对象的属性不同，不同仓储管理的作业流程和环节也不尽相同，但基本的作业流程可以统一成入库、保管养护、出库3个阶段。

仓储管理作业流程中，既有对货品进行实际处理所发生的物流，又有伴随着入库、保管养护、出库等作业阶段和环节所形成的信息流，物流和信息流相互统一，形成了完整的仓储管理作业流程。

实例 6-5　恒立公司出入库管理制度

1．入库作业

入库作业是指仓储部门按照存货方的要求合理组织人力、物力等资源，按照入库作业程序，履行入库作业各环节的职责，及时完成产品入库任务的工作过程。入库作业包括入库准备、入库接运、验收和办理入库手续等主要的环节。

入库准备包括以下几个方面。

（1）人员准备。仓储部门根据到货时间和数量，安排好接运、卸货、验收和搬运产品的相关作业人员，保证产品到库后，人员及时到位。

（2）货位准备。仓储部门根据预计到库产品的品种、特性、数量、质量等信息，结合产品分区分类管理的要求，计算出所需仓容大小，预先确定产品的储存位置；根据货位使用的原则，确定苫垫方案、堆垛方法。

（3）设备及工具准备。仓储部门根据预计到库产品的理化特性及包装、单位质量、单位体积、到货数量等信息，确定检验、计量、卸货与搬运的方式，准备好相应的苫垫材料、检验设施、卸货及搬运工具与设备，并安排好卸货站台。科学合理地制定装卸搬运方案和检测方法，能够保证入库作业的效率。

（4）文件准备。仓库管理员应准备好产品入库所需要的各种报表、单证、记录簿等相关文件，并在产品验收结束后整理好入库记录、检验单据、料卡、残损单等，以备使用。

入库接运指仓储部门与货主企业或托运企业办理所运产品的交接手续，为产品入库检验做准备。入库接运的主要形式有以下几种。

（1）车站码头、货主企业、托运企业、铁路专用线提货。其中，车站码头提货，是指由外地托运企业委托铁路、水运、民航等运输部门或邮局带运，或者产品经由物流运输企业到达本埠车站、码头、民航站、邮局后，仓储部门依据货运通知单派车提运产品的作业活动。此外，在接受货主企业的委托，需要完成提货、末端进货活动的情况下，也会发生车站码头提货的作业活动。

铁路专用线提货是指仓储部门备有铁路专用线，采用大批整车或零担到货接运的形式。一般铁路专线都与公路干线联合。在这种联合运输的形式下，铁路承担主干线长距离运输，汽车承担直线部分的面向收货方的短距离运输。

（2）仓库内接货。仓库内接货是指供货商或者其委托人将产品直接送达仓库的一种供货形式。当产品到达后，仓库保管员或验收员直接与送货人办理接收工作，当面验收并办理交接手续。

产品进入仓库储存前，还必须经过验收环节，只有经过验收的产品，方可入库保管。产品入库验收的主要目的在于把好入库质量关，防止劣质产品流入流通领域，划清仓库与生产部门、运输部门及供销部门的责任界线，也为产品在库管理提供一手资料。

验收环节的产品检验标准和方法应根据仓储合同的约定，没有约定的，按照产品的特性和仓储管理的经验来确定，也可以参考国家标准、行业标准。这里介绍产品的外观质量检验和内在质量检验。

（1）外观质量检验，包括包装检验，重量、尺寸检验，标签、标志检验，气味、颜色、手感检验，打开外包装检验等。

（2）内在质量检验，即对产品的内容进行检验，检查产品的质量、规格和等级是否与标准符合；对于技术性强、需要用仪器测定分析的产品，须由专业技术检验企业或专职技术人员进行检验，包括对物理结构、化学成分、使用功能等进行鉴定。

验收环节可能会出现诸如证件不齐、数量短缺、质量不符合要求等问题，仓储部门应区别不同情况，及时处理。凡在验收中发现问题等待进一步处理的产品，应该单独存放、妥善保管，防止混杂、丢失、损坏。验收检验单如表 6.4 所示。

表 6.4　验收检验单

供货商			订单号		验收员	
运单号			验收日期			
运货日期		到货日期	复核员		日期	
序号	产品名称	规格型号	产品编码	包装企业	应收数量	实收数量	备注

产品验收合格后，须办理入库手续，接收相关文件，对入库产品进行交接和登记，并签署入库单证。

（1）登账。主要登记内容包括：产品名称、规格、数量、件数、累计数或结存数、存货人或提货人、批次、金额等，同时注明货位号、运输工具、接（发）货经办人。

（2）立卡。产品入库后，仓库保管员应该将各种产品的名称、数量、规格、质量状况等信息编制成一张卡片（产品的保管卡片），并将卡片插放在货架的支架上或货堆的显著位置。这个过程即为立卡。在运用现代仓储管理系统（Warehouse Management System，WMS）的企业中，这个过程由系统辅助完成，以实现产品、货位的对应。

（3）建档。仓库应为所接收的产品建立存货档案，以便进行产品管理，也为将来可能发生的争议保留凭据，同时有助于收集出入库数据，方便进行统计报表的制作和总结仓储管理作业过程中的经验和问题。

存档应按照供应商、客户等相关属性，一货一档设置，将产品入库、保管、交付的相应单证、报表、记录等的原件或者附件、复制件存档。存档的内容包括以下几个方面：技术资料，包括产品的各类合格证、装箱单、质量标准、送货单、发运清单等；运输资料，包括产品的运输单据、产品明细、货运记录、残损记录、装箱图等；入库资料，包括入库通知单、验收记录、磅码单、技术检验报告等。

2．在库管理

产品入库以后，在库管理非常重要，这是仓储管理工作的核心。在库管理最基本的要求是采用科学的管理办法，使在库产品在储存期间的品质、数量不发生变化。在库管理的基本作业环节包括苫垫工作、保管养护、盘点作业等工作。

（1）苫垫工作。产品的苫垫工作包括苫盖和垫垛。苫盖是指采用专用苫盖材料对货垛进行遮盖，以减少自然环境中的阳光、雨、雪、风、露、霜、尘、潮气等对产品的侵蚀和损害，并尽可能减少产品由于自身理化特性所造成的损耗，保护产品在储存期间的质量。垫垛是指在产品码垛前，在预定的货位地面位置，使用衬垫材料进行铺垫以保护产品。常见的衬垫物有废钢轨、钢板、枕木、木板、水泥墩、垫石、货板架、油毡、帆布、芦席、塑料薄膜等。

苫盖的要求：顶面必须倾斜，苫盖物不能拖到地面，苫盖物的下端应离开地面 1 厘米以上，苫盖物必须捆扎牢固。

（2）保管养护。保管养护是指产品在储存过程中进行的保养和维护。从广义上说，产品从离开生产领域到进入消费领域之前的这段时间的保养与维护工作，都称为产品保管养护。产品保管养护的目的包括：研究产品在储存过程中受内外因素的影响，质量发生变化的规律；研究安全储存产品的科学方法，以保证产品的质量，避免和减少损失。常见的影响库存产

实例 6-6　巧克力的保管养护措施

品质量的因素有霉变、虫蛀、锈蚀、老化等。密封、通风、吸湿等温湿度控制措施是保持产品质量的重要方法。

（3）盘点作业。盘点是指定期或临时对库存产品的实际数量进行清查、清点的作业，即为了掌握产品的流动情况（入库、在库、出库的流动状况），仓库保管员对仓库现有产品的实际数量与保管账上记录的数量进行核对，检查产品有无残缺，以便准确掌握产品保管数量，进而核对金额。盘点是保证储存产品达到账、物、卡相符的重要措施之一。只有使库存产品保持数量准确和质量完好，仓储部门才能更有效地为生产、流通提供可靠的供货保证。盘点作业的基本步骤如图6.5所示。

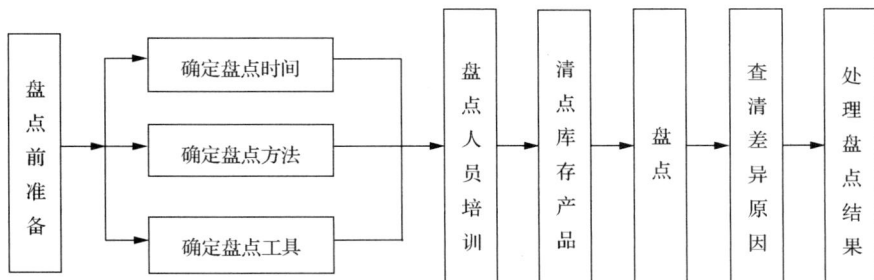

图6.5　盘点作业的基本步骤

3．出库作业

产品出库业务流程包括出库订单处理、拣货和补货、复核与包装、点交、清理跟踪等，如图6.6所示。

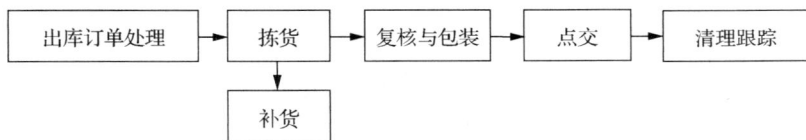

图6.6　产品出库业务流程

（1）出库订单处理

从接到客户出库订单到着手准备拣货之间的作业阶段，称为出库订单处理。出库订单处理工作主要包括：审核出库凭证的合法性和真实性；核对产品的名称、型号、规格、单价、数量，以及收货企业、送货地址、交付日期等信息；了解订单中的附加条款和要求。如果有疑问的部分，就要和客户进行再次确认。有些企业还会在出库时对库存进行预分配。

（2）拣货和补货

企业根据审核过的客户出库订单选择合适的拣货策略，产生拣货单并据此分配库存、确定拣货目标货位；根据拣货单的指令要求，完成拣货作业，备好客户所需产品。在拣货过程中，如果发现拣货货位库存不足，还要及时安排进行库内移库补货作业，确保拣货货位库存足够，避免拣货过程中断。

（3）复核与包装

为防止出现差错，备料后应立即进行复核。出库的复核形式主要有专职复核、交叉复核和环环复核3种。除此之外，在出库作业的各个环节上，都贯穿着复核工作。例如，理货员核对订单和产品，守护员（门卫）凭票放行，账务员（保管会计）核对账单（票）等。这些分散的复核形式起到分头把关的作用，有助于提高仓库出库作业的工作质量。复核的主要内容是确定订单和产品相符，相关品种数量准确，产品状态良好，配套齐全，技术证件齐备，外观质量良好，包装完好等。

出库产品如果没有符合运输方式所要求的包装，则应在出库前进行包装。企业应根据产品外形特点选用适宜的包装材料，包装应便于装卸和搬运。出库产品的包装要求干燥、牢固。如果包装破损、潮湿、捆扎松散，则不能保障产品在运输途中的安全，应进行加固整理，做到破包产品不出库。此外，各类包装容器，若外包装上有水湿、油迹、污损等，均不许出库。此外，严禁将互相影响或性能互相抵触的产品混合包装。包装后要写明收货企业、到站地址、发货号、本批总件数、发货企业等，有些企业还会单独附上装箱清单。

（4）点交

客户的产品备货完成并复核好后，首先要根据实际备货情况打印出库清单，出库清单上的产品数量应该是拣选出的实际数量。然后需要和提货人员及企业内部负责发货配送的部门进行交接，完成发货交接工作。客户自提产品的，一般在仓库月台完成发货交接。送货上门的，则要和负责运输的人员进行交接，当面清点产品。交清后，提货人员和保管员双方都应在出库清单上如实填写实发数量、发货日期等内容并盖章，然后将出库清单连同有关证件资料及时交给客户，以使客户办理货款结算。保管员把留存的一联出库凭证交给实物明细账登记人员做账，将相关信息登记到手工账本或仓储管理系统中。如果有备货不足的情况，由客服部门和客户进行协商处理。

（5）清理跟踪

清理包括清理库存产品、库房、场地、设备和工具等，还要完成信息处理，对收发、保养、盈亏数量和垛位安排等情况进行确认，将相关信息登记到手工账本或仓储管理系统中。在整个产品出库作业流程中，复核和点交是两个防止出现差错的关键环节。复核是防止出现差错的重要和必不可少的措施，点交则是划清仓库和提货方双方责任的必要手段。当产品交付完成后，仓库管理人员一般还会跟踪交付情况，如果收到客户签收的回单，相关信息也要登记入账，表示整个出库作业的完成。

实例 6-7　出库审核失误带来的损失

❋ 6.3.3　仓储合理化

1．仓储合理化的标志

仓储合理化就是用最经济的办法实现仓储的功能。合理储存的实质是在保证储存功能实现的前提下尽量减少投入。

（1）质量标志。保证产品的质量是实现储存功能的根本要求。所以，仓储合理化的主要标志中，应把反映使用价值的质量放在首位。

（2）数量标志。在保证储存功能实现的前提下寻求一个合理的仓储数量范围。

（3）时间标志。在保证储存功能实现的前提下寻求一个合理的仓储时间，该标志和仓储数量有关，仓储量越大，则消耗速率越慢。

（4）结构标志。结构标志是从产品不同品种、不同规格、不同花色的仓储数量的比例关系中对仓储合理性进行判断；尤其是相关性很强的各种产品之间的比例关系，更能反映仓储合理性。

（5）分布标志。分布标志指不同地区仓储的数量比例关系，据此可以判断当地需求比，以及对需求的保障程度，也可以以此判断对整个物流的影响。

（6）费用标志。考虑仓租费、维护费、保管费、损失费、资金占用利息支出等，这样才能从实际费用上判断仓储合理性。

2．仓储合理化的措施

（1）实行ABC分类控制法。ABC分类控制法是指将库存产品按重要程度细分为特别重要的库存（A类产品）、一般重要的库存（B类产品）和不重要的库存（C类产品）3个等级，针对不同等级的产品分别采取不同的管理和控制的方法。

（2）适度集中库存。适度集中库存是指利用储存规模优势，以适度集中储存代替分散的小规模储存，以实现仓储合理化。

（3）加速总周转。储存现代化的重要课题是将静态储存变为动态储存，享受周转速度加快带来的一系列好处，如资金周转快、资本效益高、货损小、仓库吞吐能力增加、成本下降等。

（4）采用有效的"先进先出"方式。要保证每件产品的储存期不致过长，"先进先出"是一种有效的方式，它也是仓储管理的准则之一。有效的"先进先出"方式主要有贯通式货架系统储存、"双仓法"储存、计算机存取系统储存等。

（5）提高仓容利用率。采取高垛的方法缩小库内通道宽度以增加储存的有效面积，以及通过减少库内通道数量以增加储存的有效面积等措施，可以有效提高仓容利用率。

（6）采用有效的储存定位系统。储存定位是指产品位置的确定。有效的储存定位系统，能大大节约寻找、存放、取出产品的时间，节约物化劳动及活劳动，而且能防止出现差错，便于产品清点。

（7）借助先进的信息技术实现仓储管理最优化。条形码技术的应用较好地解决了数据录入和采集中的瓶颈问题，为供应链上下游信息流的管理和电子商务交易提供了保证。除此之外，视觉识别技术、虚拟现实技术、大数据技术及物联网技术等在仓储管理领域的广泛运用也极大地提高了仓储合理化程度。

✱ 6.3.4 电子商务环境下的仓储作业

信息化是电子商务环境下仓储管理的基础。电子商务弥补了传统供应链的不足，使供应链不再局限于企业内部，而是延伸到供应商和客户，甚至延伸到供应商的供应商和客户的客户，建立起一种跨企业的协作，覆盖了产品设计、需求预测、外协和外购制造、分销、储运和客户服务等的全过程。储存保管作业的高效率成为供应链企业间双赢的基础。

电子商务对仓储管理技术提出了变革的要求，企业需要按照流通管理的信息化要求进行储存保管操作与管理，具体内容包括充分利用互联网、无线通信等现代信息技术，对储存保管实行统一管理，建立快速的、以信息技术为基础的专门服务于电子商务的储存保管服务系统。

实例6-8　亚马逊智能入库管理技术

1．电子商务环境下的入库作业

现代化的产品流通要求快速、准确。电子商务环境下的入库作业由于采用了先进的控制手段和作业机械，采用最快的速度、最短的距离送取产品，使产品入库的时间大大缩短。同时，仓库作业准确率高，仓库与供货企业、客户能够有机地协调，这有利于缩短产品流通时间。电子商务环境下的入库管理模块支持采用条形码、射频等先进的物流技术，对入库的产品进行联机登录、存量检索、容积计算、仓位分配、损

毁登记、简单加工、盘点报告和自动仓租计算等仓储信息管理，并定期生成业务完成情况质量统计表。

2．电子商务环境下的在库作业

当企业把产品交给电商仓库时，仓库内对应的负责人需要仔细核对，检查产品的数量和质量，把信息录入仓储管理系统，快速准确地将产品进行上架处理。良好的仓储管理能够提高工作效率和发货准确率，这对于仓储企业来说无疑是非常重要的。当电商仓库库存不足，或者即将迎来电商大促等节日活动时，企业和仓储企业要提前做好补货工作，通过仓储管理系统对仓库内产品的库存进行实时监控，避免缺货，并更加准确地发布补货任务。仓储管理系统通过与客户连接，可以获取客户收到的订单信息。

3．电子商务环境下的出库作业

一般来说，电子商务环境下的出库作业程序如下。

（1）出库操作员根据客户的要求将出库清单上的信息（品种、数量或重量等）录入出库终端，并自动传送给主管理计算机。主管理计算机根据收到的出库清单信息，进行库存查询，并按先进先出、各巷道均匀出库和巷道内就近出库等原则选择出库的货载单元、货位地址及相应的出货台，形成出库命令。

实例 6-9　亚马逊仓储的精准定位、智能分仓和智能调拨等技术

（2）现场计算机根据当前出库作业的情况，对出库命令及其他作业命令（如入库、空盘操作等）进行作业的优化调度，编制出库指令，安排各巷道的作业程序，并将其传输到数据终端。

（3）作业人员按照数据终端的提示到达指定库位，从库位上取出指定数量的产品，改写库位标签内容。作业人员将产品运送到出口处，取下产品标签，等待进行下一个作业。出库完成后，向现场计算机发送完成出库作业信息，更新中心数据库，将收到的完成信息进行销账处理，实现"动态账本"功能。

思考与练习

第7章 电子商务物流库存管理

学习目标

➢ 了解库存的定义、功能和分类。

➢ 掌握库存管理的常用方法。

➢ 掌握供应商管理库存的概念和实施方法。

➢ 掌握联合库存管理的思想和实施方法。

➢ 熟悉协同式供应链库存管理的概念、特点及其运作。

物流库存管理是构成电子商务物流系统的重要组成要素，承担着保证电子商务交付的及时性、准确性的重要任务，同时也是电子商务供应链上降低成本、保证服务质量、提高产出效率的重要环节。本章分析了库存的基本概念，重点介绍了几种典型的库存管理方法，并对供应商管理库存、联合库存管理、协同式供应链库存管理进行了阐述。

7.1 库存概述

开篇案例

李宁体育用品有限公司库存管理案例分析

❋ 7.1.1 库存的定义

在企业生产经营的过程中，库存（Inventory）是价值链的重要环节，它在价值增值过程中承担着重要职能。库存有狭义和广义两种含义。狭义的库存仅指在仓库中处于暂时停滞状态的物资。广义的库存包括用于将来目的、处于暂时闲置状态的资源。因此需要明确两点：一是资源停滞的位置可以是在仓库里、生产线上或车间里，也可以是在非仓库中的任何位置，如汽车站、火车站、机场、码头等类型的流通节点上，甚至可以是在运输途中；二是资源的闲置状态可能由任何原因引起，而不一定是某种特殊的停滞。资源闲置的原因包括主动的各种形态的储备、被动的各种形态的超储以及完全的积压。

企业要用库存平衡供需，降低总成本。而要保有库存，就会对仓储、装卸搬运产生需求，进而产生库存成本。库存管理的问题一方面是由于库存占用企业大量资金，增加了企业的产品成本与管理成本；另一方面是由于库存的积压可能掩盖众多的管理问题，这就从一个方面印证了"物流冰山"学说。

实例 7-1　致命的服装库存

❋ 7.1.2 库存的功能

"库存是一把双刃剑"，也就是说，库存的存在有利有弊。库存的作用主要是能有效地缓解供需矛盾，尽可能均匀地保持生产。那么，企业为什么要持有库存？企业持有库存的原因主要表现在企业对资源的平衡利用上。

1. 客户资源平衡

为了保护企业避免遭受无法预测的客户需求的变化，防止因产品短缺而遭受损失，企业必须持有一定的库存。但客户需求总是难以预测的，并且由于产品生命周期的不断缩短及市场上不断出现新的竞争性产品，客户需求的不确定性进一步增加了。持有一定的库存有利于调节供需之间的不平衡，防范由于不稳定的物流引起的人员与设备的停工，保证企业按时或快速交货，能够避免或减少由于库存缺货或供货延迟带来的损失，对于企业改善客户服务质量具有重要作用。如果没有库存，企业的生产就必须直接响应客户需求，才能不影响客户服务水平。

2. 生产资源平衡

在许多情况下，供应的数量和质量、供应商的成本及交货时间均存在很大的不确定性，而库存具有保持生产过程连续性、分摊订货费用、快速满足客户需求的作用，有助于协调具有不同生产速率的生产制造环节，协调生产资源在时间和空间上的衔接。批量库存不仅降低了企业生产调整的频率，而且提高了机器设备的利用率。库存有利于企业提供良好的客户服务，通过保持生产速率以合理规模安排生产，从而保持企业的竞争力。

3. 运输资源平衡

运输企业提供的规模经济鼓励企业运输大量产品，因而企业能持有大量库存。实际上，许多承运人通过向托运人提供各种折扣来鼓励大量运输。

总之，库存的产生有多方面的原因，既有企业主动保留库存，以缩短交货期、缓解季节性生产的压力等，又有供应商原材料供应的不确定性、市场营销中的不确定因素等造成的外部原因。库存对于企业来说，有"蓄水池"的作用，同时，企业也需要为高库存所带来的资金压力承担风险。表 7.1 所示为库存的优缺点。

表 7.1　库存的优缺点

库存的优点	库存的缺点
① 获得大批量购买的价格折扣	① 占用企业大量资金
② 有助于应对涨价、政策的改变及延迟交货等情况	② 增加了企业的产品成本与管理成本
③ 大批量运输可以降低运输成本	③ 掩盖了企业众多的管理问题，如计划不周、采购不力、生产不平衡、产品质量不稳定及市场销售不力等
④ 避免由于紧急情况而发生停产	
⑤ 提高客户服务水平	
……	……

✳ 7.1.3　库存的分类

由于考虑问题的角度不同，因此产生了不同的库存分类方法，库存的分类方法如下。

1．根据资源需求的重复程度划分

（1）单周期需求库存。单周期需求也叫一次性订货，这种需求的特征是偶发性的，产品生命周期短，因而很少重复订货。例如报纸，几乎没有人会订过期的报纸；再如中秋节的月饼，很少有人会在农历八月十六日预订月饼，这些都是单周期需求。

（2）多周期需求库存。多周期需求是指在长时间内需求反复发生，库存需要不断补充。在实际生活中，这种需求现象较为多见。多周期需求又分为独立需求与相关需求两种。

独立需求是指需求变化独立于人们的主观控制能力之外，因而其数量与出现的频率是随机的、不确定的、模糊的。而相关需求是指需求数量和需求时间与其他的变量存在一定的相互关系，可以通过一定的数学关系推算得出。对于一个相对独立的企业而言，其产品是独立的需求变量，因为需求数量与需求时间对于企业管理者而言，一般是无法预先精准确定的，只能通过一定的预测方法得出，而生产过程中的在制品及需要的原材料，则可以通过产品的结构关系和一定的生产比例关系准确确定。

2．根据功能划分

（1）安全库存。它是指为了应付需求、生产周期或供应周期等可能发生的意外变化而设置的一定量的库存。它是企业不能准确预测销售数量、生产数量和时机而持有的库存。企业可以通过两种方法设置安全库存：其一，比正常订货时间提前一段时间订货，或者比交货期限提前一段时间完成生产；其二，每次的订货量大于到下次订货时间之前的预测需求量，多余的部分就是安全库存。安全库存的数量不仅受需求与供应的不确定性的影响，还受企业希望达到的客户服务水平的影响。

（2）调节库存。它是指为了调节供应或需求的不均衡、生产速率与供应速率的不均衡及各生产阶段的产出不均衡而设置的库存，如企业在淡季储备用来满足旺季销售需要的库存。

（3）周转库存。它是指由批量周期性形成的库存。企业要按照销售速率制造或采购产品往往是不可能的。在相邻两次订货之间即订货周期内，企业也需要持有一定库存以避免缺货。订货批量即每次订货的数量。订货批量越大，订货周期就越长，周转库存量就越大。

（4）在途库存。在途库存指正处在运输途中，以及停放在相邻两个工作地点之间或相邻两个组织之间的库存。这种库存不能为工厂或客户服务，它的存在只是因为运输需要时间。在途库存量取决于运输时间及该期间的平均需求。例如，处在公路运输中的产品在途中可能要经历 10 天，航空运输中的产品可能只要 3～4 小时。

（5）投机性库存。对于用量较大且价格易于波动的产品，如资源性产品（如煤炭、燃油等）或农牧产品（如谷类、豆类等），可以在低价时大量购进以实现成本节约，这类库存称为投机性库存。投机性库存实现的成本节约是投资该类库存所获得的回报。

❋ 7.1.4 库存结构

在电子商务背景下，客户购买和企业发货在时间、空间上都是异步进行的，从客户下订单到发货的过程中存在时间间隔。为了适应这种异步销售过程，在信息系统结构中，电子商务企业的库存结构一般分为以下几种。

（1）可销售库存。可销售库存（Sellable Inventory）是前台网站显示的库存。当"可销售库存>0"时，这一产品可供购买，前台网站会显示产品可销售；当"可销售库存< 0"时，前台网站则会显示产品缺货。缺货并不等于仓库中没有库存了，只是没有可销售库存。在京东、天猫等平台的前台网站上，客户在选择不同收货区域时，系统会根据各个分仓的库存数据显示是否有现货，以帮助客户购买，达到更好的客户体验。当可销售库存数量很少时，前台网站上会提示客户存货很少，请客户加紧购买，提高转化率。

（2）订单占用库存。当生成订单时，可销售库存数量减少，订单占用库存（Order Occupied Inventory）数量增多，变化的数量即订单中的产品数量，由此形成了客户订单占用库存。设立订单占用库存的原因在于，订单的生成和仓库的发货在时间上是异步的。这样做的优点在于保证已经生成订单的库存，这部分客户可以顺利收货；而且客户在下订单时，能够保证有产品可供发货。若不设立订单占用库存，则会产生客户在下订单后，发生无货可发的冲突情况。在进行订单处理时，处理对象只针对已经被订单所占用的库存，与前台网站的销售无关。订单出库后，系统中扣减的也只是订单所占用的库存。

（3）不可销售库存。产品由于破损无法销售时，系统中也必须显示相应的状态，即库存的系统记录需要与库存实物相对应，由此形成不可销售库存（Unsellable Inventory）。在实际操作中，产品无法进行正常销售的原因有很多，如包装破损、性能故障、型号标错等。系统也会将这部分的库存定义为不可销售状态。

不可销售库存在系统中的标注方法有两种。一种是使用不同的 SKU 编码进行区别，如某一正常产品的 SKU 编码是 12345，它所对应的不可销售库存的 SKU 编码则是 12345U。另一种是使用同一种 SKU，但是专门开辟一个不可销售库存区，对所有不可销售的库存进行统一管理。

（4）锁定库存。销售中经常会使用的一种促销方式是降价，这一促销方式的效果较好，可以在很短时间内将产品一售而空，使可销售库存直接转化为订单占用库存。但在一些情况下，销售方并不希望这么快就将所有的库存都售出。有的时候是因为所有库存全部降价促销的成本很高，有的时候是防止竞争对手的恶意采购，更多的情况则是希望将这一产品的降价促销作为引子，带动网站的流量和整体销售，这就需要将降价促销分批次进行。为达到上述目的，销售方会采用锁定库存（Locked Inventory）的方式。库存被锁定后就无法直接销售。降价促销进行一段时间后，可用库存为 0，则无法继续销售，必须在解除锁定后才能将其转化为可销售库存，继续进行销售。

7.1.5 库存成本

库存成本是整个库存过程中所发生的全部费用。库存成本的构成一般可分为以下 3 个部分。

1. 库存获得成本

库存获得成本是指企业为了得到库存而需承担的费用。抛开库存本身的价值，如果库存是企业直接通过购买获得的，则库存获得成本体现为订货成本，包括与供应商之间的通信联系费用、产品的运输费用等，订购或运输的次数越多，订货成本就越高。如果库存是企业自己生产的，则库存获得成本体现为生产准备成本，即企业为生产一批产品而进行的生产线改线的费用。

2. 库存持有成本

库存持有成本即为保有和管理库存而需承担的费用开支，具体可分为运行成本、机会成本和风险成本 3 个方面。

（1）运行成本主要包括仓储成本，自营型仓库体现为建造仓库的固定投资的摊销费用，外包型仓库则体现为仓库的租金。库存越高，仓储面积越大，仓储成本也越高。此外，运行成本还包括仓库中的设备投资成本和日常运作费用（水、电、人工等）。

（2）机会成本主要是库存占用的资金所能带来的机会成本。库存作为企业的资产，是通过占用企业的流动资金而获得的，而任何企业都有其一定的资金投资回报率，即库存占用的资金用于经营其他投资所能获得的平均收益。这一比例因行业的不同和企业的不同而有所不同，一般为 10%～16%。企业因为要持有一定的库存而丧失了流动资金所能带来的投资收益，即为库存的机会成本。有时企业通过借款获得库存，这时的机会成本还应包括借款的利息支出。

（3）风险成本，顾名思义是从风险的角度进行考虑的。首先是保险费用，为了减少库存的损失，大多数企业会为确保其库存的安全而购买保险，其费用就是库存的风险成本。同时，企业可能会因为库存的不合理存放而造成损耗或报废，如食品过期、存放过程中破损、产品滞销、失窃等，这些损失同样是库存的风险成本。

3. 库存缺货成本

库存缺货成本是指由于库存供应中断而造成的损失，包括原材料供应中断造成的停工损失、完工产品库存缺货造成的延迟发货损失、销售机会丧失带来的损失，以及企业采用紧急采购解决库存的中断而承担的紧急额外采购成本等。

7.1.6 库存控制

库存控制（Inventory Control），是对制造业或服务业生产、经营全过程的各种产品及其他资源进行管理和控制，使其储备保持在经济合理的水平上。库存控制是使用控制库存的方法，得到高盈利的商业手段。它是在满足客户服务要求的前提下，通过对企业的库存水平进行控制，力求尽可能降低库存水平、提高物流系统的效率，以提高企业的市场竞争力。

在物流总成本最小化、客户服务最优化两个目标之间找到最佳平衡点，从而为实现供应链绩效最大化做出贡献，是物流管理的最终目标。而库存控制的目标则是在物流管理目标的引导下，尽量减少库存空间占用、控制库存资金占用、加速资金周转、降低库存总成本，使库存水平始终保持在一个合理的水平之上。库存量过大会增加占用仓库面积和保管费用，既加重了贷款利息负担，又会影响资金的时间价值和机会效益，造成库存物资的有形消耗和无形消耗，而且还会掩盖企业经营的各种矛盾和问题。库存量过小则会造成服务水平下降，影响销售利润和企业信誉。

从物流系统的范畴来看，其内部所有物流节点的总库存成本最小化直接涉及库存控制水平的高低。要使整个物流系统内的库存控制在最低程度，"零库存"反映的就是这一目标的理想状态。在这种情况下，库存控制目标的达成有赖于企业能够对整个供应链的库存水平及库存变化实现最优控制。

7.2 库存管理方法*

7.2.1 ABC分类法

1．ABC分类法概述

（1）ABC分类法的提出

ABC分类法源自ABC曲线分析，ABC曲线又叫帕累托曲线。1879年，意大利经济学家帕累托在研究个人收入的分布状态时，发现少数人的收入占全部人收入的大部分，而多数人的收入却只占全部人收入的小部分。他将这一关系用图表示出来，就是著名的帕累托图。帕累托法的核心思想是在决定一个事物的众多因素中分清主次，识别出少数的但对事物起决定作用的关键因素和多数的但对事物影响较小的次要因素。后来，帕累托法被不断应用于管理的各个领域。1951年，管理学家戴克（Dickie）将其应用于库存管理，命名为ABC分类法。1951—1956年，约瑟夫·朱兰将ABC分类法引入质量管理，用于质量问题的分析，被称为排列图。1963年，彼得·德鲁克将这一方法进一步推广，使ABC分类法成为企业提高效益的普遍应用的管理方法。

（2）ABC分类法的含义

ABC分类法又称为帕累托分析法、主次因素分析法、ABC分析法、分类管理法等，是根据事物在技术或经济方面的主要特征进行分类排序，分清重点和非重点，从而有区别地确定管理方式的一种分析方法。在一个企业中，库存存货的种类通常有很多，一把抓的管理方法可能收效甚微，而且可能出现混乱，进而造成以下重大损失。

第一，盘点清查困难，难以确保准确性。特别是对于重要材料，如产品的关键部件，如果计数错误，就可能导致缺料，生产也就不可避免地受到影响，进而不能满足市场需求，以致错失市场机会，失去客户。

第二，存量控制困难。重要材料的存量应该重点监控，确保不断料、不积压，非重要材料由于其重要性不高且资金占用量小，则可以按一定的估计量备货。如果实行一把抓式的管理，就可能将工作重心放在非重要材料上，从而疏忽了对重要材料的控制。

ABC分类法可以解决以上问题。在库存中，总会有一些产品进出库频繁，有些产品价格高、资金占用金额大，而另一些产品存储期长或者价值低廉。如果对所有的产品都采用相同的管理方法，显然管理的难度和强度就会很大，而且不符合经济的原则，因此应采用有区别的、轻重缓急明确的管理方法。ABC分类法就是一种依据一定的原则对众多产品进行分类的方法。

2．库存控制中的 ABC 分类法

（1）ABC 分类法在库存控制中的应用

ABC 分类法在库存控制和优化中起着重要的作用。在库存管理中，企业可将库存产品按品种和占用资金的多少分为特别重要的库存（A 类）、一般重要的库存（B 类）和不重要的库存（C 类），然后针对不同等级分别进行管理与控制。其核心是"抓住重点、分清主次"。一般把单价高、资金占用金额大、品种少的产品归为 A 类；把单价低、资金占用金额小、品种多的产品归为 C 类；介于二者之间的产品归为 B 类。A 类产品是库存管理的重点对象。表 7.2 所示为 ABC 分类法标准参考表。

表 7.2 ABC 分类法标准参考表

类别	品种数占总体的百分比	资金占用金额占总金额的百分比
A	15%～20%	70%～80%
B	30%～40%	15%～20%
C	60%～70%	5%～10%

（2）ABC 分类法的一般步骤

以控制库存资金为原则的库存管理产品分类，根据不同的资金占用金额和产品品目类别实施不同的管理方法。ABC 分类法的一般步骤如图 7.1 所示。

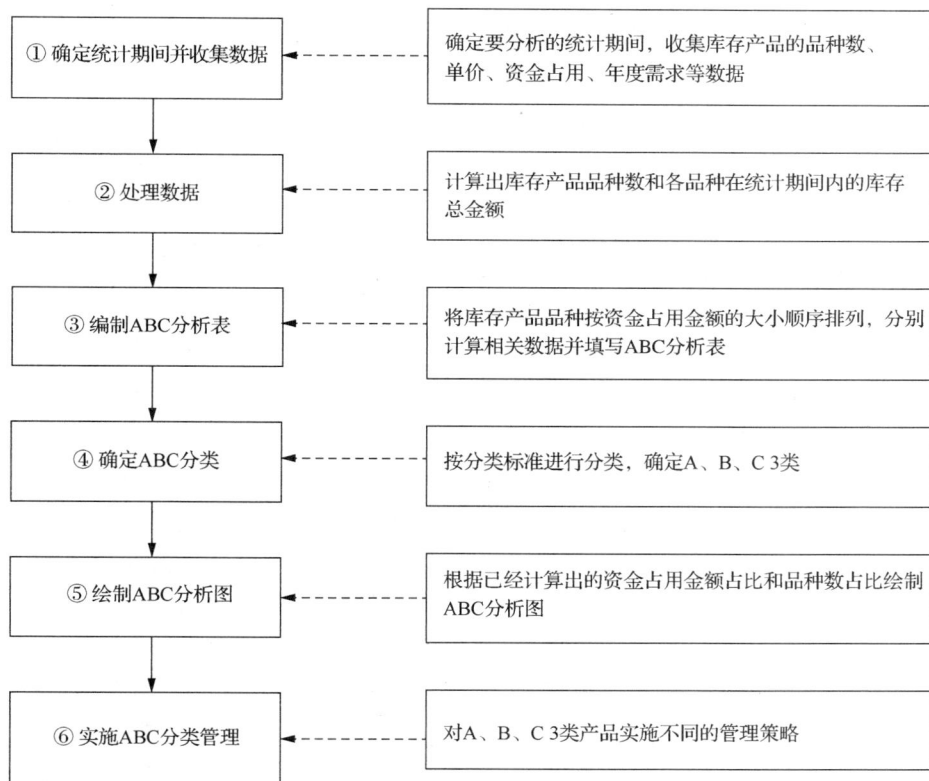

步骤	说明
① 确定统计期间并收集数据	确定要分析的统计期间，收集库存产品的品种数、单价、资金占用、年度需求等数据
② 处理数据	计算出库存产品品种数和各品种在统计期间内的库存总金额
③ 编制ABC分析表	将库存产品品种按资金占用金额的大小顺序排列，分别计算相关数据并填写ABC分析表
④ 确定ABC分类	按分类标准进行分类，确定A、B、C 3类
⑤ 绘制ABC分析图	根据已经计算出的资金占用金额占比和品种数占比绘制ABC分析图
⑥ 实施ABC分类管理	对A、B、C 3类产品实施不同的管理策略

图 7.1 ABC 分类法的一般步骤

① 确定统计期间并收集数据。确定用 ABC 分类法解决的管理问题，并收集相应特征的数据。以库存控制为例，需对库存物资的品种及使用金额或资金价值进行分析，确定要分析的统计期间，以周、月、季、半年、年为单位，并收集统计期间内各种物资的品种数、单价、

资金占用、年度需求等相关的数据。

② 处理数据。对收集的数据进行加工排序和计算，计算出库存物资品种数和各品种在统计期间内的库存总金额。

③ 编制 ABC 分析。将库存品种按资金占用金额从大到小排序，分别计算库存金额累计百分比和品种累计百分比，填写表 7.3 所示的 ABC 分析表。

表 7.3　ABC 分析表

产品品名	品种数	品种数占比	品种数累计占比	平均库存量/千克	平均资金占用金额/万元	资金占用金额占比	资金占用金额累计占比

④ 确定 ABC 分类。根据 ABC 分析表，观察品种数累计占比和资金占用金额累计占比，依据 ABC 分类标准，先将 A 类产品找出来，其次分析得出 B 类和 C 类产品。在不同的应用场景中，分类标准可以根据企业的实际情况发生变化。

⑤ 绘制 ABC 分析图。ABC 分析图以直方图或直角坐标图的形式表示。在直角坐标系中，一般以品种数累计占比为横坐标，资金占用金额累计占比为纵坐标，从 ABC 分析表中所列的对应关系绘制或应用 Excel 等工具直接生成 ABC 曲线。

⑥ 实施 ABC 分类管理。根据对 ABC 分析图的分析，对 A、B、C 这 3 类产品给出不同的库存管理策略。

3．A 类、B 类、C 类产品库存控制策略

对于 A、B、C 这 3 类产品，企业要合理配置管理资源，制定分类库存控制策略。一般来说，A 类产品品种少，但占用库存资金多，属于"重要的少数"，要重点管理；B 类产品则采用比 A 类产品简单的管理办法；C 类产品种类多，但占用库存资金少，属于"不重要的大多数"，可采取简单的管理策略。表 7.4 所示为 ABC 分类法库存控制策略。

表 7.4　ABC 分类法库存控制策略

类别	A	B	C
价值	高	中	低
管理重点	① 准确的需求预测和详细的采购计划； ② 严格的库存控制； ③ 严格的物流控制和后勤保障； ④ 应对突发事件的准备； ⑤ 供应商的合作	① 供应商的选择； ② 建立采购优势； ③ 目标价格管理； ④ 订购批量优化； ⑤ 最小库存； ⑥ 供应商的竞争与合作	① 产品的标准化； ② 订购批量优化； ③ 库存优化； ④ 业务效率； ⑤ 供应商的竞争与合作
订货量	少	较多	多
订货方式	定量订货	定期订货	按经验订货，可采用订货双堆法管理库存
检查方式	经常检查和盘存	一般检查和盘存	按年度或季度检查和盘存
记录	最准确、最完整	正常记录	简单记录
统计方法	详细统计，按品种、规格等细项进行统计	按大类进行统计	按金额进行统计
保险储备量	低	较高	允许较高

✳ 7.2.2 CVA 管理法

1．CVA 管理法的基本思想

CVA（Critical Value Analysis）管理法，又称关键因素分析法，是指在库存管理中引入关键因素分析，将库存品按照关键性分成 3～5 类，对不同类型的库存品采取不同的管理方式。

（1）最高优先级，指企业经营活动中的关键性产品，或 A 类重点客户需要的产品。这类产品在库存管理中不允许缺货。

（2）较高优先级，指企业经营活动中的基础性产品，或 B 类客户需要的产品。这类产品在库存管理中允许偶尔缺货。

（3）中等优先级，指企业经营活动中比较重要的产品，或 C 类客户需要的产品。这类产品在库存管理中允许在企业确定的服务水平范围内缺货。

（4）较低优先级，指企业经营活动中需要的、可替代性高的产品。这类产品在库存管理中允许缺货。

2．CVA 管理法的应用原则

（1）CVA 管理法的使用必须建立在企业对客户进行详细分类管理的基础上。

（2）在实际应用中，企业将 CVA 管理法与 ABC 分类法结合使用，可以起到分清主次、抓住关键环节的作用。

✳ 7.2.3 定量订货法

1．经济订货批量法

（1）经济订货批量的基本原理

经济订货批量（Economic Order Quantity，EOQ），是指通过平衡采购、进货成本和保管、仓储成本，以实现总库存成本最低的最佳订货量。经济订货批量是固定订货批量模型的一种，可以用来确定企业一次订货（外购或自制）的数量。当企业按照经济订货批量订货时，可实现订货成本和储存成本之和的最小化。

经济订货批量通过费用分析求得在总库存成本最低时的订购批量，用以解决独立需求产品的库存控制问题。与库存相关的成本主要包括库存持有成本、订货成本、缺货成本。

（2）经济订货批量的基本假设

① 产品需求量均衡、稳定。

② 年需求量为固定常数。

③ 价格固定。

④ 年度采购成本（指所采购产品的价值，等于"年需求量×价格"）为固定常数，且与订购批量无关。

（3）理想的经济订货批量

理想的经济订货批量指既不考虑缺货，也不考虑数量折扣、订货提前期等问题。年度总库存成本=年度采购成本+库存持有成本+订货成本。图 7.2 所示为经济订货批量模型。

$$TC = DP + \frac{DC}{Q} + \frac{QK}{2}$$

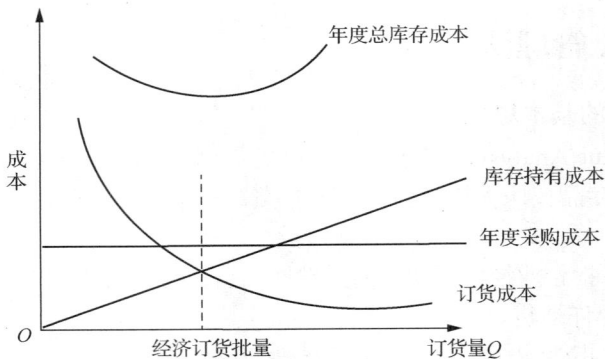

图 7.2 经济订货批量模型

要求合适的订货批量，使年度总库存成本最低，则需令 $\dfrac{\partial TC}{\partial Q}=0$ 并求解得

$$EOQ=\sqrt{\frac{2CD}{K}}=\sqrt{\frac{2CD}{PF}}$$

其中：

TC——年度总库存成本；

D——年需求量；

P——单位采购成本；

Q——每次订货批量；

C——每次订货费；

K——单件产品平均年库存保管费用；

F——年保管费率，为单件产品平均年库存保管费用与单件产品单位采购成本之比，即 $F=\dfrac{K}{P}$；

$Q/2$——年平均存储量；

EOQ——经济订货批量。

📖**实例 7-2　经济订货批量模型的运用**

某企业每年需要购买 8000 件儿童服装，每件服装的价格是 100 元，其年储存成本是 3 元/件，每次订货费为 30 元。问：经济订货批量、年订购次数、预期每次订货时间间隔、年度库存总费用各为多少？（每年按 360 天计算）

解： 已知 $D=8000$ 件，$C=30$ 元/次，$K=3$ 元/（件·年），$P=100$ 元/件，根据经济订货批量公式，则 $EOQ=\sqrt{\dfrac{2DC}{K}}=\sqrt{\dfrac{2\times8000\times30}{3}}=400$（件）

年订购次数 $n=\dfrac{D}{Q}=\dfrac{8000}{400}=20$（次）

订货时间间隔 $T=\dfrac{360}{20}=18$（天）

年度库存总费用 $TC=DP+\dfrac{DC}{Q}+\dfrac{QK}{2}=8000\times100+\dfrac{8000}{400}\times30+\dfrac{400\times3}{2}=801200$（元）

2．定量订货法的概念及基本原理

（1）定量订货法的概念

定量订货法是指当库存量下降到预定的最低库存量（订货点）时，按规定数量（一般以经济订货批量 EOQ 为标准）进行订货补充的一种库存控制方法。

（2）定量订货法的基本原理

预先确定一个订货点 Q_K 和订货批量 Q^*，在销售过程中随时检查库存，当库存下降到 Q_K 时，就发出一个订货批量 Q^*，一般取经济订货批量 EOQ。图 7.3 所示为定量订货法的库存变化过程。

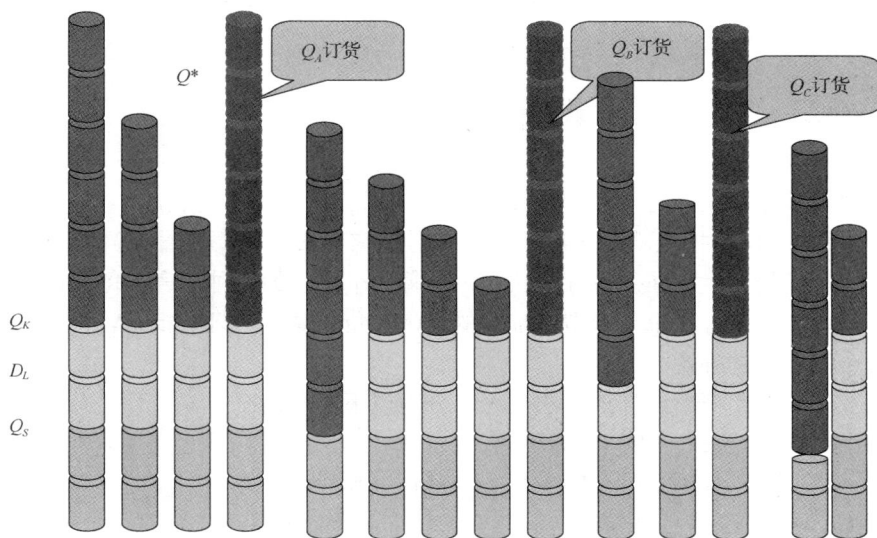

图 7.3　定量订货法的库存变化过程

从上述库存变化过程，我们可得出以下结论。

结论一：需求量和订货提前期可以是确定的，也可以是不确定的。

结论二：订货点 Q_K 包括安全库存量 Q_S 和订货提前期的平均需求量 D_L 两部分。在需求量和订货提前期都确定的情况下，不需要设置安全库存；在需求量和订货提前期都不确定的情况下，设置安全库存是非常必要的。

结论三：由于控制了订货点 Q_K 和订货批量 Q^*，因此整个系统的库存水平得到了控制，从而使库存成本得到了控制。

（3）定量订货法控制参数的确定

定量订货法的实施主要取决于订货点和订货批量这两个控制参数。

① 订货点。在定量订货法中，发出订货信息时，仓库里该品种保有的实际库存量叫作订货点，它是直接控制库存水平的关键。订货点的确定有以下两种情况。

第一种，在需求量和订货提前期都确定的情况下，不需要设置安全库存，可直接求出订货点。公式如下。

订货点=订货提前期的平均需求量

　　　　=每个订货提前期的需求量

　　　　=日平均需求量×订货提前期

　　　　=（全年需求量/360）×订货提前期

即：$Q_K = d \times L$

其中：

Q_K——订货点；

d——日平均需求量；

L——订货提前期。

第二种，在需求量和订货提前期都不确定的情况下，设置安全库存是非常必要的。公式如下：

订货点=订货提前期的平均需求量+安全库存量

= （订货提前期内的日平均需求量×订货提前期）+安全库存量

即：$Q_K = d \times L + Q_S$

其中：

d——订货提前期内的日平均需求量；

L——订货提前期。

Q_S——安全库存量

② 订货批量。订货批量就是一次订货的数量。它直接影响库存量的高低，同时也直接影响物资供应的满足程度。在定量订货法中，对每一个具体的品种而言，每次订货批量都是相同的，通常是以经济订货批量模型所确定的经济订货批量作为订货批量。

（4）安全库存量的确定

安全库存量需要用概率统计的方法求出，分为以下3种情况。

① 需求量发生变化，订货提前期不变。

安全库存量 = 安全系数×需求变动值×$\sqrt{\text{平均订货提前期}}$

即：$Q_S = z\sigma_d\sqrt{L}$

其中：

z——一定程度的客户服务水平下的安全系数；

σ_d——需求变动值，即订货提前期内需求量的标准差；

L——平均订货提前期。

上式中，安全系数可根据缺货概率查看安全系数表得到。表 7.5 所示为安全系数表。平均订货提前期可根据以往数据得到。需求变动值 σ_d 可根据下列算式求得。

$$需求变动值 = \sqrt{\frac{\sum(y_i - y_A)^2}{n}}$$

表 7.5　安全系数表

缺货概率	30.0%	27.4%	25.0%	20.0%	16.0%	15.0%	13.6%
安全系数	0.54	0.60	0.68	0.84	1.00	1.04	1.10
缺货概率	11.5%	10.0%	8.1%	6.7%	5.5%	5.0%	4.0%
安全系数	1.20	1.28	1.40	1.50	1.60	1.65	1.75
缺货概率	3.6%	2.9%	2.3%	2.0%	1.4%	1.0%	
安全系数	1.80	1.90	2.00	2.05	2.20	2.33	

📖**实例 7-3　安全库存量的确定**

某零部件在过去 3 个月中的实际需求量分别为：4 月份 126 箱，5 月份 110 箱，6 月份 127 箱。订货提前期为 2 个月，缺货概率根据经验统计为 5%，求该零部件的订货点。

解：已知 3 个月的需求量 $y_1 = 126$ 箱，$y_2 = 110$ 箱，$y_3 = 127$ 箱，订货提前期 $L = 2$ 个月，可求出

月平均需求量 $d = \dfrac{126 + 110 + 127}{3} = 121$（箱）

缺货概率为 5%，查安全系数表得：安全系数 $z = 1.65$

需求变动值 $\sigma_d = \sqrt{\dfrac{(126 - 121)^2 + (110 - 121)^2 + (127 - 121)^2}{3}} \approx 7.79$

安全库存量 $Q_S = z\sigma_d\sqrt{L} = 1.65 \times 7.79 \times \sqrt{2} \approx 18.18$（箱），取整得 $Q_S = 19$ 箱

订货点 $Q_k = d \times L + Q_S = 121 \times 2 + 19 = 261$（箱）

② 订货提前期发生变化，需求量为固定常数。

$$Q_S = zd\sigma_L$$

其中：

z——一定程度的客户服务水平下的安全系数；

d——订货提前期内的日平均需求量；

σ_L——订货提前期的标准差。

③ 需求量和订货提前期都随机变化，假设两者相互独立。

$$Q_S = z\sqrt{\sigma_d^2 \overline{L} + \overline{d}^2 \sigma_L^2}$$

其中：

z——一定程度的客户服务水平下的安全系数；

σ_d——订货提前期内需求量的标准差；

σ_L——订货提前期的标准差；

d——订货提前期内的日平均需求量；

L——平均订货提前期。

✳ 7.2.4　定期订货法

1．定期订货法的概念和基本原理

定期订货法是按预先确定的订货时间间隔进行订货补充的库存管理方法。

其基本原理是，预先确定一个订货周期 T 和最高库存量 $Q_{\max}$，周期性地检查库存，根据最高库存量、实际库存、在途订货量和待出库产品数量，计算出每次订货批量，发出订货指令，组织订货。

2．定期订货法控制参数的确定

定期订货法的实施主要取决于以下 3 个控制参数。

（1）订货周期

定期订货法中的订货点实际上就是订货周期，其间隔时间是相等的。它直接决定最高库存量的大小，即库存水平的高低，进而也决定了库存成本的多少。从成本角度出发，要使总

库存成本最低，我们可以采用经济订货周期的方法来确定。图 7.4 所示为定期订货法的库存变化过程。

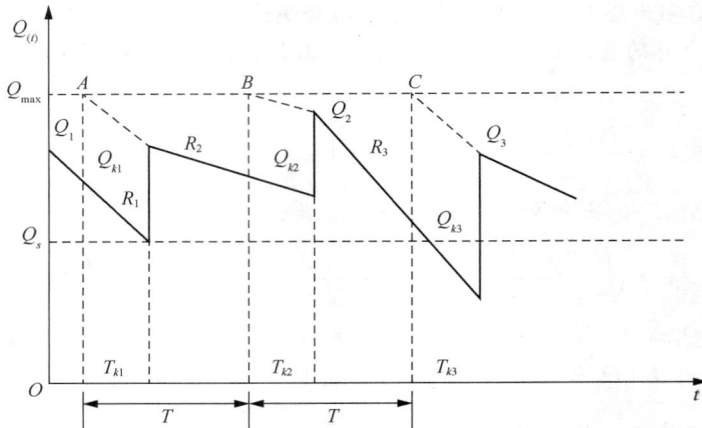

图 7.4　定期订货法的库存变化过程

订货周期 = 1/订货次数 = Q/D

假设以年为单位，计算公式为：

$$T^* = EOQ/D = \frac{\sqrt{2DC/K}}{D} = \sqrt{2C/KD}$$

其中：

T^*——经济订货周期；

D——年需求量；

C——每次订货费；

K——单件产品平均年库存保管费用；

EOQ——经济订货批量。

（2）最高库存量

定期订货法的最高库存量是用以满足$(T+T_K)$期间内的库存需求的，所以可以以$(T+T_K)$期间内的库存需求量为基础。考虑到要为随机发生的不确定库存需求再设置一定的安全库存，则最高库存量的计算公式如下：

$$Q_{\max} = R(T+T_K) + Q_S$$

其中：

$Q_{\max}$——最高库存量；

R——$(T+T_K)$期间内的库存需求量平均值；

T——订货周期；

T_K——平均订货提前期；

Q_S——安全库存量。

（3）订货批量

定期订货法每次的订货数量不是固定的，订货批量都是由当时的实际库存量决定的。考虑到订货点的在途到货量和已发出出货指令但尚未出货的待出库产品数量，则每次订货的订货批量的计算公式为：

$$Q_i = Q_{\max} - Q_{N_i} - Q_{K_i} + Q_{M_i}$$

其中：

Q_i——第 i 次订货的订货批量；

$Q_{\max}$——最高库存量；

Q_{N_i}——第 i 次订货的在途到货量；

Q_{K_i}——第 i 次订货的实际库存量；

Q_{M_i}——第 i 次订货的待出库产品数量。

📖 **实例 7-4　安全库存量的确定**

某仓库 A 产品的订货周期为 18 天，平均订货提前期为 3 天，平均库存需求量为每天 120 箱，安全库存量 360 箱。此外，某次订货时在途到货量为 600 箱，实际库存量为 1500 箱，待出库产品数量为 500 箱。试计算该仓库 A 产品的最高库存量和该次订货的订货批量。

解： 根据 $Q_{\max} = R(T + T_K) + Q_S$

$$= 120 \times (18 + 3) + 360$$
$$= 2880 \text{（箱）}$$

$$Q_i = Q_{\max} - Q_{N_i} - Q_{K_i} + Q_{M_i}$$
$$= 2880 - 600 - 1500 + 500$$
$$= 1280 \text{（箱）}$$

3．定期订货法的优缺点

（1）定期订货法的优点

① 由于定期订购，可以将多种产品合并订购，这样可以降低订购和运输等费用。

② 由于将多种产品合并订购，可以编制较实用的采购计划。

（2）定期订货法的缺点

① 不易利用经济订货批量模型，故储备定额有时不是最佳的。

② 要花费一定的时间进行盘点。

7.3　供应商管理库存*

✳ 7.3.1　VMI 的概念

长期以来，企业生产过程中的库存管理是各自为政的。整个流程各个环节中的企业及部门都各自管理自己的库存，零售商有自己的库存，批发商有自己的库存，供应商有自己的库存，供应链成员都有自己的库存控制策略。由于各自的库存控制策略不同，因此不可避免地产生需求的扭曲现象，即需求变异放大现象，使企业无法快速响应客户需求。在供应链管理环境下，供应链各个环节的活动都应该是同步的，而传统的库存控制策略无法满足这一要求。随着供应链管理思想的不断深化，在 20 世纪末期，出现了一种新的供应链库存管理方法——供应商管理库存（Vendor Managed Inventory，VMI）。这种库存管理方法打破了传统的各自为政的库存管理模式，体现了供应链的集成化管理思想，能够适应市场变化的要求，是一种新的有代表性的库存管理方法。VMI 系统能够突破传统的条块分割的库存管理模式，以系统的、集成的管理思想进行库存管理，使供应链系统能够获得同步化的运作。

关于 VMI 的定义可以表述为：VMI 是一种客户和供应商之间的合作性策略，在一个相互认同的目标框架下由供应商管理库存。VMI 的目标是通过供需双方的合作，试图降低供应链的总库存，而不是将制造商的库存前移到供应商的仓库里，从而真正降低供应链上的总库存成本。图 7.5 所示为 VMI 图示。

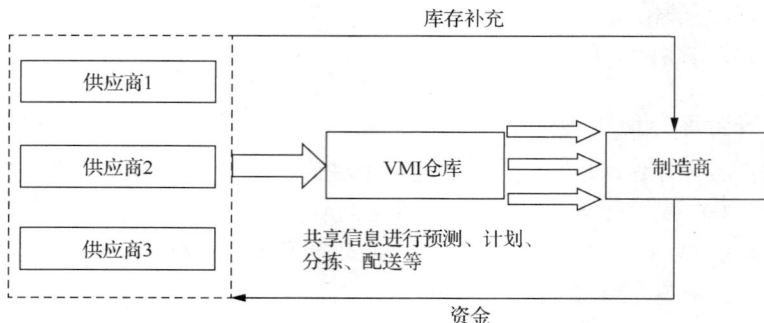

图 7.5　VMI 图示

归纳起来，VMI 策略的关键措施主要体现了以下几个原则。

（1）合作性原则（合作精神）。在实施该策略时，相互信任与信息透明是很重要的，供应商和客户都要有较好的合作精神，才能够相互保持较好的合作。

（2）互惠原则（使双方成本最低）。VMI 解决的不是关于成本如何分配或由谁支付的问题，而是关于减少成本的问题。该策略可使双方的成本都减少。

（3）目标一致性原则（框架协议）。双方都明白各自的责任，并在观念上达成一致的目标。例如库存放在哪里，什么时候支付，是否需要管理费，要花费多少管理费等问题都要沟通好，并且体现在框架协议中。

（4）总体优化原则。供需双方都要共同努力消除浪费并共享收益。

VMI 策略的主要思想是供应商在客户的允许下设立库存，确定库存水平和补给策略，并拥有库存控制的决策权。精心设计与开发的 VMI 系统，不仅可以降低供应链的库存水平、降低成本，而且可以让客户获得高水平的服务、改进资金流。

❋ 7.3.2　实施 VMI 的意义

供应链管理的成功通常来源于理解并管理好库存成本和客户服务水平之间的关系。VMI 就是一种能使供应链合作伙伴共同减少成本、改进服务的先进理念，这也说明了实施 VMI 策略的必要性。

1．减少供应链的总库存成本

需求的易变性是大部分供应链面临的主要问题，它既影响了企业客户服务水平的提升，也减少了企业的收入。需求的不确定性、执行标准的相互冲突、客户行为的互相孤立、产品短缺造成的订货扭曲等，使供应商无法把握需求的波动性。

许多供应商被 VMI 吸引是因为它降低了需求的不确定性。尽管多批次、小批量的订单越来越多，大批量的订单越来越少，但供应商依然需要维持超额的成品库存量，这是为了确保响应客户的订货要求，是一种成本很高的方法。VMI 能够减少生产的盲目性，在一定程度上削弱产量的峰值和谷值，从而维持小规模的生产和较低的库存水平。

客户被 VMI 吸引是因为它解决了存在冲突的执行标准带来的两难状况。例如，月末的库存水平对于零售商的客户而言是很重要的，但维持客户服务水平也是必要的，而这些标准是冲突的。零售商在月初储备产品以保证高水平的客户服务，然后使库存水平在月末下降以达到它们的库存目标（不考虑它对服务水平的影响）。在季末，这种不利的影响将更加明显。

在 VMI 中，补货频率通常由每月一次提高到每周甚至每天一次，这会使双方都受益。供应商在工厂可以看到更准确的需求信息。由于可以更好地利用生产及运输资源，所以就降低了成本，也降低了对缓冲存货的需求。供应商可以做出与需求相协调的补货决定，提高了"需求驱动"意识。客户从合理的低水平库存流转中受益，即使客户将所有权（物主身份）让渡给供应商，改善后的运输和仓储效率也会带来许多好处。此外，月末或季末的服务水平也会得到提高。

在零售供应链中，不同客户间的订货很难协调，订单经常同时蜂拥而至，这就使及时实现所有的递送请求变得十分困难。在 VMI 中，整个供应链的协调将支持供应商对平稳生产的需求，而不必牺牲客户的服务和存储目标。

VMI 还有助于降低运输成本。如果处理得好，这种方法将会增加低成本的满载运输的比例，削减高成本的未满载运输的比例。这可以通过供应商协调补给过程来实现，而不是在收到订单时再被动回应。另一个值得注意的方案是设计更有效的路线规划，如一辆专用的货车可以在途中停车多次，为某几位邻近的客户补货。

2．提高服务水平

从零售商的角度来看，服务水平常常由产品的可获得性进行衡量，缺货意味着失去销售机会，甚至影响企业的信誉。在制订销售计划时，零售商希望上游的供应商是值得信任的、可靠的，并且能为自身提供极具吸引力的储存单元。因此，以可靠著称的供应商可以获得更高的收入。在其他条件相同的情况下，人人都可以从改善了的服务中受益。

在 VMI 中，多客户补货订单和库存调度之间的协调大大改善了服务水平，使供应商按照优先级响应客户。相对于较小的业务，供应商可以先完成较大的补货业务。由于有能力平衡所有合作伙伴的需求，供应商可以改善系统的工作状况而不用让任何个体客户冒险。它们向客户保证：客户最主要的需求将会受到最密切的关注。如果没有 VMI，供应商很难有效地安排客户需求的先后顺序。

如果有效解决现有问题的范围得到扩大，供应商的服务水平就可以进一步提高。例如，在缺货的时候，在一个客户的配送中心之间（或多个客户的配送中心之间）平衡存货是十分必要的。有时，供应商在客户间实行存货的重新平衡可能是最经济的方法。如果没有 VMI，供应商就无法这样做，因为供应商和客户都看不到整体存货的配置（分布）。在 VMI 下，当客户将产品返还给供应商时，供应商可以将其提供给另一位客户，这时就实现了存货平衡。这种方法的缺点是增加了运输成本。

另外的一个好处就是，VMI 可以使产品更新更加方便，将会有更少的旧货在系统中流通。此外，新产品的上架速度将更快。由于信息共享，产品更新后供应商不用为推销而着急，而且可以让零售商保持紧跟时尚的好名声。

VMI 中运用的运输过程更进一步改善了客户服务。如果没有 VMI，集中的客户和分散的配送中心之间的沟通障碍有时会使产品的运输受阻。VMI 的供应商会预先规划如何补货和递送，以保证实现递送计划。

✳ 7.3.3 实施 VMI 的方法

要想实施 VMI 策略，就要改变订单的处理方式，建立基于标准的托付订单处理模式。

首先，供应商和批发商要一起确定供应商订单业务处理过程所需要的信息与库存控制参数；然后建立一种订单的标准处理模式，如 EDI 标准报文；最后把订货、交货和票据处理等各个业务功能集成在供应商这边。

库存状态透明性（对供应商）是实施 VMI 的关键，它使供应商能够随时跟踪和检查销售商的库存状态，从而快速响应市场的需求变化，对企业的生产（供应）状态进行相应的调整。

VMI 策略的实施可以分为如下几个步骤。

第一，建立客户信息系统。要有效地管理销售库存，供应商必须能够获得客户的有关信息。通过建立客户信息系统，供应商能够掌握需求变化的有关情况，把由分销商（批发商）进行的需求预测与分析的功能集成到供应商的系统中。

第二，建立销售网络管理系统。供应商要很好地管理库存，必须建立完善的销售网络管理系统，保证自己产品的需求信息和物流畅通。为此，供应商必须解决以下问题：保证自己产品条形码的可读性和唯一性，解决产品分类、编码的标准化问题，解决产品存储运输过程中的识别问题。

第三，建立供应商与分销商（批发商）的合作框架协议。供应商和分销商（批发商）通过协商，确定订单处理的业务流程及库存控制有关的参数，如订货点、最低库存水平等；确定库存信息的传递方式，如 EDI、Internet 等。

第四，组织机构的变革。传统的库存管理中，由财务经理处理与客户有关的事情；引入 VMI 策略后，订货部门产生了一个新的职能，即负责控制客户的库存，主要涉及库存补给和维持服务水平。

一般来说，在以下情况下适合实施 VMI 策略：零售商或批发商的 IT 系统或基础设施无法有效管理它们的库存；制造商实力雄厚并且比零售商获得的市场信息量大；制造商有较高的直接存储交货水平，能够有效规划运输。

✳ 7.3.4 实施 VMI 的几种模式

1．"制造商-零售商" VMI 模式

这种模式通常存在于制造商作为供应链的上游企业的情形中，制造商对它的客户（如零售商）实施 VMI，如图 7.6 所示。图中的制造商是 VMI 的主导者。例如，美国的宝洁公司就发起并实施了针对美国大型零售商的 VMI 模式。

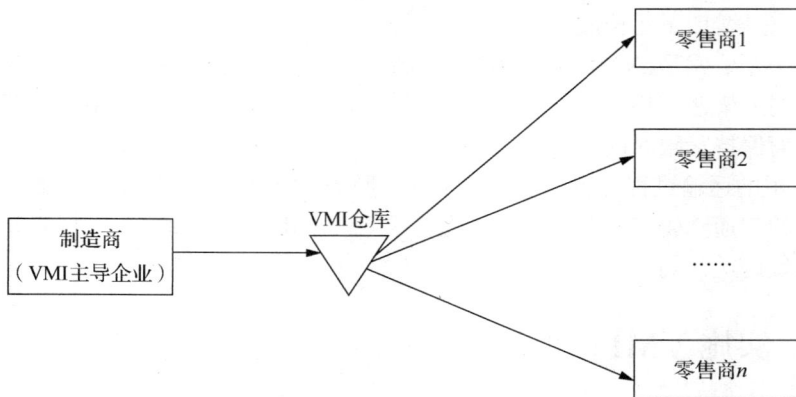

图 7.6 "制造商-零售商" VMI 模式

2."供应商-制造商"VMI 模式

在"供应商-制造商"VMI 模式下,制造商要求它的供应商按照 VMI 模式向其补充库存,如图 7.7 所示。此时,VMI 的主导者可能还是制造商,但它是 VMI 的接受者,管理者是该制造商上游的众多供应商。

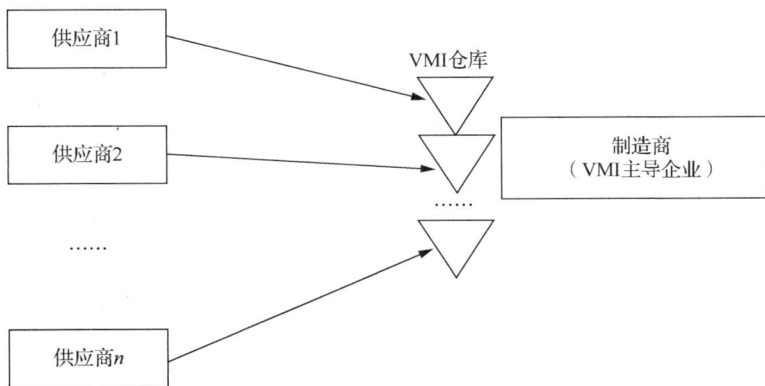

图 7.7 "供应商-制造商"VMI 模式

3."供应商-第三方物流企业-制造商"VMI 模式

这种模式引入了一个第三方物流企业,由第三方物流企业提供一个统一的物流和信息流管理平台,统一执行和管理各个供应商的零部件库存控制指令,负责完成向制造商生产线上配送零部件的工作,而供应商则根据第三方物流企业的出库单与制造商按时结算。图 7.8 所示为基于第三方物流企业的 VMI 模式。由第三方物流企业运作的 VMI 仓库可以合并多个供应商交付的产品,采用物流集中管理的方式,因此形成了规模效应,降低了库存管理的总成本。

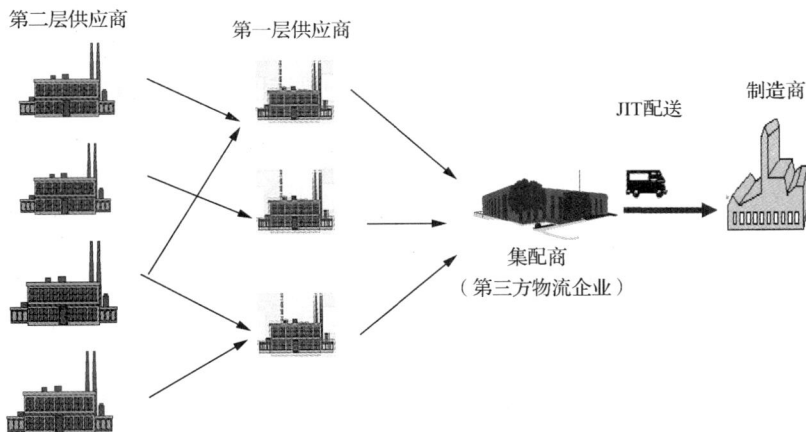

图 7.8 基于第三方物流企业的 VMI 模式

7.4 联合库存管理

☀ 7.4.1 联合库存管理的思想

联合库存管理(Joint Managed Inventory,JMI),是指由供应商和客户联合管理库存。联合库存管理是解决供应链系统中由于各节点企业的相互独立库存运作模式导致的需求变异放大现象，提高供应链同步化程度的一种有效方法。

联合库存管理和供应商管理库存不同，它强调双方同时参与，共同制订库存计划，使供应链中的每个库存管理者（供应商、制造商、分销商等）都考虑相互之间的协调性，使供应链相邻两个节点之间的库存管理者对需求的预期保持一致，从而消除需求变异放大现象。供应链中任何相邻节点需求的确定都是供需双方协调的结果，库存管理不再是各自为政的独立运作过程，而是变成供需连接的纽带和协调中心。

分销中心的联合库存功能是联合库存管理思想的体现。图 7.9 所示为某地区分销中心的销售模式，分销中心既是产品的联合库存中心，也是需求信息的交流与传递枢纽。

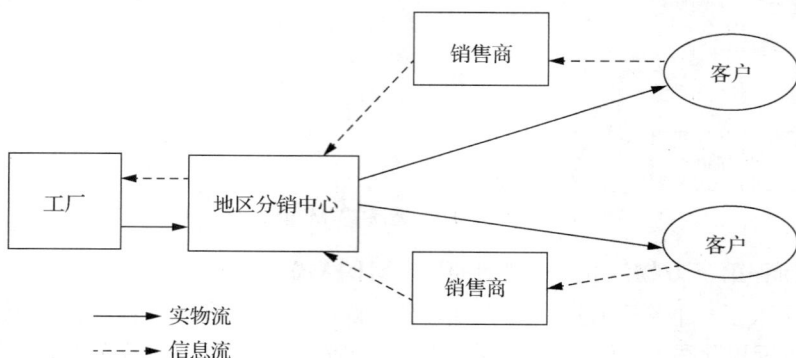

图 7.9　某地区分销中心的销售模式

分销中心的联合库存进一步发展成基于协调中心的联合库存管理系统，如图 7.10 所示。

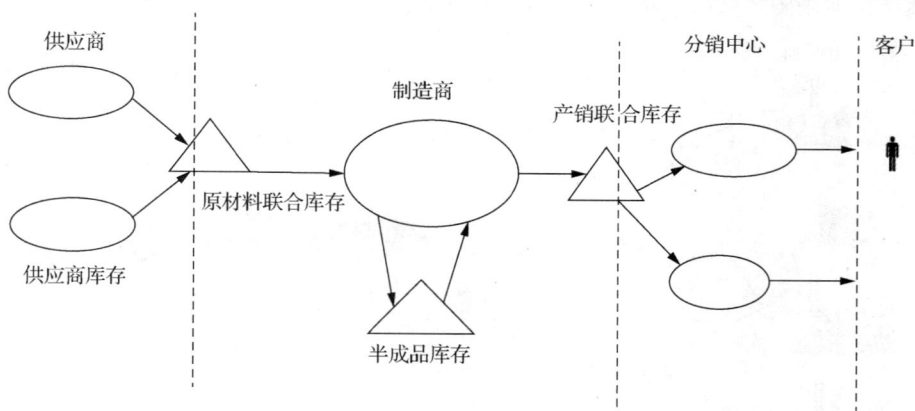

图 7.10　基于协调中心的联合库存管理系统

基于协调中心的联合库存管理和传统的库存管理模式相比，具有以下优点。

（1）为实现供应链的同步化运作提供了条件和保证。

（2）消除了供应链中的需求扭曲现象，降低了库存的不确定性，提高了供应链的稳定性。

（3）库存作为供需双方进行信息交流和协调的纽带，可以暴露供应链管理中的缺陷，为改善供应链管理水平提供依据。

（4）为实现零库存管理、准时采购及精细供应链管理创造了条件。

（5）进一步体现了供应链管理的资源共享和风险分担的原则。

7.4.2　联合库存管理的实施方法

（1）建立共同的合作目标。供需双方必须本着互惠互利的原则，建立共同的合作目标，如客户满意度的提高、利润的共同增长和风险的减少等。

（2）建立联合库存管理的协调控制方法。联合库存中心担负着协调供需双方利益的角色，起着协调控制的作用，因此需要对库存优化的方法进行明确确定。这些内容包括库存如何在多个客户之间调节与分配，最高库存量、最低库存水平和安全库存量的确定，需求的预测等。

（3）建立一种信息沟通的渠道。为了提高整个供应链需求信息的一致性和稳定性，减少由多重预测导致的需求信息扭曲，合作各方应增加对需求信息获得的及时性和透明性，建立一种信息沟通的渠道，以保证需求信息的通畅和准确性。供需双方要将条形码技术、扫描技术、POS 系统和 EDI 集成起来，在彼此之间建立一个畅通的信息沟通桥梁和联系纽带。

（4）建立利益的分配和激励机制。要有效运行基于协调中心的联合库存管理系统，必须建立一种公平的利益分配制度，并对参与联合库存管理的各个企业（供应商、制造商、分销商或批发商）进行有效的激励，防止机会主义行为出现，增加各个企业的协作性和协调性。

实例 7-5　沃尔玛与其零售商的 VMI

7.5　协同式供应链库存管理

7.5.1　协同式供应链库存管理的概念

协同式供应链库存管理又称协同规划、预测与补货（Collaborative Planning Forecasting and Replenishment，CPFR），是一种协同式的供应链库存管理技术，它在降低销售商的库存的同时，增加了供应商的销售额。

CPFR 的形成始于沃尔玛所推动的合作预测与补货（Collaborative Forecast and Replenishment，CFAR），是利用互联网通过零售企业与生产企业的合作，共同做出产品预测，并在此基础上实行连续补货的系统。后来，在沃尔玛的不断推动之下，基于信息共享的 CFAR 系统向 CPFR 发展。CPFR 是在 CFAR 的基础上，进一步推动共同计划的制订，即不仅合作企业实行共同预测和补货，同时还将原来属于各企业内部事务的计划工作（如生产计划、库存计划、配送计划、销售规划等）也让供应链各企业共同参与。

7.5.2　协同式供应链库存管理的特点

（1）协同。从 CPFR 的基本思想来看，供应链上下游企业只有确立起共同的目标，才能使双方的绩效都得到提升，才能取得综合性效益。CPFR 这种新型的合作关系要求双方长期承诺公开沟通、信息分享，从而确立其协同性的经营战略。尽管这种战略的实施必须建立在信任和承诺的基础上，但这是买卖双方取得长远发展和良好绩效的唯一途径。因此，协同的第一步就是保密协议的签署、纠纷机制的建立、供应链计分卡的确立及共同激励目标的形成（不仅包括销量，同时也确立双方的盈利率）。应当注意的是，在确立这种协同性目标时，不仅要建立起双方的效益目标，而且要确立协同的盈利驱动性目标。只有这样，才能使协同性体现在流程控制和价值创造的基础之上。

（2）规划。1995年，沃尔玛的CFAR为消费品行业推动双赢的供应链管理奠定了基础，此后当产品标识委员会定义项目公共标准时，认为需要在已有的结构上增加"P"，即合作规划（品类、品牌、分类、关键品种等）及合作财务（销量、订单满足率、定价、库存、安全库存、毛利等）。此外，为了实现共同的目标，买卖双方还需要协同制订促销计划、库存政策变化计划、产品导入和中止计划及仓储分类计划。

（3）预测。任何一个企业或买卖双方都能做出预测，但是CPFR强调买卖双方必须做出最终的协同预测。像季节因素和趋势管理信息等，无论是对服装或相关品类的供应方还是销售方而言都是十分重要的，基于这类信息的共同预测能大大减少整个供应链体系的低效率、死库存，更好地促进产品销售，节约整个供应链的资源。与此同时，最终实现协同促销计划是提高预测精度的关键。CPFR所推动的协同预测还有一个特点，就是它不仅关注买卖双方共同做出最终预测，同时也强调买卖双方都应参与预测反馈信息的处理和预测模型的制定与修正，特别是如何处理预测数据的波动等问题，只有把数据集成、预测和处理的所有方面都考虑清楚，才有可能真正实现共同的目标，使协同预测落到实处。

（4）补货。销售预测必须利用时间序列预测和需求规划系统转化为订单预测，并且对供应方约束条件，如订单处理周期、前置时间、订单最小量、产品单元，以及零售方长期形成的购买习惯等都需要买卖双方加以协商解决。根据VICS的CPFR指导原则，协同运输计划也被认为是补货的主要因素。此外，例外状况的出现也需要转化为存货的百分比、预测精度、安全库存水准、订单实现的比例、前置时间及订单批准的比例，所有这些都需要在买卖双方公认的供应链计分卡基础上定期协同审核。潜在的分歧，如基本供应量问题、过度承诺等，买卖双方应及时加以解决。

❋ 7.5.3　协同式供应链库存管理的运作

1．CPFR的体系结构

以CPFR概念为基础建立的供应链结构，可以分为以下4个功能层。

（1）决策层：主要负责管理合作企业的领导层，包括企业联盟的目标和战略的制定、跨企业的业务流程的建立、企业联盟的信息交换和共同决策。

（2）运作层：主要负责合作业务的运作，包括制订联合业务计划、建立单一共享需求信息、共担风险和平衡合作企业的能力。

（3）内部管理层：主要负责企业内部的运作和管理，包括产品分类管理、库存管理、商店运营、物流、客户服务、市场营销、制造、销售和分销等。

（4）系统管理层：主要负责供应链运营的支撑系统和环境管理及维护。

2．CPFR实施的框架和步骤

（1）制订框架协议。框架协议的内容主要包括各方的期望值以及为保证成功所需的行动和资源、合作目的、保密协议、资源使用的授权等，并明确规定各方的职责、绩效评价的方法，阐明各方为获得最大的收益而愿意加强合作以及为实现信息交换和风险共担而承担的义务等。

（2）协商方案。零售商和生产商根据各自企业的发展计划交换信息，以便共同制订商务发展计划。合作方首先要建立战略伙伴关系，确定好部门责任、目标及策略。项目管理方面则包括每份订单的最少产品数、交货提前期等。此方案是以后预测的基石，便于供应链成员之间的交流与合作。

（3）销售预测报告。零售商和生产商要根据实时销售数据、预计的事务等信息制订销售预测报告，然后就此报告同另一方进行协商，双方也可各提出一份报告进行协商。

（4）鉴别预测异常。零售商和生产商根据框架协议中规定的异常标准，对销售预测报告中的每一个项目进行审核，最后得到异常项目表。

（5）协商解决异常。零售商和生产商通过查询共享信息、电子邮件、通话记录、会议记录等解决异常项目，并对销售预测报告做相应变更。这种解决办法不但使销售预测报告更加准确，降低了风险，而且还加强了合作伙伴间的交流。

（6）订单预测报告。零售商和生产商综合利用历史销售数据、库存信息及其他信息生成具体的订单预测报告。订单的实际数量要随时间变化并反映库存情况。报告的短期部分用于产生生产指令，长期部分则用于制订规划。订单预测报告能使生产商及时安排生产，同时让零售商感到生产商有能力及时发送产品。

（7）鉴别预测异常。此步骤主要确定订单预测报告中哪些项目的预测超出了框架协议中规定的预测极限。

（8）协商解决异常。解决办法和第 5 步类似。

（9）生产计划生成。将预测的订单转化为具体的生产指令并补充库存。指令生成可由生产商完成，也可由零售商完成，具体取决于它们的能力、资源等情况。

根据欧美若干试验性项目的研究，CPFR 为生产商、零售商带来的效益非常明显，实施 CPFR 后，沃尔玛零售产品的满足率从 87%提高到 98%。由于 CPFR 能带来巨大的潜在效益，一些软件商正在开发 CPFR 软件系统和从事相关的服务。

CPFR 是从供应商管理库存模式发展而来的，它保留了供应商管理库存中一些先进的技术和管理思想，同时克服了它们的不足，代表着供应链库存管理模式的发展方向。

思考与练习

第 8 章

电子商务物流运输和配送管理

学习目标

- ➢ 理解运输的基本概念和原理。
- ➢ 了解运输的功能。
- ➢ 掌握 5 种运输方式的优势、劣势及适用场合。
- ➢ 掌握 4 种基本的运输网络。
- ➢ 了解常见的不合理的运输形式。
- ➢ 掌握配送的基本概念。
- ➢ 了解配送的分类。
- ➢ 了解配货的方法。
- ➢ 掌握配送的要素。
- ➢ 理解 3 种配送模式的含义。
- ➢ 掌握配送中心的基本概念。
- ➢ 了解配送中心的分类、功能及作业流程。
- ➢ 掌握末端物流的概念和特点。
- ➢ 了解末端物流的分类。
- ➢ 熟悉 4 种末端物流模式。

　　运输和配送是物流中两大重要的功能活动。运输是为了使产品由供应链源头转移至客户手中而发生的产品的空间位移，创造了产品的空间效用。配送是实现电子商务的重要保障，被看作运输活动的一个组成部分或者末端运输，已经发展成为同运输并列的一个独立功能。物流配送中心是社会流通领域的重要组成部分，是发展现代物流的承载平台，在电子商务交易中发挥着重要作用。随着电子商务的兴起，快递业务量激增，尤其需要依靠末端物流做支撑。末端物流的运营效率和管理水平的高低，极大地影响客户体验。

开篇案例

2020 年"双十一"分钟级送达上热搜

8.1　电子商务物流运输管理

　　运输是一个重要的供应链驱动因素。在绝大多数供应链中，运输成本是供应链成本的重要组成部分。

✸ 8.1.1　运输概述

1．运输的基本概念和分类

　　运输是指使用专用运输设备将产品从一个地点运送到另一个地点，改变其空间位置的物流活动，包括集货、分配、搬运、中转、装入、卸下、分散等操作。虽然运输过程不生产新的物质产品，但它可以创造时间效用和空间效用。

　　从运输的范畴来分类，运输可分为干线运输、支线运输、二次运输和厂内运输；从运输的作用来分类，运输可分为集货运输和配送运输；从运输的协作程度来分类，运输可分为一般运输和多式联运；从运输中途是否换载来分类，运输可以分为直达运输和中转运输；从运输的方式来分类，运输可分为铁路运输、公路运输、水路运输、航空运输和管道运输。

　　由于市场的广阔性，供给和需求在同一个地方进行的产品的数量越来越少，更多的产品是集中生产，然后分散消费，特别是在电子商务中，这一现象更加突出。为了实现产品的价值和使用价值，使产品的交易过程能够顺利完成，相关方必须利用运输这一环节，把产品从生产地运到消费地，以满足社会消费的需要和进行产品的再生产。如果将各级供应商、生产商、仓库及客户看作物流系统的固定节点，那么运输正是连接这些节点的纽带，是产品在系统中流动的载体。由此，运输被称为物流系统的"动脉"，在产品流通中发挥着举足轻重的作用。

2．运输的原理

　　（1）规模经济。规模经济的特点是随着运输规模的增长，每单位重量的运输成本将下降。运输规模越大，分摊到单位重量产品上的固定成本就越少，而单位重量产品的变动成本则保持不变。另外，运输规模越大，可以享受的运价折扣越多，因此每单位重量成本越低。例如，在铁路运输中，整车装运的每单位重量成本低于零担装运。

　　（2）距离经济。距离经济的特点是指每单位距离的运输成本随距离的增加而减少。距离经济的合理性类似于规模经济。尤其是在铁路或水路的直达运输中，运输设备装卸所发生的费用是相对固定的，运输的距离越长，可以将固定费用按照距离进行分摊，同时可以享受更多的运价折扣，从而使总费用更低。

　　规模经济和距离经济的比较如表 8.1 所示。

表 8.1　规模经济和距离经济的比较

运输原理	存在原因	举例
规模经济	① 固定费用可以按照整票产品量分担； ② 享受运价折扣	① 整车装运的每单位重量成本低于零担装运； ② 运载能力较强的运输工具的每单位重量成本要低一些
距离经济	① 分摊到每单位距离的装卸费用随距离的增加而减少； ② 费率随距离的增加而减少	800 千米的一次装卸成本要低于 2 次 400 千米的装卸成本

3．运输的关键因素

运输商可为电子商务企业提供多种运输服务，电子商务企业最终选择何种运输方式，取决于运输的关键因素：运输成本、运输速度和运输的一致性。

（1）运输成本。运输成本就是为产品在两个地理位置间进行运输所支付的所有费用。如果是自有运输，运输成本主要包含燃油成本、人工成本、维修成本、运输设备和工具的折旧费用，以及相应的管理成本等。如果是雇用第三方物流企业进行运输，运输成本则包含产品在两点间运输产生的运费、保险费或备用费等。选择不同的服务，运输成本相差很大，电子商务物流系统的设计，应该利用能把系统的总成本降到最低的运输。

（2）运输速度。运输速度是指为完成特定的运输作业所需花费的时间，是评价运输服务最重要的指标之一。运输速度和运输成本的关系主要表现在以下两个方面：首先，运输商提供的服务越是快速，它实际需要收取的费用也越高；其次，运输速度越快，转移中的存货就越少，可利用的运输间隔时间就越短。因此，电子商务企业在选择最合理的运输方式时，重点要平衡运输速度和成本。

（3）运输的一致性。运输的一致性是指在若干次装运中，完成某一次特定运输所需的时间与原定时间或与前几次运输所需时间的一致性。它是运输可靠性的反映。如果给定的一项运输作业第一次花费了 2 天时间，第二次却花费了 6 天时间，这种变化就会使运输作业产生严重的问题。如果运输作业缺乏一致性，就需要增加安全储备存货以防止出现服务故障。运输的一致性会影响买卖双方承担的存货义务和有关风险。

8.1.2　运输功能

1．产品移动

无论产品处于哪种形式，是原材料、零部件、装配件、半成品还是成品，也不管在制造过程中是被转移到下一个阶段，还是被转移到最终客户手中，运输都是必不可少的。运输的主要功能就是通过位置移动创造产品的空间效用（或称场所效用）。运输的主要目的就是要以最短的时间、最低的成本，将产品从供给地转移到需求地。此外，产品损耗也必须是最低的。同时，产品转移所采用的方式必须能满足客户有关交付履行方面的要求。总之，运输工作要遵循"及时、准确、安全、经济"的原则，做到加速流通，降低流通费用，提高货运质量，多快好省地完成运输任务。

2．短时储存

对产品进行短时储存是一项特殊的运输功能，就是将运输车辆临时作为储存设施，使之具有一定的时间效用。如果转移中的产品需要储存，但在短时间内（如几天后）又将重新转移的话,那么,该产品在仓库装卸的成本,也许会超过储存在运输工具中每天支付的费用。在仓库空间有限的情况下,利用运输工具(车辆、船舶等)储存不失为一种可行的选择。使用该功能时,需要综合考虑其适用条件和成本因素。

❋ 8.1.3 运输方式

运输方式是运输赖以完成的手段、方法与形式,是为完成运输任务而使用一定性质、类别的技术装备(运输线路和运输工具)和一定的管理手段。运输设备主要有火车、汽车、轮船、飞机、管道等,相应的运输方式有铁路运输、公路运输、水路运输、航空运输及管道运输。每一种运输方式的运输成本、运输时间等各不相同。电子商务企业采用何种运输方式,应根据自身的需求并综合各方面因素考虑。

1.铁路运输

铁路运输是利用铁路设施、设备运送旅客和产品的一种运输方式。铁路运输最显著的特点是运载能力强、运输成本低、能源消耗少、通用性能好、安全可靠等。铁路运输的价格结构及其对重型产品的运载能力,使其成为距离远、体积大、高密度、高吨位产品的理想运输方式。当然,铁路运输也存在灵活性差、运输时间长、货损率较高及投资较大等缺点。

截至 2020 年 7 月底,我国铁路营业里程达 14.14 万千米,仅次于美国,位居全球第二。其中,高铁运营里程 3.6 万千米,位居全球第一。图 8.1 和图 8.2 分别为铁路运输及其装箱过程。

图 8.1　铁路运输

图 8.2　装箱过程

铁路运输的优势主要表现在以下 4 个方面。

(1)运输的准确性高、连续性强。火车在钢轨上运行,几乎不受天气影响,一年四季可以不分昼夜地进行定期的、有规律的、准确的运转,保证运输正常进行。

(2)运输速度比较快。铁路货运速度每昼夜可达几百千米,一般货车的速度可达每小时100 千米。京沪高铁最高时速在 300 千米以上,远远快于海上运输。

(3)运输能力强。一列货车一般能运送 3000~5000 吨产品,运输能力远远强于航空运输和汽车运输。

(4)运输成本较低。铁路运输费用仅为公路运输费用的几分之一到十几分之一。运输耗油约是公路运输的 1/20。

铁路运输的劣势主要表现在以下 3 个方面。

(1)初期投资大。铁路运输需要铺设轨道、建造桥梁和隧道,建路工程艰巨复杂;需要消耗大量钢材、木材；需要占用土地。其初期投资大大超过其他运输方式。据统计，我国目前每修建 1 千米铁路，需要投资 400 万元以上。高速铁路的千米造价甚至达到上亿元。

（2）建设周期和投资回收期长。据统计，修建 1000 千米的铁路，建设周期需要 3～5 年，而投资回收期需要 30 年左右。

（3）线路固定，灵活性差。铁路运输有固定的线路和站点，火车必须按照既定的线路行驶，不能实现"门到门"服务。

综上所述，铁路运输方式通常适用于重量大、价值低、时间敏感性低的产品，适合内陆地区大宗、低值产品的中长距离物流运输，大批量、可靠性要求高的一般产品和特殊产品的物流运输，以及散装产品（如煤炭、金属、矿石、谷物等）和罐装产品（如化工产品、石油产品等）的物流运输。铁路运输是现代化运输中的主要运输方式，也是最适合中国经济地理特征和人们收入水平的区域骨干运输方式。

2．公路运输

公路运输是在公路上运送旅客和产品的一种运输方式，是交通运输系统的组成部分之一，主要承担短途客货运输。公路运输所用工具主要是汽车，因此，公路运输一般指汽车运输。在地势崎岖、人烟稀少、铁路和水运不发达的边远和经济落后地区，公路运输为主要的运输方式。公路运输不仅承担着为铁路、水路和航空运输进行集散的任务，而且在一些缺乏铁路和水路线路的地区承担着干线运输的任务。图 8.3 所示为集装箱运输，图 8.4 所示为一般货运。

图 8.3　集装箱运输　　　　　　　　　　图 8.4　一般货运

公路运输的优势主要表现在以下 5 个方面。

（1）适应性强。由于公路运输网一般比铁路、水路运输网的密度大，分布面也广，因此公路运输车辆可以"无处不到、无时不有"。

（2）机动灵活。公路运输机动灵活，车辆可随时调度、装运，各环节之间的衔接时间较短。公路运输的灵活性体现在汽车的载重吨位有小有大，既可以单个车辆独立运输，也可以由若干车辆组成车队同时运输，满足多种运输需要。

（3）可实现"门到门""库到库"直达运输。公路运输可以把旅客和产品从始发地门口直接运送到目的地门口，实现"门到门""库到库"的直达运输。这是其他 4 种运输方式无法比拟的。

（4）在中短距离运输中，公路运输的运送速度较快。由于公路运输可以实现"门到门""库到库"的直达运输，与其他运输方式相比，其客、货在途时间较短，运送速度较快。

（5）为铁路、水路、航空运输集散产品。公路运输承担着铁路、水路和航空运输的起始地和目的地的产品集散任务。同时，在一些铁路、水路尚不发达的地区，公路运输还承担着长途路线运输任务。公路运输在企业内部运输和城市内部的产品配送中均占有重要地位。

公路运输的劣势主要表现在以下两个方面。

（1）运输能力较弱，运输成本较高。汽车的一般运输能力为几吨到几十吨，相比火车、轮船弱得多。公路运输尽管在设施、站点等投入的固定成本相对较低，但其花费的人员工资、燃油燃料费用、车辆维修费用、过路过桥费用等可变成本较高。因此，除了航空运输，公路运输在其他 4 种运输方式中的运输成本最高。

（2）安全性较低，污染较大。全球每年约有 135 万人因道路交通事故而死亡，另有 2000 万～5000 万人遭受非致命伤害，许多人因伤致残。因此，公路运输的安全性亟待提升。同时，汽车所排出的尾气和引起的噪声也严重威胁着人类的健康，是大城市环境污染的最大污染源之一。

综上所述，公路运输是近距离独立运输作业的最佳方式，最佳经济里程在 200 千米左右，不适宜大宗产品和长距离的物流运输。由于高速公路的兴建，公路远程运输也越来越有市场。此外，公路运输也可以有效地补充和衔接其他运输方式。

3．水路运输

水路运输是以船舶为运输工具，以港口或港站为运输基地，以水域（海洋、河流或湖泊）为运输活动范围的客货运输方式。水路运输通常可以分为海洋运输和内河运输。从技术层面上看，水路运输的运输能力最强，拖船船队的载运量在万吨以上，远超火车和汽车的载运量。海船货舱大，可载运体积庞大的产品；远洋货轮载重量更大，最多一次可载运几十万吨产品。随着时间的推移，水路运输的市场份额有所增长，是世界上许多国家重要的运输方式之一。

水路运输主要用于大宗、低值、笨重产品和各种散装产品的中长距离运输，是运输此类产品最廉价的方式。在全球贸易环境下，水路运输成为占据主导地位的运输方式。汽车、谷物、钢铁、服装等都可以使用海洋运输方式。从国际贸易的运货数量和距离来看，水路运输是所有运输方式中最便宜的，但同时也是最慢的，容易发生延迟。全球海上贸易的重要趋势是集装箱运输的增长。到港延迟、关税、运输安全性和集装箱管理通常是全球海洋运输面临的主要问题。图 8.5 所示为集装箱船，图 8.6 所示为油轮。

图 8.5　集装箱船

图 8.6　油轮

水路运输的优势主要表现在以下 3 个方面。

（1）运输能力强。在 5 种运输方式中，水路运输的运输能力最强。集装箱船的载重量为

0.7 万~5 万吨，散装船的载重量一般为 5 万~10 万吨，油轮的载重量为 20 万~30 万吨，大型油轮可达到 50 万吨。一条万吨级船舶的载重量相当于 250~300 辆 50 吨重货车的载重量，相当于 5~6 列火车的载重量。

（2）运输成本低。水路运输主要利用江、河、湖泊和海洋的"天然航道"进行。水上航道四通八达，通航能力几乎不受限制。水路运输投入的船舶、设备、站点等固定成本较低，单位变动成本也很低，因此水路运输的运输成本在 5 种运输方式中最低，我国沿海运输成本只有铁路运输的 40%。

（3）水路运输是开展国际贸易的主要方式，是支持经济发展和国际友好往来最主要的交通工具。远洋运输在我国对外经济贸易方面占重要地位，我国有超过 90%的外贸产品采用远洋运输，它是发展国际贸易的强大支柱。

水路运输的劣势主要表现在以下两个方面。

（1）受自然条件限制大。水路运输受海洋与河流的地理分布及地质、地貌、水文与气象等条件和因素的制约与影响，难以保证全年顺利通航。

（2）运输速度慢。在水路运输方式下，产品在途时间长，待运时间长，增加了货主的流动资金占有量。一般来说，水路运输的速度要比铁路运输慢很多。

综上所述，水路运输适合承担运量大、运距长、时间敏感性不太高的产品，尤其在跨洋运输中非常有优势。

4．航空运输

航空运输是使用飞机、直升机及其他航空器运送人员、产品、邮件的一种运输方式。航空运输是最新的、发展最快的运输方式，也是速度快、费用较高的运输方式。小件、高附加值产品，或时间敏感性高且需要长距离运输的紧急产品最适合采用航空运输。航空运输产品通常包括附加值高、重量轻的高科技产品。随着科技的发展，航空运输产品的价值不断增加，重量却不断下降。

航空运输具有快速、机动的特点，是现代旅客运输，尤其是远程旅客运输的重要方式，也为国际贸易中的贵重产品、鲜活产品和精密仪器提供不可或缺的运输服务。在我国运输业中，航空运输货运量占全国货运量的比重较小，主要承担长途客运任务。随着物流的快速发展，航空运输在货运方面将会扮演更加重要的角色。截至 2022 年 9 月 6 日，顺丰航空已拥有 75 架全货机。顺丰航空波音 757 全货机如图 8.7 所示。

航空运输的优势主要表现在以下 3 个方面。

（1）运送速度快。航空运输从开始之日起，就以快速著称，是速度最快的交通工具。常见的喷气式飞机的经济巡航速度在 850~900 千米/时。快捷的交通工具大大缩短了产品的在途时间，适合运输那些易腐烂、变质的鲜活产品，时效性、季节性强的报刊、节令性产品，以及抢险、救急品。其运送速度快、在途时间短，使产品在途风险降低，因此许多贵重产品、精密仪器也往往采用航空运输的方式。

（2）不受地面条件影响。航空运输利用天空这一自然通道，不受地面条件的限制，非常适合地面条件恶劣、交通不便的内陆地区，有利于当地资源的出口，促进当地经济的发展。

（3）安全性较高。世界各航空公司发生严重事故的风险率约为三百万分之一。航空公司的运输管理制度比较完善，产品的破损率较低；如果采用空运集装箱的方式运送产品，则更为安全。

图 8.7　顺丰航空波音 757 全货机

航空运输的劣势主要表现在以下 3 个方面。

（1）运输成本高。航空运输的运输成本比公路运输高 2～3 倍，比铁路运输高 12～15 倍。在 5 种运输方式中，航空运输费用是最高的，不适合运输低价值产品。

（2）运载能力弱。飞机的舱容有限，对大件产品或大批量产品的运输有一定的限制。

（3）飞机飞行容易受恶劣天气影响。威胁飞行安全的因素主要有雷击、风暴、下沉气流、积冰、气流颠簸和火山灰等。

综上所述，航空运输适合运输体积小、价值高、运费承担能力强的产品，如贵重设备的零部件、高档产品等；适合运输鲜活产品、易腐产品、时令产品，如鲜花、水果等；适合运输紧急需要的产品，如救灾抢险物资等；也适合跨国、跨洲等长距离运输。

5．管道运输

管道运输是以管道作为运输工具的一种长距离输送液体和气体物资的运输方式，是一种专门由生产地向市场输送石油、天然气和化学产品等的运输方式，是统一运输网中干线运输的特殊组成部分。管道运输与其他运输方式最大的不同是，管道既是运输工具（但并不移动），又是运输通道，驱动方式是用机泵给产品以压能，使产品连续不断地被运送。管道运输所运产品大多属于燃料一类，主要有油品（包括原油、成品油、液化烃等）、天然气、二氧化碳气体、煤浆及其他矿浆等。我国已建成大庆至秦皇岛、胜利油田至南京等多条原油管道运输线。截至 2020 年年末，我国累计建设油气长输管道的里程数为 16.5 万千米。图 8.8 所示为液化石油气的管道运输。

图 8.8　液化石油气的管道运输

管道运输的优势主要表现在以下 3 个方面。

（1）运输能力强、连续性强。一条输油管道可以源源不断地完成输送任务，根据管径的大小不同，每年的运输量可达数百万吨到几千万吨，甚至超过亿吨。

（2）运输工程量小、占地少。管道运输只需要铺设管线，修建泵站，土石方工程量比修建铁路小得多。同时，管道在平原地区大多埋在地下，占地少。

（3）安全可靠、成本低。采用管道运输石油，每吨石油的千米能耗不足铁路的 1/7，大量运输时的运输成本与水路运输接近。以运输石油为例，管道运输、水路运输、铁路运输的运输成本之比为 1∶1∶1.7。

管道运输的劣势主要表现在以下两个方面。

（1）承运产品单一。管道运输的运输对象受到限制，承运产品比较单一，只适合运输诸如石油、天然气、化学品、煤浆等气体和液体产品。

（2）灵活性差。管道运输不如其他运输方式（如公路运输）灵活，除承运的产品比较单一外，它也不容随便扩展管线。管道运输常常要与铁路运输、公路运输或水路运输配合才能完成全程输送。

近年来，超级高铁作为管道运输的一种高级形式，得到了快速发展。这是一种以"真空钢管运输"为理论核心的交通工具，具有超高速、安全性高、低能耗、噪声小、污染小等特点。目前，美国、瑞士、中国等正在积极研究真空管道磁悬浮技术。

综上所述，管道运输除广泛用于石油、天然气等的长距离运输外，还可运输矿浆、煤浆、化学品等，适用于需求相对稳定、流量较大的物资。随着真空管道磁悬浮技术的发展，管道运输将广泛应用于客货物流运输。

素养小课堂

关键词：爱国情怀；中国物流业高速发展；物流多项指标全球领先

经过三十多年发展，物流业已经成为国民经济的支柱产业之一和重要的现代服务业。2013 年，中国物流市场规模首次超过美国，成为全球第一。2021 年中国社会货运输量为 521 亿吨，同比增长 12.4%；货物周转量为 218134 亿吨千米，同比增长 10.9%。其中 2021 年中国铁路货运量为 47.2 亿吨，同比增长 5.9%；中国公路货运量为 391.4 亿吨，同比增长 14.2%；中国水运货运量为 82.4 亿吨，同比增长 8.2%；民航货运量为 732 万吨，同比增长 8.3%。2021 年中国铁路社会货物周转量为 33190.7 亿吨千米，同比增长 9.3%；公路货物周转量为 69087.7 亿吨千米，同比增长 14.8%；水运社会货物周转量为 115577.5 亿吨千米，同比增长 9.2%；民航货物周转量为 278.2 亿吨千米，同比增长 15.8%。我国铁路货物发送量、铁路货物周转量、公路货运量、港口吞吐量、集装箱吞吐量、快递量均居世界第一，民航货运量居世界第二。

在规模快速扩展的同时，物流能力有很大提升。2021 年，全国铁路营业里程突破 15 万千米，其中高速铁路运营里程超 4 万千米，居世界第一位；全国公路总里程达到 519.81 万千米，其中高速公路通车里程 16.10 万千米，居世界第一；2020 年，全国内河航道通航里程 12.8 万千米，其中高等级航道 1.6 万千米。我国沿海港口万吨级及以上泊位数都稳居世界第一。

8.1.4　不同运输方式的特点与性能的比较

我们对多种运输方式的固定成本及可变成本进行比较，如表 8.2 所示。表 8.3 则根据多种运输方式在速度、可得性、可靠性、实际运输能力及运输频率等方面的运作情况，对运输方式的运作特性进行了排序。

表 8.2　多种运输方式的成本结构比较

运输方式	成本结构
铁路运输	设备、站点、铁轨等固定成本较高，可变成本较低
公路运输	固定成本较低，可变成本适中（燃料费、维修费等）
水路运输	固定成本适中（船只和设备），可变成本较低（能够运送大吨位产品）
航空运输	固定成本较低（飞机、物料处理和货运系统），可变成本较高（燃料费、劳动力成本和保养维修费等）
管道运输	固定成本最高（通行权、建设费用、设置控制站点、泵送能力），可变成本最低（不存在大量的劳动力成本）

表 8.3　不同运输方式的运作特性排序

运作特点	铁路运输	公路运输	水路运输	航空运输	管道运输
速度	3	2	4	1	5
可得性	2	1	4	3	5
可靠性	3	2	4	5	1
实际运输能力	2	3	1	4	5
运输频率	4	2	5	3	1

　　速度反映在运输过程中所耗费的时间。航空运输是最快的运输方式。可得性是指运输方式能够为任何发货地和目的地提供服务的能力。公路运输具有最大的可得性，因为它可以直接穿梭于产品的生产地和销售地之间。可靠性是指针对预期的或公开的运输进度表来说，运输方式发生变化的可能性。管道运输具有非常强的连续性，并且几乎不受天气和交通堵塞的影响，所以具有最高的可靠性。实际运输能力是指运输方式对各种运输要求的处理能力，如货载规格的要求等。水路运输的实际运输能力最强。最后一个指标是运输频率，它与预期的运输量有关。由于管道运输能够在产品的生产地和销售地之间连续提供服务，因此它在运输频率上优于其他运输方式。综上所述，公路运输在以上 5 项运作特点中都占据了相对较高的排名。

❋ 8.1.5　运输网络

　　运输网络是指在一定空间范围（国家或地区）内，由一种或多种运输方式的运输线路和运输枢纽等固定设施，按照一定的原则和要求所构成的网络。运输线路是运输网络的基干，运输枢纽（包括港、站）是线路与线路的连接处，是各种运输线路联结成网的节点。运输网络是运输生产的主要物质基础，其空间分布、通过能力和技术装备体现了整个运输系统的状况和水平，在运输业发展中占有十分重要的地位。

　　基本的运输网络有 4 种，即直接运输网络、"送奶线路"直接运输网络、通过配送中心的运输网络和通过配送中心使用"送奶线路"的运输网络。

1．直接运输网络

　　直接运输网络使所有的产品直接从供应商处运达零售商处，如图 8.9 所示。每一次运输的线路都是指定的，企业在权衡运输费用和库存费用后，便可以选择出合适的运输数量和运输方式。对于供应商和零售商来说，只要零售店的规模足够大，每次的最佳运输规模都与运输车辆的最大运载量相近，那么直接运输网络就是行之有效的；对于小型零售店来说，若采用直接运输网络，则会使其成本过高。

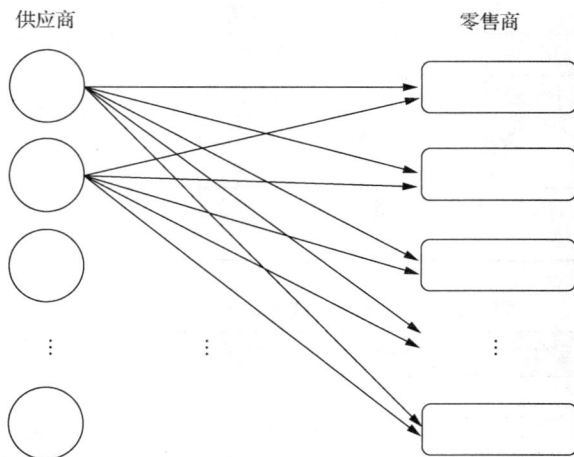

图 8.9　直接运输网络

2．"送奶线路"直接运输网络

"送奶线路"是指一辆货车将从一个供应商那里提取的产品送到多个零售商处所经历的线路，或者从多个供应商那里提取产品送至一个零售商处所经历的线路。图 8.10 所示为"送奶线路"直接运输网络。在该运输网络中，供应商通过一辆货车直接向多个零售商送货，或者由一辆货车从多个供应商那里装载要运送给一个零售商的产品。一旦选择了该运输网络，物流管理者就必须对每条"送奶线路"进行规划。

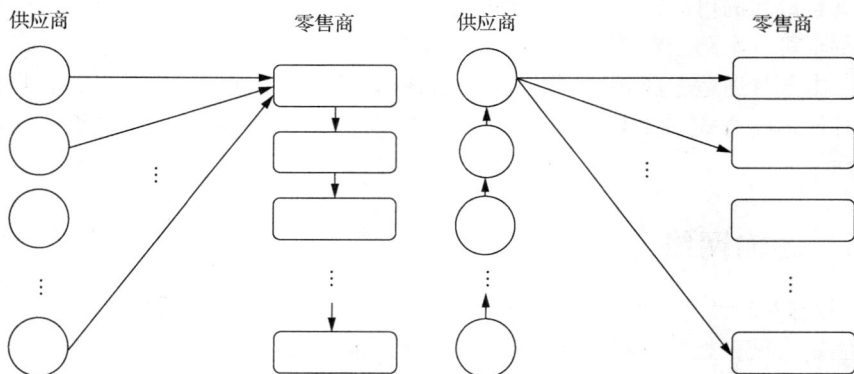

图 8.10　"送奶线路"直接运输网络

3．通过配送中心的运输网络

在这种运输网络中，供应商并不直接将产品运送到零售商处，而是先将产品运送到配送中心，再通过配送中心送给零售商。物流控制中心根据空间位置将零售商划分区域，并在每个区域建立一个配送中心。供应商将产品送至配送中心，然后由配送中心选择合适的运输方式，再将产品送到零售商处，如图 8.11 所示。

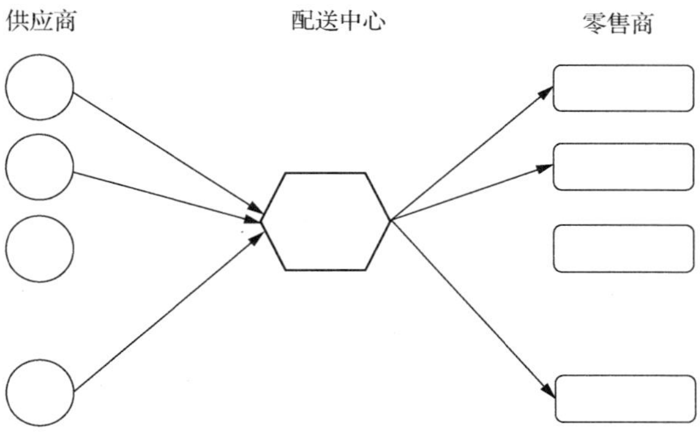

图 8.11 通过配送中心的运输网络

在这一运输网络中，配送中心是供应商和零售商之间的中间环节，它发挥着两种不同的作用：一方面进行产品保管，另一方面则起着转运点的作用。当供应商和零售商之间的距离较远、运费昂贵时，配送中心（进行产品保存和转运）有利于减少物流系统中的成本耗费。通过使进货地点靠近最终目的地，配送中心使整个物流系统获得了规模经济的优势，因为每个供应商都将配送中心管辖范围内的所有商店的进货送至该配送中心，而且配送中心的送货费不会太高，它只为附近的商店送货。例如，沃尔玛在某一区域内建立了许多由一个配送中心支持的商店，在进货方面，所有商店从供应商处的进货能装满货车并获取规模经济效益；而在送货方面，为了获取规模经济效益，配送中心把不同供应商发来的要运往同一零售商处的产品装在一辆货车上。

4．通过配送中心使用“送奶线路”的运输网络

如果每家商店的进货规模较小，配送中心就可以使用“送奶线路”向零售商送货。图 8.12 所示为通过配送中心使用“送奶线路”的运输网络。送奶线路通过联合的小批量运送降低了送货成本。例如，7-Eleven 便利店将来自新鲜食品供应商的产品在配送中心进行对接，并通过“送奶线路”向零售商送货。因为单家商店从供应商的进货不足以装满一辆货车，所以产品对接和“送奶线路”的使用使供应商在向每一家商店提供库存产品时降低了成本，同时使“送奶线路”的规划更加合理。

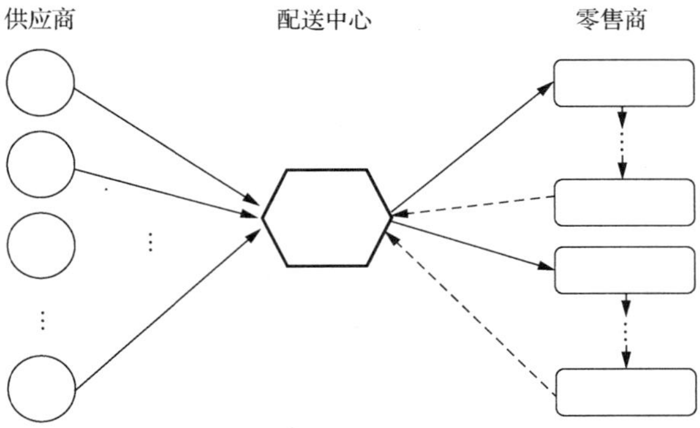

图 8.12 通过配送中心使用“送奶线路”的运输网络

8.1.6 运输合理化

运输合理化是指从物流系统的总体目标出发，按照产品流通规律，运用系统理论和系统工程的原理与方法，选择合理的运输路线和运输工具，以最短的路径、最少的环节、最快的速度和最少的劳动消耗组织好产品的运输与配送，以获取最大的经济效益。

1．不合理的运输形式

为了实现运输合理化，我们首先要了解不合理的运输形式及其表现。不合理的运输形式是指未达到在现有条件下可以达到的运输水平，从而造成运力浪费、运输时间增加、运费超支等问题的运输形式。不合理的运输形式主要有以下几种。

（1）起程或返程空驶

空驶，即空车无货载行驶，是最不合理的运输形式。在实际的运输组织中，有时候必须调运空车，不能将其看成不合理运输。但是，因调运不当、货源计划不周、未采用合理的物流运输工具或工具组合而造成的空驶，就是不合理运输的表现。

（2）对流运输

对流运输又称相向运输、交错运输，指在同一路线或平行路线上对同一品种产品或相互可以代替的产品进行相对方向运输，并且与对方运程的全部或部分交相重叠运送的不合理现象。对流运输有明显的和隐蔽的两种类型：明显的对流运输，是指相同的运输工具沿着同一路线进行相向运输；隐蔽的对流运输，是指相同的或不同的运输工具沿着平行路线进行相向运输。对流运输必然导致运力的浪费，增加产品的运输成本。

（3）迂回运输

迂回运输是舍近求远的一种运输形式，即本来可以选取短距离路线进行运输，却选择路程较远的路线进行运输的一种不合理形式。迂回运输有一定的复杂性，不能简单看待，只有因计划不周、路线不熟、组织不当而发生的迂回运输，才属于不合理运输。如果短距离路线有交通阻塞、道路情况不好或噪声、排气等特殊限制，那么这时的迂回运输不能称为不合理运输。

（4）重复运输

重复运输有两种形式：一种是本来可以直接将产品运到目的地，但是在未到达目的地或目的地之外的其他场所将产品卸下，再重复装运送达目的地的形式；另一种是同品种产品在同一地点一边向内运进，另一边又向外运出的形式。重复运输的最大弊端是增加了非必要的中间环节，降低了流通速度，增加了费用和货损。

（5）倒流运输

倒流运输指产品从销售地或中转地向产地或起运地回流的一种运输现象，其不合理程度高于对流运输。倒流运输往返两程的运输都是不必要的，形成了双程的浪费。倒流运输也可以看作隐蔽的对流运输的一种特殊形式。

（6）过远运输

过远运输指调运物资舍近求远，近处有资源不调而从远处调，这就造成拉长产品运输距离的浪费现象。过远运输占用运力时间长，运输工具周转慢，占压资金时间长且易出现货损，增加了费用支出。

（7）运力选择不当

运力选择不当是指未利用各种运输工具的优势或不正确地利用运输工具造成的不合理现象，常见的运力选择不当形式有弃水走陆、铁路或大型船舶的过近运输等。

（8）无效运输

装运的物资中，存在无使用价值的杂质（如煤炭中的矸石、原油中的水分、矿石中的泥土和砂石）含量过多或含量超过规定标准的运输就是无效运输。

2．运输合理化的有效途径

各种不合理的运输形式都是在特定的条件下显露出来的，企业在进行判断时必须注意其所处的条件。为了实现运输合理化，企业可以采取以下途径。

（1）合理选择运输方式

运输方式作为物流中的重要部分，要求企业必须进行合理选择。各种运输方式都有其不同的特征和不同的使用范围，企业在选择运输方式时应该系统全面地考虑，注重成本和运输的速度，综合考虑运输产品的数量、运输的距离、运输的时间等各种因素。

（2）合理安排运输工具

在运输中开展中短距离铁路公路分流，"以公代铁"。"以公代铁"是指在公路运输经济里程范围内，或者经过论证，超出通常平均经济里程范围，也尽量选择公路运输。我国"以公代铁"目前在杂货、日用百货及煤炭的运输中使用较为普遍，其运输里程一般在 200 千米以内，特殊情况下可达到 700～1000 千米。

（3）提高运输工具实载率

实载率有两个含义：一是指单车实际载重与运距之乘积和标定载重与运输里程之乘积的比率，是安排单车、单船运输时判断装载合理与否的重要指标；二是指在一定时期内车船实际完成的产品周转量（以吨千米计）占车船载重吨位与行驶千米之乘积的百分比。配载运输是提高运输工具实载率的一种有效形式。

（4）尽量发展直达运输

直达运输是追求运输合理化的有效途径，它通过减少中转过载换载提高运输速度，节省装卸费用，降低中转货损。直达运输的优势在一次运输批量和客户一次需求量达到一整车时表现最为突出。此外，在生产资料、生活资料运输中，直达运输能够建立稳定的产销关系和运输系统，有利于提高运输的计划水平和运输效率。

（5）发展社会化的运输系统

社会化的运输系统指发展运输的大生产优势，实行专业分工，打破一家一户自成运输体系的状况。发展社会化的运输系统，企业可以统一安排运输工具，避免对流运输、倒流运输、起程或返程空驶、运力选择不当等多种不合理的运输形式，不但可以追求组织效益，而且可以实现规模效益。因此，发展社会化的运输系统是运输合理化的非常重要的措施。在社会化的运输系统中，多式联运是其中水平较高的方式。

（6）通过流通加工，使运输合理化

不少产品由于产品本身形态及特性问题，很难实现运输的合理化，但只要进行适当加工，企业就能够有效解决运输合理化问题。例如，企业将造纸材料在产地预先加工成干纸浆，然后压缩体积进行运输，就能解决造纸材料运输不满载的问题；将轻质的大体积产品预先捆紧并包装成规定尺寸装车，就容易提高装载量；木材、钢板等只要预先去除边角余料，就能提高车辆装载率，降低运输成本。

8.2　电子商务物流配送管理

配送是实现电子商务的重要保障，掌握配送的概念、种类、配货方法、配送要素、配送模式以及配送合理化的具体措施等，对于从事电子商务物流的人员来说是十分必要的。

✳ 8.2.1 配送概述

我国《物流术语》对配送的定义是：在经济合理区域范围内，根据客户要求对产品进行必要的拣选、加工、包装、分割、组配等一系列作业，并按时将产品送达客户指定地点的物流活动。配送是物流中一种特殊的、综合的活动形式，是商流与物流的紧密结合，包含商流活动和物流活动，也包含物流中的若干功能要素。在现代物流与供应链管理中，配送一直被看作运输功能的一个组成部分或者末端运输。如今，配送已经发展成为同运输功能并列的一个独立功能。配送的内涵主要体现在以下几点。

第一，满足客户对物流服务的需求是配送的前提。在买方市场条件下，客户的需求是灵活多变的，消费特点是多品种、小批量的。从这个意义上说，配送绝不是简单的送货活动，而应该是建立在市场营销策划基础上的企业经营活动。配送已经成为多项物流活动的统一体。

第二，配送是"配"与"送"的有机结合。"合理的配"，是指在开展送货活动之前，配送中心必须依据客户需求对送货活动进行合理的组织与计划。只有有组织、有计划的"配"才能实现现代物流管理中低成本、高效率的"送"，进而有效满足客户的需求。

第三，配送是在经济合理区域范围内实施的。配送不宜在大范围内实施，通常仅局限在一个城市或地区范围内进行。

配送与运输、送货具有一些共同点，都是把产品从某一个地方运送到目的地，都属于物流活动，然而三者之间存在一定的区别，如表 8.4 所示。

表 8.4 配送与运输、送货的区别

项目	主要业务	一般特点
配送	分货、配货、送货、运输方式和工具选择、路线和行程确定、车辆调度	支线、市场末端、短距离、多品种、小批量、多批次、短周期的产品移动
运输	集货、送货、运输方式和工具选择、路线和行程确定、车辆调度	干线、中长距离、少品种、大批量、少批次、长周期的产品移动
送货	由生产企业承担，中转仓库的送货只是一项附带业务	简单的产品运输活动，技术装备简单

✳ 8.2.2 配送分类

为满足不同产品、不同客户、不同流通环境的要求，配送中心可以采用不同形式的配送。配送依据不同的划分标准具有不同的分类。

1. 按配送产品品种和批量大小分类

（1）少品种、大批量配送

这种配送适用于运输量较大的产品，一个或少数几个品种就可以达到较大的运输量。此类产品可实行整车运输，往往不需要与其他产品进行搭配，可由专业性很强的配送中心进行配送。此种配送形式主要适用于大宗产品，如煤炭等的配送。

（2）多品种、小批量配送

这种配送指配送中心按客户要求，将其所需的各种产品（每种产品需求量不大）配备齐全并凑成整车后，再送达客户手中的形式。日用产品的配送多采用这种形式。多品种、小批量配送适应了现代消费多样化、需求多样化的新观念。

2．按配送时间及数量分类

（1）定时配送

定时配送是指按规定时间间隔进行配送，如数天或数小时配送一次。每次配送的产品品种及数量可按计划执行，也可在配送之前以商定的联络方式（如电话、计算机终端输入等）进行通知。此种配送时间固定，配送中心易于安排工作计划，对客户来讲，也易于安排接货力量（如人员、设备等）。但是，由于配送的产品品种经常变化，所以配货、装货难度较大，在配送产品的数量变化较大时，配送运力安排也容易出现困难。定时配送包括日配送、隔日配送、周配送、月配送、准时配送等形式。

（2）定量配送

定量配送是指按规定的批量在一个指定的时间范围内进行配送。定量配送的产品数量是固定的，备货工作较为简单，可以按托盘、集装箱及车辆的装载能力规定配送的批量，能有效利用托盘、集装箱及车辆装货，配送效率较高。由于时间没有严格限定，配送中心可以将不同客户所需产品凑成整车后配送，提高运力利用率。对客户来讲，每次接货的产品数量相等，有利于人力、物力的准备。

（3）定时定量配送

定时定量配送是指按照规定的配送时间和配送数量进行配送。这种配送兼有定时配送、定量配送两种配送形式的优点，但制订配送计划的难度较大，适用的产品对象不多，不是一种普遍的配送形式。

（4）即时配送

即时配送是完全按客户提出的配送要求进行配送，是具有很强灵活性的一种应急配送形式。采用即时配送的产品可以实现保险储备的零库存，即用即时配送代替保险储备。

3．按配送的组织形式分类

（1）集中配送

集中配送是由专门从事配送业务的配送中心对多个客户开展配送。集中配送的产品品种多、数量大，配送中心一次可同时对同一线路上的几个客户进行配送，配送的经济效益明显。集中配送是配送的主要形式。

（2）共同配送

共同配送也称共享第三方物流服务，指多个客户联合起来，共同由一个第三方物流服务企业提供配送服务。共同配送是在配送中心的统一计划、统一调度下进行的，可以实现配送车辆共享，提高车辆实载率和配送经济效益，有利于降低配送成本。

（3）分散配送

分散配送是由商业零售网点对小量、零星产品或临时需要的产品进行的配送。这种配送形式适用于近距离、多品种、小批量的产品。

（4）加工配送

加工配送是指产品在配送中心进行必要的加工后进行配送，这种配送形式使流通加工和配送一体化，使加工更有计划性，配送服务更趋完善。

4．按配送的职能形式分类

（1）销售配送

批发企业建立的配送中心多采取销售配送形式。批发企业通过配送中心，把产品批发给各零售商店的同时，也可与生产厂家合作；生产厂家可委托配送中心储存产品，使配送中心按厂家指定的时间、地点进行配送。若生产厂家是外地的，则可以采取代理的方式促进产品销售。此外，批发企业的配送中心还可以为零售商店提供代存代供配送服务。

（2）供应配送

供应配送是指客户为了自己的供应需要所采取的配送形式。在这种配送形式下，由客户或客户集团组建配送中心，集中组织大批量进货，然后向本企业配送或向本企业集团若干企业配送。供应配送使得零售商店与供应方之间的业务变为同一企业集团的内部业务，是保证供应水平、提高供应能力、降低供应成本的重要方式。

（3）销售与供应相结合的配送

销售与供应相结合的配送指配送中心与生产厂家及企业集团签订合同，既负责一些生产厂家的销售配送，又负责一些企业集团的供应配送。配送中心具有上连生产厂家的销售配送、下连企业集团的供应配送两种职能，实现配送中心与生产厂家及企业集团的联合。

（4）代存代供配送

代存代供配送指客户将属于自己的产品委托给配送中心代存代供，有时还委托代订和组织配送。这种配送在实施前不发生产品所有权的转移，配送中心只是客户的代理人，产品在配送前后都归客户所有。配送中心仅从代存代供中获取收益。

❋ 8.2.3 配货方法

1．分货式配货

分货式配货又称播种法，分货人员从储存点集中取出各个客户共同需要的产品，然后巡回于各个客户的货位之间，将这一种产品按客户的需求量分放，再集中取出客户共同需要的第二种产品。如此反复进行，直至客户需要的所有产品都分放完毕，同时完成各个客户的配货工作。这种配货方法适用于产品易于集中移动，且客户对同一种产品需求量较大的情况。分货式配货的工艺难度较高，计划性较强，容易发生分货错误的情况。

（1）"人到货"分拣方法。这种方法是分拣货架不动，即产品不动，分拣人员通过人力拣取产品。在这种情况下，分拣货架是静止的，而分拣人员带着流动的集货货架或容器到分拣货架区拣货，然后将产品送到静止的集货点。

（2）分布式"人到货"分拣方法。在这种分拣作业系统下，分拣货架也是静止的，但分货作业区被输送机分开。分拣人员拣货到皮带，巷道被输送带分割，分拣人员在输送带两边的货架上分拣。这种分拣方法也称为"货到皮带"法。

2．拣选式配货

拣选式配货又称摘果法，负责理货的工人或理货机械巡回于产品的各个储存点，按理货单指令取出所需产品；巡回一遍，则为一个客户配齐产品。由于采用按单拣选，这种配货方法的准确度较高，不容易发生货差等错误，还具有机动灵活的特点。

分货式配货和拣选式配货的对比如表 8.5 所示。

表 8.5　分货式配货和拣选式配货的对比

配货方法	优点	缺点	适用情况
分货式配货	① 缩短拣取搬运距离，增加单位时间拣取量； ② 越是少量、多批次的配送越有效	① 订单处理滞后； ② 大规模作业需要专门的分货设备	① 订单数量庞大，各订单的产品差异小； ② 客户需求计划较为稳定； ③ 中体积、小体积产品

配货方法	优点	缺点	适用情况
拣选式配货	① 订单前置时间短，灵活机动； ② 作业简单，容易导入； ③ 作业人员责任明确，派工容易； ④ 拣货后无须分类作业	① 品种多时，拣货路线长，效率降低； ② 少量、多批次拣取时，拣货路径重复，费时，效率降低	① 各订单的产品差异大； ② 临时紧急需求； ③ 无法使用分货式配货的大件产品

3．分拣式配货

分拣式配货包括"货到人"和闭环"货到人"两种分拣方法。

（1）"货到人"分拣方法。这种作业方法是分拣人员不动，由自动化物流系统将托盘（或分拣货架）上的产品搬运至分拣人员面前，由不同的分拣人员拣选；拣出的产品集中在集货点的托盘上，然后由搬运车辆运送。

（2）闭环"货到人"分拣方法。在这种作业方法中，托盘总是有序地放在地上或搁架上，处在固定位置；输送机将托盘送到集货点，分拣人员根据拣货单拣选分拣货架上的产品并放到载货托盘上，然后移动分拣货架，再由其他的分拣人员拣选；最后通过另一条输送机，将拣空后的分拣货架（或托盘）送回。

4．自动分拣式配货

自动分拣式配货可分为三大类：自动分拣机分拣、机器人分拣和自动分拣系统分拣。

（1）自动分拣机分拣。自动分拣机一般称为盒装产品分拣机，这种分拣机有两排倾斜的放置盒状产品的货架，货架上的产品按品种、规格分别分列堆码，货架的下方是皮带输送机。自动分拣机分拣指自动分拣机根据集货货架或容器上条形码的扫描信息控制货架上每列产品的投放，投放的产品直接装进集货容器中，或落在皮带上，再由皮带输送进入集货货架或容器。

（2）机器人分拣。与自动分拣机分拣相比，机器人分拣具有很高的柔性。

（3）自动分拣系统分拣。当供应商或货主通知配送中心按订单发货时，自动分拣系统可在最短的时间内从庞大的存储系统中准确找到要出库的产品所在的位置，并按所需数量、品种、规格进行分拣。自动分拣系统需要自动存取系统的支持。

✳ 8.2.4　配送要素

集货、分拣、配货、配装、配送运输、送达服务及配送加工等是配送最基本的构成要素。

（1）集货。集货指将各个客户所需要的各种产品，按需要的品种、规格、数量，从仓库的各个货位拣选并集中起来，以便进行装车配送的作业。

（2）分拣。分拣是将集货形成的集中产品按品种、出入库先后顺序进行分门别类堆放的作业。分拣是配送不同于其他物流形式的功能要素，也是配送的一项重要支持性工作。

（3）配货。配货是使用各种拣选取设备和传输装置，将存放的产品，按客户要求分拣出来，配备齐全，送入指定发货地点。

（4）配装。在单个客户配送数量不能达到车辆的有效运载负荷时，就存在如何集中不同客户的配送产品，进行搭配装载，以充分利用运能、运力的问题，这就需要配装。通过配装送货可以大大提高送货水平及降低送货成本。

（5）配送运输。配送运输是较短距离、较小规模、频度较高的运输形式，一般使用汽车作为运输工具。配送运输的路线是要进行特别的计划组织的。

（6）送达服务。送达服务不仅包括将产品送到客户手中，以及有效、方便地处理相关手续并完成结算，还包括安装、使用及信息咨询等方面的服务活动。

（7）配送加工。配送加工是按照客户的品种要求进行的流通加工活动。它可以增加配送产品的实用程度，提高客户的满意度，增加配送的吸引力。

8.2.5 配送模式

配送模式是企业对配送所采用的基本战略和方法。它是配送诸要素的组合形态及配送的标准形式，是适应经济发展需要并根据配送对象的性质、特点及工艺流程形成的相对固定的配送规律。配送模式按配送承担者划分，可分为自营配送模式、共同配送模式和第三方配送模式。

1．自营配送模式

自营配送模式是指企业物流配送的各个环节由企业自身筹建并组织管理，一般通过独立组建配送中心，实现对企业内部及外部的产品配送。它是目前一些综合性企业广泛采用的一种配送模式。自营配送模式有利于企业供应、生产和销售的一体化作业，系统化程度相对较高，既可以满足企业内部原材料、半成品及成品的配送需要，又可以满足企业对外进行市场拓展的需求。但企业独立组建配送中心，投入的资源将会大大增加，在企业配送规模较小时，配送的成本和费用相对较高，而且会造成社会资源浪费。

较典型的企业内自营配送模式就是连锁企业的配送。许多连锁企业都是通过组建自己的配送中心，以完成对内部各场、店的统一采购、统一配送和统一结算的。

2．共同配送模式

共同配送模式也称协同配送模式，是指生产企业、商业企业或配送企业为了提高配送效率以及实现配送合理化所建立的一种功能互补的配送合作模式。共同配送模式的优势在于，有利于实现配送资源的有效配置，弥补配送企业功能的不足，促进配送企业配送能力的提高和配送规模的扩大，更好地满足客户需求，提高配送效率，降低配送成本，实现配送的合理化和系统化。企业采用共同配送模式，目的在于最大限度地提高人员、产品、资金、时间等资源的利用率，降低成本，提高服务质量。共同配送是配送合理化的途径之一，但是其建立和运行需要一定的客观条件，也面临许多困难，具体表现在功能互补的企业不易选择，企业间的协调沟通等问题难以有效解决。

共同配送模式可以分为以货主为主体的共同配送模式和以配送业为主体的共同配送模式。共同配送模式最典型的案例是7-Eleven便利店构建的物流共同配送系统，该系统由共同配送中心代替特定批发商，分别在不同的区域统一集货、统一配送。

3．第三方配送模式

第三方配送模式是与自营配送模式相对的一种配送模式，也称为配送外包，是指由具有一定规模的、专业从事配送业务的第三方配送企业，利用其自身业务和资产优势，承担客户在规定区域内的配送业务。第三方配送企业从事的是配送代理业务，本身不购销产品，专门为客户提供产品保管、分拣、加工、运送等服务，具有专业性和规模经济性。随着物流产业的不断发展以及第三方配送体系的不断完善，第三方配送模式已成为许多电子商务企业进行产品配送的首选模式和方向。

第三方配送模式最典型的案例是淘宝网，淘宝网的卖家可以选择的第三方配送企业主要有顺丰速运、申通快递、中通快递、百世快递、韵达速递、圆通速递等。

8.2.6　配送合理化

1．不合理配送的表现形式

（1）资源筹措不合理。配送企业需要通过大批量筹措资源实现规模效益，降低配送成本，从而取得优势。如果仅仅是为某一两个客户代购代筹，那么配送企业不仅无法降低资源筹措费用，还要多支付一笔配送中转环节的代筹代办费用，因此是不合理的。

（2）库存决策不合理。配送应充分利用集中库存总量低于各客户分散库存总量之和，从而大大节约社会财富，降低客户的平均库存费用。因此，配送企业必须依靠科学管理降低库存总量，且库存量应保证满足市场需求。

（3）价格不合理。总体来讲，配送的价格应低于客户进货时自己提货、运输、进货的成本之和，这样才会使客户有利可图。有时候，如果配送有较高的服务水平，那么稍高的价格也是客户可以接受的，但这不是普遍现象。如果配送价格过高，损伤了客户的利益，就是一种不合理的配送表现。如果配送价格过低，配送企业处于无利或亏损状态，也是不合理的。

（4）配送与直达的决策不合理。一般来说，由于配送中转环节较多，物流成本会增加。如果客户需要的产品批量较大，配送企业可以直接通过社会物流系统均衡送货批量，这比通过配送中转环节送货更节约费用。在这种情况下，不直接进货而通过配送中转送货，就属于不合理范畴。

（5）运输不合理。集中配载可以实现一车送几家，相比于一户一送大大节省了运力和运费。如果不能利用这一优势，仍然是一户一送，车辆将达不到满载，这就属于不合理运输。此外，不合理运输的其他表现形式在配送中都可能出现，会使配送变得不合理。

（6）经营观念不合理。在配送实施中，有许多配送不合理是因为经营观念不合理，使配送优势无从发挥，损坏了配送企业的形象。例如，配送企业在资金紧张时，长期占用客户资金；在资源紧张时，将客户委托资源挪作他用以获利等。

2．配送合理化的具体措施

（1）推行专业化配送。专业化配送是指根据产品的性质来分类，由各专业经销组织独立地进行配送。专业经销组织通过采用专业设备、设施及操作程序，以取得较好的配送效果，降低配送的复杂程度及难度，从而实现配送合理化。专业化配送主要适用于小杂货配送、生产资料配送、食品配送、服装配送等。

（2）推行加工配送。加工配送通过加工和配送相结合，使流通加工目的更明确，和客户联系更紧密，从而避免了盲目性，以实现配送合理化。加工和配送有机结合，可以实现在不增加投入的情况下充分发挥加工和配送的综合优势，是配送合理化的重要经验。

（3）推行共同配送。共同配送是在配送中心的统一计划、统一调度下展开的。共同配送可以以最近的路程、最低的配送成本完成配送任务，从而达到配送合理化的效果。

（4）推行送取结合。配送企业在配送时，将客户所需的物资送达后，再将该客户生产的产品用同一车辆运回，运回的产品也成为配送企业的配送产品之一，减轻了客户的库存压力。这种送取结合，使配送企业的运力得以充分利用，也使配送企业的功能得到更大的发挥，从而使配送趋向合理化。

（5）推行准时配送系统。配送做到了准时，配送企业才可以放心地实行低库存或零库存，客户也可以有效地安排接货的人力、物力。准时配送系统是现在许多配送企业追求配送合理化的重要手段。

（6）推行即时配送。作为计划配送的应急手段，即时配送是最终解决客户断供之忧、大幅度提高供应保证能力的重要手段。即时配送成本较高，但它是配送合理化的重要保证手段。此外，即时配送也是客户实行零库存的重要保证。

8.3 电子商务物流配送中心

物流配送中心是社会流通领域的重要组成部分，是发展现代流通业的承载平台，也是实体物流和信息流的有机结合体，在网上交易、电子结算、区域采购、加工配套等方面发挥着重要作用。

❋ 8.3.1 配送中心概述

配送中心的形成及发展是有历史原因的，是物流系统化和规模化的必然结果。配送中心是物流领域中社会分工、专业分工进一步细化之后产生的。根据国家标准《物流术语》，配送中心是从事配送业务且具有完善信息网络的场所或组织，应基本符合下列要求：（1）主要为特定客户或末端客户提供服务；（2）配送功能健全；（3）辐射范围小；（4）提供多品种、小批量、多批次配送服务。《物流手册》也指出，配送中心是从供应者手中接受多种大量的产品，进行倒装、分类、保管、流通加工和情报处理等作业，然后按照众多需求者的订货要求备齐产品，以令人满意的服务水平进行配送的设施。

❋ 8.3.2 配送中心的分类

1．按运营主体分类

（1）制造商型配送中心。这种配送中心的产品都是由制造商自己生产制造的，制造商可以及时将预先配齐的零部件运送到规定的加工和装配工位上。产品生产出来后，粘贴条形码和包装等多个方面都较易控制。设计现代化、自动化的制造商型配送中心比较容易，但不具备社会化的要求。

（2）批发商型配送中心。这种配送中心一般是按部门或产品类别的不同，把每个制造商生产的产品集中起来，然后以单一品种或搭配多个品种向消费地的零售商进行配送。批发商型配送中心的重要活动是对产品进行汇总和再销售，全部进货和出货都是社会配送，社会化程度高。

（3）零售商型配送中心。零售商发展到一定规模后，就可以考虑建立自己的配送中心，为超级市场、百货商店、建材商场、粮油食品商店、宾馆、饭店等提供服务。其社会化程度介于制造商型配送中心和批发商型配送中心之间。

（4）专业物流配送中心。这种配送中心有很强的运输配送能力，地理位置优越，可迅速将产品配送给客户。它为制造商或供应商提供物流服务，但配送中心的产品仍属于制造商或供应商，配送中心只提供仓储管理和运输配送服务。这种配送中心的现代化程度往往较高。

2．按服务范围分类

（1）城市配送中心。城市配送中心是以城市为配送范围的配送中心，一般处于公路运输的经济里程内，可以使用汽车进行配送，直接将产品配送给最终客户。这种配送中心往往和零售经营相结合，运距短，反应能力强，适用于多品种、小批量、多客户的配送。

（2）区域配送中心。区域配送中心是以较强的辐射能力和库存准备，向全省、全国乃至世界范围内的客户配送产品的配送中心。这种配送中心的配送规模和批量较大，客户也较多，产品既配送给下一级的城市配送中心，也配送给批发商、零售商和企业客户。

3．按服务功能分类

（1）储存型配送中心。储存型配送中心拥有较大规模的仓储设施，具有很强的储存功能。一般来讲，在买方市场下，企业产品销售需要有较大的库存支持，其配送中心需要有较强的储存功能；在卖方市场下，企业的原材料、零部件供应需要有较大的库存支持，配送中心也要有较强的储存功能。大范围配送的配送中心需要有较大库存，因此属于储存型配送中心。

（2）流通型配送中心。流通型配送中心是一种以暂存或随进随出方式运作的配送中心。该类型的配送中心包括通过型配送中心或转运型配送中心，二者基本上没有长期储存的功能，仅以暂存或随进随出的方式进行配货和送货。流通型配送中心通常用来向客户提供库存补充。

（3）加工型配送中心。加工型配送中心是一种根据客户需要对配送产品进行加工，然后实施配送的配送中心。这种配送中心行使加工职能，其加工活动主要有分装、改包装、集中下料、套裁、初级加工、组装、剪切、表层处理等。麦当劳和肯德基的配送中心就属于提供加工服务后向其连锁店配送产品的加工型配送中心。

4．按配送产品的属性分类

根据配送产品的属性，配送中心可以分为食品配送中心、日用品配送中心、医药品配送中心、化妆品配送中心、家电产品配送中心、电子产品配送中心、书籍配送中心、服饰配送中心、汽车零件配送中心及生鲜处理中心等。

8.3.3 配送中心的功能

1．采购供应功能

配送中心必须首先采购将要配送的产品，这样才能及时且准确无误地为生产企业或商业企业供应物资。配送中心应根据市场的供求变化情况，制订并及时调整采购计划，并由专门的人员与部门组织实施采购计划。

2．存储保管功能

配送中心的服务对象是数量众多的生产企业和商业企业，配送中心需要按照客户的要求将各种配装好的产品及时送交客户手中，满足其生产和消费的需要。为了顺利有序地完成向客户配送产品的任务，为了更好地发挥保障生产和消费需要的作用，配送中心通常要兴建现代化的仓库并配备一定数量的仓储设备，存储一定数量的产品并确保产品质量完好。

3．分拣配送功能

配送中心的客户数量众多，彼此差别很大。不仅各自的性质不同，而且经营规模也大相径庭。因此，在订货或进货时，不同的客户对于产品的种类、规格、数量会提出不同的要求。针对这种情况，为了有效地进行配送，即为了同时向不同的客户配送多种产品，配送中心必须采取适当的方式对产品进行拣选，并按照配送计划分装和配装产品，借助运输工具将产品运送到客户手中。

4．集货散货功能

集货散货功能是配送中心具备的一项基本功能。实践证明，配送中心能够将分散在各个生产企业的产品集中到一起，然后经过分拣、配装，向多个客户发运。与此同时，配送中心可以把各个客户所需要的多种产品有效进行组合或配装，形成经济、合理的装载批量，这样可以提高运输工具的满载率，有效降低物流成本。

5．流通加工功能

配送中心能够按照客户提出的要求，并根据合理配送的原则，将组织购进的产品进行下料、打孔、解体、分装、贴标签和组装等初加工活动。流通加工功能是现代配送中心服务职能的具体体现，也是某些配送中心的一项重要业务。配送中心积极开展流通加工业务，不仅提高了自身的经营和服务水平，也有利于提高资源的利用率和配送效率。

6．信息提供功能

配送中心开展内部作业活动和连接供需各方都需要有完整的信息处理系统。信息处理系统将对各个作业环节的信息进行实时采集、分析、传递，为配送中心的经营管理、战略制定、产品配送路线开发等提供有用信息，有效地为整个流通过程的控制、决策和运转提供依据。配送中心的信息提供功能是物流系统中的重要功能，它深入物流活动中的各个环节。

❋ 8.3.4　配送中心的作业流程

配送中心的特性或规模不同，其运营涵盖的作业项目和作业流程也不完全相同。本节主要分析配送中心的一般作业流程。所谓一般作业流程，是指配送中心作为一个整体，在进行配送作业时所展现出的工艺流程。配送中心的一般作业流程如图 8.13 所示。

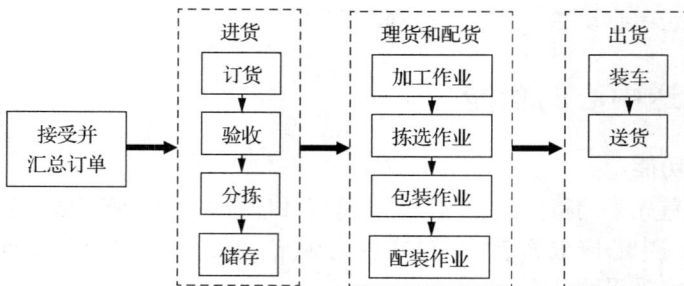

图 8.13　配送中心的一般作业流程

1．接受并汇总订单

接受并汇总客户的订单，是配送中心组织、调度进货、理货、送货等活动的重要依据，是配送中心作业流程的开端。配送中心有专门的机构以各种方式收集客户的订单并汇总。接受配送服务的各个客户，一般要在规定时间前将订单发送给配送中心，后者将在规定时间截止之后将各个客户的订单进行汇总，以此确定所要配送产品的种类、规格、数量和配送时间等。

2．进货

（1）订货。配送中心接受并汇总客户的订单以后，首先要确定配送产品的种类和数量，然后查询本系统现有库存物资中有无所需要的现货。如有现货，则转入拣选流程；若没有现货或现货数量不足，则要及时向供应商发出订单，进行订货。有时，配送中心也要根据客户的需求情况、销售情况及与供应商签订的协议，提前订货，以备发货。通常，在物资充足的情况下，配送中心向供应商发出订单后，供应商会根据订单的要求尽快组织供货，配送中心的工作人员收到产品后，需要在送货单上签字，并对产品进行检验。

（2）验收。验收指采取一定的手段对接收的产品进行检验。若与订货合同要求相符，产品很快转入下一道工序；若不符合订货合同要求，配送中心将详细记载差错情况并拒收产品。按规定，质量不合格的产品将由供应商处理。

（3）分拣。对于供应商送交的产品，经有关部门验收之后，配送中心的工作人员随即按照产品类别、品种将其分门别类地存放到指定的仓位和场地，或直接进行下一步操作——加工和拣选。

（4）储存。为了保证配送活动正常进行，同时享受价格上的优惠，有些配送中心常常大批量进货，继而将产品储存起来，并经常进行库存产品的核验控制。

3．理货和配货

（1）加工作业。在配送中心进行的加工作业中，有的属于初级加工（如长材、大材改制成短材、小材等），有的属于辅助性加工（如按照与生产企业达成的协议，在配送中心给服装等产品粘贴标签、套上塑料袋等），也有的属于深加工（如把蔬菜、水果等食品进行冲洗、切割、过秤、分份和装袋等）。加工作业属于增值性经济活动，它完善了配送中心的服务功能。

（2）拣选作业。有人把拣选作业称为"出货的第一个环节"。拣选就是配送中心的工作人员根据要货通知单，从储存的产品中拣选出客户所需产品的一种活动。常见的做法是工作人员以拣选式配货方法拣选产品，同时，自动分拣式配货方式也日趋流行。

（3）包装作业。配送中心将客户所需产品拣选出来后，为了便于运输和识别各个客户的产品，有时要对配备好的产品重新进行包装，并在包装物上印上标签。这样，在拣选作业结束之后，工作人员常续接包装作业。

（4）配装作业。为充分利用载货车辆的容积，提高运输效率，配送中心常把同一条送货路线上不同客户的产品组合配装在同一载货车辆上。这样不但能降低送货成本，而且可以减少交通流量，改善交通拥挤状况。

4．出货

（1）装车。配送中心的装车作业有两种形式，一种是利用人力装车，另一种是使用机械装卸产品。通常，批量较大的较重产品都被放在托盘上用叉车进行装车，有些散装产品则用吊车或传送设备装车。因各配送中心普遍推行配装送货方式，故对装车业务要求按送货点的先后顺序组织装车，先到的放在混载产品的上面或外面，后到的放在下面或里面，要做到"轻者在上，重者在下""重不压轻"。

（2）送货。在一般情况下，配送中心会使用自备的车辆进行送货作业。有时，它也借助社会上专业运输组织的力量联合进行送货作业。此外，为适应不同客户的需要，配送中心在进行送货作业时常做出多种安排：有时是按照固定时间、固定路线为固定客户送货；有时不受时间、路线的限制，机动灵活地进行送货作业。

8.4 电子商务末端物流

随着电子商务的兴起，网购已经成为人们生活中的重要组成部分。根据国家邮政局统计，

2021 年中国快递年业务量累计完成 1083 亿件。这些数量巨大的包裹需要有效的物流服务，特别是末端物流做支撑。作为物流运作程序中的最后一个环节，末端物流的运营效率和管理水平的高低，极大地影响着客户的体验。

✿ 8.4.1　末端物流概述

1．末端物流的概念

末端物流是整个物流运作程序中的最后一个环节，是指将产品送至客户手中的一种最为直接的物流服务，其目的主要是服务于物流配送环节的终端客户，实现对客户的"门到门"服务。随着经济活动越来越以客户的需要为中心，末端物流也越来越受到重视。高质量的末端物流配送可以方便客户领取购买的产品，既有利于物流企业在客户心中建立良好形象，又有利于物流企业开拓更广泛的客户市场。

物流市场的成熟发展需要良好的末端物流配送进行支持。随着国内物流市场日益成熟，客户对物流服务质量、物流时效性等提出了更高的要求，而解决末端配送难题是提升物流服务质量和物流时效的关键所在。国内物流业一直受困于"最后一公里"等末端配送难题，虽然不少物流企业的物流网络建设良好，但是末端网点投入不足，管理混乱，客户投诉增多，服务质量堪忧，无法满足物流市场规模不断扩大后对末端物流配送的现实需求。

末端物流配送自身蕴含着巨大的商业价值。末端物流配送对物流企业来讲不仅是一个难题，同样也是一个巨大的商机。在大数据时代，末端物流配送背后积累的物流数据有着巨大的商业价值。末端物流的配送数据直接来自客户，这些数据成为物流企业在客户群体细分、产品细分、渠道细分等方面的重要指标，对于前端市场预测、客户满意度提高和供应链管理优化等十分重要。

2．末端物流的特点

（1）时效性。时效性是指客户购买的产品可以在计划时间内送达他们手中，这是对末端物流配送服务提出的最基本要求，也是客户最重视的末端物流配送服务因素之一。末端物流配送的时效性不仅可以缩短客户的等待时间，更重要的是兑现了物流企业及电商企业给予客户的承诺，还能体现物流企业的信誉及实力。

（2）可靠性。末端物流配送的任务不是单纯地将客户购买的产品送至他们手中，更重要的是要保证产品完整无损，这就要求末端物流配送有一定的可靠性。在产品装卸过程中，工作人员操作不当、包装方式不合理、天气比较恶劣等因素，甚至工作人员的业务素质不高等都可能对末端物流配送的可靠性产生负面影响。因此，物流企业需要对影响可靠性的物流风险保持高度警惕。

（3）沟通性。末端物流配送使物流企业与客户产生直接的接触与沟通，该环节的服务质量将会直接影响物流企业的信誉与形象。而且在与客户沟通的过程中，物流企业不仅能够掌握更多的客户信息，更能从客户那里获得宝贵的反馈意见，这对于物流企业的管理经营意义重大。

（4）便捷性。最大限度地方便客户、满足客户需求是末端物流配送一贯传承的服务理念。物流企业只有让客户享受十分便捷的物流服务，才会吸引更多的客户。如果物流企业为客户提供的提货地点交通不便利、偏远等，就会给客户带来极大的不便，导致大量客户选择其他更为便利的物流配送方式。

3．末端物流的现状

（1）配送成本高。为了完成末端物流配送任务，配送中心对产品进行分拣后，由派件员从配送中心取件，在其负责的配送区域进行配送。物流企业要建设配送网点，还要组建配送团队。由于客户群体数量庞大且配送区域分散，所耗费的人力、物力是非常巨大的。如果配送时客户不在接收地点，派件员还要再次进行配送，这些都会增加末端物流配送成本。数据统计结果显示，这个环节的配送成本占总成本的比重超过 3 成。

（2）配送效率低。代收点管理不善等因素，会导致包裹送达较慢，拉低物流企业的整体配送效率。因为派件员的配送时间与客户能拿取快递的时间存在时间差，所以派件员经常需要等待客户拿取快递，客户不在家时还需要进行二次配送等，导致传统的末端物流配送效率很难大幅提升。另外，城市交通管制时段限行或禁行，也会导致物流"最后一公里"配送效率低下。

（3）服务质量差。包裹送达慢、途中破损甚至丢失、派件员自行签收处理等现象频繁发生，降低了末端物流配送服务的质量，导致客户投诉率居高不下。目前，派件员的劳动报酬都是以配送的快递数量进行计算的，派件员为了多配送一些快递，经常未将快递送至收件人手中，导致包裹的安全性无法保证，快递延误、丢失、破损等情况时有发生，这也是导致消费体验不好的主要原因之一。

（4）资源共享差。某个地区会同时存在多家物流企业搭建的分流中心。不同物流企业的运营是相互独立的，每家物流企业都会组建配送团队、购进相关设备等，这样难以整合共享物流资源，不仅导致物流企业成本居高不下，还容易增加交通负担，导致行业整体运营效率难以提高。

4．末端物流的分类

（1）按服务区域分类。按物流的服务区域来分类，末端物流可以分为城市末端物流和农村末端物流。相比城市末端物流，农村末端物流的运营难度更大，这主要是因为农村交通基础设施差、农村市场需求分散，导致物流配送的"最后一公里"成本高昂。

（2）按生活场景分类。按物流服务的生活场景来分类，末端物流可以分为校园末端物流、社区末端物流、园区末端物流。目前，菜鸟裹裹、顺丰速运、中邮速递易在校园、社区和写字楼等场所均布局末端物流。

（3）按服务的对象分类。按物流服务的对象来分类，末端物流可以分为 B2B 末端物流和B2C 末端物流。其中，B2B 末端物流面向 B 端客户，如便利店、"夫妻店"等同城货运；B2C末端物流面向 C 端客户，即个体客户的同城快递。同城货运以 30 千克以上的产品运输为主，而同城快递则以信件和小型包裹运输为主。例如，阿里巴巴的"零售通"、京东的"新通路"等都在开展面向便利店等 B 端客户的物流"最后一公里"服务，中邮速递易、丰巢等企业在开展面向 C 端客户的物流"最后一公里"服务。

（4）按配送的模式分类。按配送的模式来分类，末端物流可以分为送货上门、代收点和自提柜等模式。其中，代收点模式又可以分为便利店代收、校园驿站代收、物业代收等模式。

（5）按人力资源的组织方式分类。按人力资源的组织方式来分类，末端物流可以分为自建末端物流和众包末端物流。自建末端物流就是派件员的招募与雇用都是由自己团队进行运营和管理。众包末端物流是利用众包这一种共享经济模式，吸收存量的社会人员加入配送体系。目前采用众包的方式进行末端物流业务运作的有达达、"饿了么"、京东到家等。

✳ 8.4.2　末端物流模式

国外的末端物流配送实践发展比较成熟，从模式上看，可以分为 3 种末端物流配送模式。一是共同配送的模式，即由若干个配送企业联合起来，为某一地区的客户提供集中配送服务的物流模式，可以通过集中优势大大节省社会资源。德国、日本、摩洛哥等国家的企业采用这种模式。二是与便利店合作的模式，即企业在便利店设置储物柜等，与便利店形成终端物流合作。美国、英国等国家的很多企业采用这种模式。三是自设终端物流中心的模式，即企业不依赖于其他机构，自身建立终端物流中心。这种模式的典型代表就是亚马逊，其在美国已经建立近 100 个巨型物流中心，覆盖了美国主要人口聚集城市，保障了末端物流配送的效率，使得 31% 的美国客户可以当日收件。借鉴国外先进的末端物流模式，我国物流企业也进行了业务模式创新，形成了送货上门、智能快递柜、代收点、共同配送等具有鲜明特色的末端物流模式。

1．送货上门模式

送货上门模式即快递员按照客户需求的时间和地点将产品送至收件人手上，收件人足不出户就可收到快递。送货上门模式对客户来说无疑是最好、最便捷的方式，客户只需在家中等待快递。目前，京东物流和顺丰速运主要采取送货上门模式，客户满意度较高。但是，送货上门要投入的人力、物力和时间成本是巨大的，且配送效率低，主要表现为快递员的配送时间往往和客户能收取快递的时间无法匹配。送货上门模式有时会出现快递员直接将包裹放在收件人家门口的情况，包裹的安全性无法保证，且物流企业对快递员的管理难度大，丢件、破损的情况时有发生。

2．智能快递柜模式

目前，劳动力资源减少，配送成本居高不下，物流企业提升配送服务的质量只能通过末端物流配送自动化、智能化来实现，智能快递柜模式被人们视为非常有效的末端物流模式。智能快递柜模式指在校园内或社区内设置自提柜提货点，快递员进行集中投递，客户自助提货的配送模式。快递员将快递放入智能快递柜，无须等待客户取件，也无须与客户约定时间派件，从而节省了配送时间，提升了配送效率。另外，智能快递柜能 24 小时作业，客户可以随时收取快递，从而提升了对物流服务的满意度。目前，典型的采用智能快递柜模式的物流企业有中邮速递易、丰巢等。

实例 8-1　智能快递柜的竞争格局

当然，智能快递柜也存在一些缺陷：智能快递柜空间有限，一些特大包裹无法入柜，造成投递困难；智能快递柜成本较高，投入相对较大。

3．代收点模式

代收点模式是指来自不同物流企业的快递员将需要配送的快递集中送至固定的第三方代收站点，由该站点进行二次分发。该模式主要用于高校、社区。第三方代收站点具有一定的资质和能力，不仅负责收发快递，还可以为客户提供其他服务。采用代收点模式，配送网点只需让快递员将当天的快递一并派送至对应区域的站点即可，无须进行其他任何操作，后续的操作都由站点完成。站点需要对快递进行上架、入库、出库等操作，对快递进行管理，保证快递的安全。

实例 8-2　菜鸟驿站

代收点模式根据提货点实现形式不同，分为两种：一是与便利店合作，二是建立专门的提货点。在城市"最后一公里"配送中，根据场景不同，提货点可分为校园提货点、社区提货点、园区提货点，这 3 个区域都是人口比较密集的区域，建立提货点可以大大提高配送效率和服务质量。采用代收点模式的典型企业有菜鸟驿站、熊猫快收等。

4．共同配送模式

虽然智能快递柜得到了人们的普遍认可，但末端物流配送不能完全依靠客户自提。有些产品需要送货上门，如高价值的产品，生鲜等对配送质量与配送时效性有较高要求的产品。在这种情况下，共同配送模式应运而生，典型代表有城市 100 共同配送模式。

实例 8-3　城市 100 共同配送模式

思考与练习

第 9 章　电子商务物流信息技术

学习目标

➢ 掌握商品条形码 EAN-13 码的结构。
➢ 了解常见的物流条形码的码制。
➢ 掌握二维条形码的类型和特点。
➢ 掌握条形码技术在物流供应链管理中的应用。
➢ 了解 RFID 技术的概念和特点。
➢ 掌握 RFID 系统的构成。
➢ 掌握 RFID 技术在物流供应链管理中的应用。
➢ 了解 GIS 的概念和发展。
➢ 掌握 GIS 的组成和功能。
➢ 掌握 GIS 技术在物流供应链管理中的应用。
➢ 了解 GPS 的特点和组成。
➢ 了解 GPS 的定位原理。
➢ 掌握 GPS 技术在物流供应链管理中的应用。

在电子商务时代，物流信息化是电子商务发展的必然要求，也是现代物流区别于传统物流的根本标志。电子商务物流信息技术的不断进步为信息的及时大规模传递创造了条件，把物流活动的各个环节整合起来进行管理，促进了物流能力和效率的显著提升。最具代表性的电子商务物流信息技术有条形码技术、RFID 技术、GIS 技术和 GPS 技术等。以上新技术的结合，对现代物流的发展起着巨大的推动作用。

9.1 条形码技术

开篇案例

沃尔玛利用物流信息
技术提升物流效率

条形码（Barcode）是将宽度不等的多个黑条和空白按照一定的编码规则排列，用以表达一组信息的图形标识符。常见的条形码是由反射率相差较大的黑条（简称条）和白条（简称空）排成的平行线图案。条形码目前在商品流通、图书管理、邮政管理、银行系统等许多领域都得到广泛的应用。本节将介绍条形码的发展历史、商品条形码、物流条形码、二维条形码，以及条形码在物流供应链管理中的应用等内容。

✳ 9.1.1 条形码技术概述

1．条形码的发展历史

条形码最早出现于 20 世纪 20 年代，诞生于威斯汀豪斯（Westinghouse）的实验室里。一位名叫约翰·科芒德（John Kermode）的发明家发明了最初的条形码，用于对邮政单据进行自动分拣。1949 年，美国乔·伍德兰德（Joe Wood Land）和伯尼·希尔沃（Berny Silver）两位工程师开始研究用代码表示食品项目及相应的自动识别设备，并获得了专利。这种代码的图案很像微型箭靶，被称为"公牛眼"代码。1969 年，美国电子现金收款机的出现加速了条形码在商业领域的推广。1970 年，美国超级市场 AdHoc 委员会制定了通用商品代码——UPC 码，此后许多团体也提出了各种条形码符号方案。UPC 码首先在杂货零售业中试用，这为以后条形码的统一和广泛使用奠定了基础。1971 年，布莱西公司研制出布莱西码及相应的自动识别系统，用于库存验算。这是条形码技术第一次在仓库管理系统中进行实际应用。1972 年，蒙那奇·马金（Monarch Marking）等人研制出库德巴（Code bar）码，美国的条形码技术进入新的发展阶段。1973 年，美国统一代码委员会（Uniform Code Council，UCC）建立了 UPC 条形码系统，实现了该码制的标准化。

1976 年，美国和加拿大在超级市场上成功使用了 UPC 条形码系统。1977 年，欧洲厂商在 UCC 的影响下，在 UPC-12 码的基础上，制定出欧洲商品编码 EAN 码，正式成立了欧洲物品编码协会（European Article Numbering Association，EAN）。1981 年，EAN 组织已经发展成为一个国际性组织，被称为国际物品编码协会（IAN）。但是由于历史原因和习惯，该组织至今仍旧被称为 EAN（后来改为 EAN-International）。EAN 为世界各国提供了一个唯一的编码体系和标识方法。

20 世纪 80 年代初，人们围绕提高条形码符号的信息密度进行了广泛研究。128 码和 93 码就是其中的重要成果。1990 年年底，世界上共有 40 多种条形码码制，相应的识别设备和印刷技术也得到了快速发展。

我国从 20 世纪 80 年代中期开始，把条形码的研究和推广应用逐步提上议事日程。1988 年 12 月，经过国务院批准，国家质量监督局成立了"中国物品编码中心"。该中心的任务是研究、推广条形码技术，同时组织、开发、协调和管理我国的条形码工作。1991 年 4 月，中国物品编码中心加入国际物品编码协会。

在经济全球化、信息网络化、生活国际化、文化国土化的资讯社会到来之时，起源于 20 世纪 40 年代、研究于 20 世纪 60 年代、应用于 20 世纪 70 年代、普及于 20 世纪 80 年代的

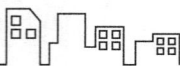

条形码技术以及各种应用系统，引起了世界流通领域的大变革。印刷在商品外包装上的条形码像一条条经济信息纽带，将世界各地的生产制造商、出口商、批发商、零售商和客户有机地联系在一起。

2．条形码的识别原理

由于条形码符号中的"条""空"对光线具有不同的反射率，从而使条形码扫描器接收到强弱不同的反射光信号，相应地产生电位高低不同的电脉冲。而条形码符号中"条""空"的宽度则决定电位高低不同的电脉冲信号的长短。扫描器接收到的反射光信号需要经光电转换成电信号，并通过放大电路进行放大。由于扫描光点具有一定的尺寸、条形码印刷时的边缘模糊性以及一些其他原因，经过电路放大的条形码电信号是一种平滑的起伏信号，这种信号被称为"模拟电信号"。"模拟电信号"需经整形变成通常的"数字信号"。根据码制对应的编码规则，译码器便可将"数字信号"识读译成数字、字符信息。

条形码扫描器利用光电元件将检测到的光信号转换成电信号，再将电信号通过模拟数字转换器转化为数字信号并传输到计算机进行处理。对于一维条形码扫描器，如激光型、影像型扫描器，扫描器通过从某个角度将光束发射到标签上并接收其反射回来的光线读取条形码信息。因此，在读取条形码信息时，光线要与条形码呈倾斜的角度，这样，整个光束就会产生漫反射，可以将模拟波形转换成数字波形。如果光线与条形码垂直照射，则会导致一部分模拟波形因过高而不能正常地转换成数字波形，从而无法读取信息。对于二维条形码扫描器，如拍照型扫描器，扫描器采用全向和拍照方式读取信息。因此，在读取条形码信息时，光线要与条形码垂直，定位十字和定位框应与所扫描的条形码吻合。

3．条形码的分类

（1）按码制进行分类

常用的码制有 UPC 码、EAN 码、交叉 25 条形码、Code 39 条形码和 Code 128 条形码等。

① UPC 码。UPC 码只能表示数字，有 A、B、C、D、E 5 个版本，版本 A 有 12 位数字，版本 E 有 7 位数字，最后一位为校验位。UPC 码主要在美国和加拿大使用，用于工业、医药、仓储等领域。

② EAN 码。EAN 码与 UPC 码兼容，且两者具有相同的符号体系，字符编号结构也是相同的。EAN 码有两个版本，即 EAN-13 码和 EAN-8 码，EAN-8 码为 EAN-13 码的缩短版。我国的通用商品条形码与其等效，日常购买的商品的包装上所印的条形码一般都是 EAN 码。

③ 交叉 25 条形码。交叉 25 条形码只能表示数字 0～9，长度可变，条形码呈连续性，所有条与空都表示代码。第一个数字由条开始，第二个数字由空组成，在所有一维条形码中的密度最高。交叉 25 条形码在初期广泛应用于仓储及重工业领域，而后应用于运输包装领域，目前主要应用于储运单元的识别与管理。

④ Code 39 条形码和 Code 128 条形码。它们是目前国内企业内部的自定义码制，可以根据需要确定条形码的长度和信息。其编码的信息可以是数字，也可以包含字母，主要应用于工业生产线领域、图书管理领域等，如表示商品序列号，图书、文档编号等。

（2）按维数分类

① 一维条形码。一维条形码是在一个方向（一般是水平方向）表达信息，而在垂直方向不表达任何信息。受信息容量的限制，一维条形码仅仅是对商品的标识，而不是对商品的

描述，故一维条形码的使用不得不依赖数据库。在没有数据库和不方便联网的地方，一维条形码的使用受到较大的限制，有时甚至变得毫无意义。

② 二维条形码。在水平和垂直方向的二维空间存储信息的条形码，称为二维条形码。二维条形码通过利用垂直方向的尺寸提高条形码的信息密度，真正实现了用条形码对商品进行描述。二维条形码密度高，信息含量大，保密、防伪性能好，可以将照片、指纹、掌纹、视网膜、声音、签名、文字等可以数字化的信息进行编码。因此，二维条形码是实现证件、卡片、档案、照片、票据等大容量、高可靠性信息自动存储、携带并自动识读的理想方法。

✲ 9.1.2 商品条形码

商品条形码是由国际物品编码协会和美国统一代码委员会规定的用于表示商品标识代码的条形码，包括 EAN 商品条形码（EAN-13 商品条形码和 EAN-8 商品条形码）和 UPC 商品条形码（UPC-A 商品条形码和 UPC-E 商品条形码）。商品条形码是 EAN · UCC 系统的核心组成部分，是 EAN · UCC 系统发展的根基，也是商业中最早应用的条形码符号。商品条形码主要应用于商店内的 POS 系统。

此处重点介绍 EAN 商品条形码，EAN 商品条形码有两个版本——标准版和缩短版。标准版表示 13 位数字，称为 EAN-13 码；缩短版表示 8 位数字，称为 EAN-8 码。

1．EAN-13 码

EAN-13 码一般由前缀码、厂商识别代码、商品项目代码和校验码组成，包括 3 种结构，如表 9.1 所示。

表 9.1　EAN-13 码的结构

结构种类	前缀码	厂商识别代码	商品项目代码	校验码
结构一	$X_1 X_2 X_3$	$X_4 X_5 X_6 X_7$	$X_8 X_9 X_{10} X_{11} X_{12}$	X_{13}
结构二	$X_1 X_2 X_3$	$X_4 X_5 X_6 X_7 X_8$	$X_9 X_{10} X_{11} X_{12}$	X_{13}
结构三	$X_1 X_2 X_3$	$X_4 X_5 X_6 X_7 X_8 X_9$	$X_{10} X_{11} X_{12}$	X_{13}

① 前缀码。EAN-13 码的前 2～3 位数字为国家或地区代码，称为前缀码。前缀码是用来标识国家或地区的代码，赋码权属于 EAN。例如中华人民共和国的国家代码为 690～695。

② 厂商识别代码。前缀码后面的 4～6 位数字为厂商识别代码，是对厂商的唯一标识，赋码权属于各个国家或地区的物品编码协会。

③ 商品项目代码。厂商识别代码后面的 3～5 位数字为商品项目代码，赋码权属于各个生产企业。不同的商品项目必须编制不同的商品项目代码。

④ 校验码。校验码用于校验厂商识别代码、商品项目代码的正确性，由前面的 12 位数字计算得出。

采用 EAN-13 码制的商品条形码示意图如图 9.1 所示。

2．EAN-8 码

EAN-8 码由 8 位数字组成，前 7 位为前缀码加商品项目代码，最后一位为校验码。EAN-8 码无厂商识别代码，用于标识商品项目的编码容量要小于 EAN-13 码，仅用于标识小型商品，在现实中应慎用。采用 EAN-8 码制的商品条形码示意图如图 9.2 所示。

起始符　左侧数据符　中间分隔符　右侧数据符　校验符　终止符

左侧空白区 →　　　　　　　　　　　　　　　← 右侧空白区

6 9 0 1 2 3 4 5 6 7 8 9 2

图 9.1　采用 EAN-13 码制的商品条形码示意图

起始符　左侧数据符　　　中间分隔符　右侧数据符　校验符　终止符

左侧空白区 →　　　　　　　　　　　　　　　← 右侧空白区

6 9 0 1 2 3 4 1

图 9.2　采用 EAN-8 码制的商品条形码示意图

✳ 9.1.3　物流条形码

物流条形码是供应链中用于标识物流单元的一种特殊代码，它贯穿整个贸易过程，并通过物流条形码数据的采集、反馈来提高整个物流系统的经济效益。

1．物流单元

（1）物流单元的概念

物流单元是指为需要通过供应链进行管理的运输或仓储而设立的任何组成单元。在供应链中，需要对物流单元进行个体的跟踪与管理。例如一箱有不同颜色与尺寸的 20 件裙子和 30 件夹克的组合包装，一个含有 40 箱饮料（每箱 12 盒装）的托盘都可以视为一个物流单元。跟踪和追溯供应链中的物流单元是 EAN·UCC 系统的一个重要应用。

（2）物流单元的标识

物流单元的标识是对在供应链中运转的物流单元进行标识。系列货运包装箱代码（Serial

Shipping Container Code，SSCC）是为物流单元（运输/仓储）提供唯一标识的代码。SSCC用 EAN·UCC 系统 128 条形码（简称 UCC/EAN-128 条形码）表示。SSCC 对于每一个特定的物流单元来说是唯一的，并且基本上可以满足所有的物流应用。

2．物流条形码的特点

与商品条形码相比较，物流条形码具有以下特点。

（1）物流单元的唯一标识。商品条形码是最终消费品（通常是单个商品）的唯一标识，用于零售业现代化的管理；物流条形码是物流单元的唯一标识，通常标识多个或多种类商品的集合，用于物流现代化的管理。

（2）服务于供应链全过程。商品条形码服务于消费环节，商品一经出售到最终客户手里，商品条形码就实现了其存在的价值；物流条形码服务于供应链全过程，生产厂家生产出商品，经过包装、运输、仓储、分拣、配送，直到零售商店，中间经过若干个环节，物流条形码是这些环节中的唯一标识，因此它涉及更广，是多个行业共享的通用数据。

（3）信息更为丰富。通常，商品条形码是一个无含义的 13 位数字条形码；物流条形码则是一个可变的，表示多种含义、多种信息的条形码，是货运包装的唯一标识，可表示商品的体积、重量、生产日期、批号等信息，是贸易伙伴根据在贸易过程中共同的需求，经过协商统一制定的。

（4）可变性。商品条形码是一个国际化、通用化、标准化的商品的唯一标识，是零售业的国际化语言；物流条形码是随着国际贸易的不断发展，贸易伙伴对各种信息需求的不断增加应运而生的，其应用范围在不断扩大，内容也在不断丰富。

（5）维护性。物流条形码的相关标准是一个需要经常维护的标准。

3．常用的物流条形码

物流条形码码制多种多样，但国际上通用的和公认的物流条形码码制只有 3 种：UCC/EAN-128 条形码、ITF-14 条形码及 EAN-13 条形码。选用条形码时，物流企业要根据不同的商品和不同的商品包装，采用不同的条形码码制。单个大件商品，如电视机、电冰箱、洗衣机等商品的包装箱往往采用 EAN-13 条形码。储运包装箱常常采用 ITF-14 条形码或UCC/EAN-128 条形码，其包装箱内可以是单一商品，也可以是不同的商品或多件小包装商品。

（1）UCC/EAN-128 条形码

UCC/EAN-128 条形码是由国际物品编码协会、美国统一代码委员会和自动识别制造商协会共同设计而成。它是一种连续型、非定长、有含义的高密度代码，能够更多地标识贸易单元的信息，如商品批号、数量、规格、生产日期、交货地、有效期等。

UCC/EAN-128 条形码由应用标识符和数据两部分组成。应用标识符由2～4 位数字组成，每一组应用标识符数字的含义是预先定义好的，用来说明其后面的数字表示的内容。例如，应用标识符 01 表示贸易项目代码，10 表示批号，11 表示生产日期，13 表示包装日期，15表示保质期等。UCC/EAN-128 条形码示例如图 9.3 所示。

(01) 6 6901234 00004 9 (17) 050101 (37) 10 (10) ABC

应用标识符

图 9.3　UCC/EAN-128 条形码示例

（2）ITF-14条形码

ITF-14条形码是商品外包装箱上常见的条形码。ITF-14条形码是一种连续性、定长、具有自校验功能，并且条、空都表示信息的双向条形码。ITF-14条形码的条形码字符集为0～9，采用14位数字代码进行编码，示例如图9.4所示。ITF-14条形码编码规则类似于EAN-13条形码，只是前面多了一位定量单元包装指示符，用于指示定量储运单元的不同包装。

图9.4　ITF-14条形码示例

❋ 9.1.4　二维条形码

1．二维条形码的概念

二维条形码（简称为二维码）是用某种特定的几何图形按一定规律在平面上（二维方向上）分布形成的黑白相间的、记录数据符号信息的图形。在代码编制上，其巧妙地利用构成计算机内部逻辑基础的"0""1"比特流的概念，使用若干个与二进制相对应的几何形体表示文字数值信息，通过图像输入设备或光电扫描设备自动识读以实现信息自动处理。它具有条形码技术的一些共性，每种码制有其特定的字符集，每个字符占有一定的宽度，具有一定的校验功能，同时还具有自动识别不同行的信息以及处理图形旋转变化等功能。

一维条形码与二维条形码的比较如表9.2所示。

表9.2　一维条形码与二维条形码的比较

项目	条形码类型	
	一维条形码	二维条形码
信息密度与容量	密度低，容量小	密度高，容量大
错误侦测及纠正能力	可以进行错误侦测，但没有错误纠正能力	有错误侦测及错误纠正能力，可根据实际应用设置不同的安全等级
垂直方向的信息	不储存信息，垂直方向的高度是为了识读方便，同时弥补印刷缺陷或局部损坏	携带信息，面对印刷缺陷或局部损坏等可以通过错误纠正机制恢复信息
主要用途	用于对商品的标识	用于对商品的描述
数据库与通信网络依赖性	多数场合需依赖数据库及通信网络的存在	可不依赖数据库及通信网络的存在而单独应用
识读设备	可用线性扫描器识读，如光笔、线性CCD、激光枪	对于堆叠式，可用线性扫描器识读，也可用图像扫描仪识读；对于矩阵式，仅能用图像扫描仪识读

2．二维条形码的发展历史

国外对二维条形码技术的研究始于20世纪80年代末，在二维码符号表示技术研究方面已研制出多种码制，常见的有 PDF417、QR Code、Code 49、Code 16K、Code One 等。这些二维条形码的信息密度比传统的一维条形码有了较大提高，如 PDF417 的信息密度是一维条形码 Code39 码的 20 多倍。较为标志性的事件是 1994 年日本电装公司的原昌宏研发的 QR 码，他当初主要是为了解决制造业和物流业的商品管理问题，二维条形码比一维条形码具有更大的信息量和更好的抗污损性能等。在二维条形码设备开发研制、生产方面，美国、日本等国的设备制造商生产的识读设备、符号生成设备，已广泛应用于各类二维条形码应用系统。

二维条形码作为一种全新的信息存储、传递和识别技术，得到了世界上许多国家的关注。美国、德国、日本等国不仅已将其应用于公安、外交、军事等部门对各类证件的管理，而且也应用于海关、税务等部门对各类报表和票据的管理，商业、交通运输等部门对商品运输的管理，邮政部门对邮政包裹的管理，以及工业生产领域对工业生产线的自动化管理。

中国对二维条形码技术的研究始于 1993 年。中国物品编码中心对几种常用的二维条形码技术规范进行了翻译和跟踪研究。随着中国市场经济体制的不断完善和信息技术的迅速发展，国内对二维条形码这一新技术的需求与日俱增。2012 年 9 月，微信发布了 V4.3 版本，其中内置了二维条形码扫描功能，能够支持各种类型的二维条形码扫描，并且支持二维条形码与微信的多种交互方式。新增的二维条形码扫描功能很大程度上降低了微信客户的扫码障碍。很快，二维条形码成为腾讯 O2O 战略中的重要一环。随着 O2O 兴起，越来越多的科技企业意识到二维条形码不仅功能强大，客户也很容易接受。于是，它们开始强化二维条形码概念，并将其整合到自己的商品中。

目前，二维条形码被广泛应用于各类手机被读类应用和主读类应用。手机被读类应用通常是以手机存储二维条形码作为电子交易或支付的凭证，在金融支付、电子商务和团购消费等领域使用广泛，具体应用包括自助值机、电子 VIP、电子优惠/提货券、电子票、会议签到、电子访客、积分兑换等。手机主读类应用是将安装有识读软件的手机作为识读二维条形码的工具，客户端通过摄像头识读各种媒体上的二维条形码图像进行本地解析并执行业务逻辑。主读类应用主要运用于广告宣传、防伪溯源等领域，具体应用包括扫码上网、商品防伪、食品溯源、扫码购物、信息导航、移动巡检、名片识别、信息发布等。

3．二维条形码的类型

与一维条形码一样，二维条形码也有许多不同的码制。根据码制的编码原理，二维条形码通常可分为以下两种类型。

（1）堆叠式/行排式二维条形码（又称堆积式二维条形码/层排式二维条形码），其编码原理是在一维条形码的基础之上，条形码按需要堆积成两行或多行。它在编码设计、校验原理、识读方式等方面继承了一维条形码的一些特点，识读设备和条形码印刷与一维条形码技术兼容。但由于行数的增加，需要对行进行判定，其译码算法和软件与一维条形码不完全相同。有代表性的堆叠式/行排式二维条形码有 Code16K、Code49、PDF417 等。

（2）矩阵式二维条形码（又称棋盘式二维条形码），是在一个矩形空间中通过黑、白像素在矩阵中的不同分布进行编码。在矩阵中相应元素的位置上，用点（方点、圆点或其他形状）的出现表示二进制的"1"，点的不出现表示二进制的"0"，点的排列组合确定了矩阵式二维条形码所代表的意义。矩阵式二维条形码是建立在计算机图像处理技术、组合编码原理等基础上的一种新型图形符号自动识读处理码制。具有代表性的矩阵式二维条形码有 QR

Code、Code One、Maxi Code、Data Matrix 等。

典型的二维条形码如图 9.5 所示。

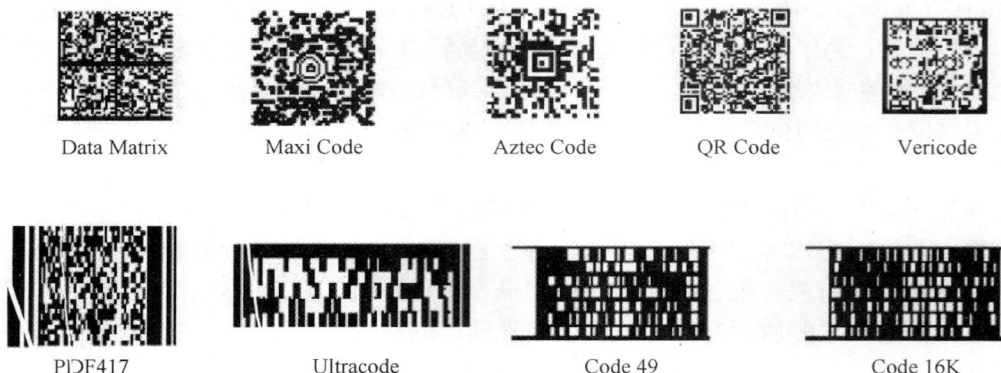

| Data Matrix | Maxi Code | Aztec Code | QR Code | Vericode |

| PDF417 | Ultracode | Code 49 | Code 16K |

图 9.5 典型的二维条形码

4．二维条形码的特点

二维条形码是一种高密度、高信息含量的便携式数据文件，是实现证件及卡片等大容量、高可靠性信息自动存储、携带并可用机器自动识读的理想手段。二维条形码具有以下特点。

（1）信息容量大。根据不同的条空比例，每平方英寸（1 平方英寸 ≈ 0.0006452 平方米）二维条形码可以容纳 250～1100 个字符。在国际标准的证卡有效面积（相当于信用卡面积的2/3）上，可以容纳约 500 个汉字信息。这种二维条形码比普通条形码的信息容量高几十倍，也高于磁卡。

（2）编码范围广。二维条形码可以将照片、指纹、掌纹、签字、声音、文字等可以数字化的信息进行编码。

（3）保密、防伪性能强。二维条形码具有信息不可改写等多重防伪特性，它可以采用密码防伪、软件加密及利用所包含的信息，如指纹、照片等进行防伪，因此具有较强的保密、防伪性能。

（4）译码可靠性高。普通条形码的译码错误率约为百万分之二，而二维条形码的译码错误率不超过千万分之一，译码可靠性高。

（5）纠错能力强。二维条形码采用先进的数字纠错理论，只要破损面积不超过 50%，由于污染、破损等所丢失的信息就可以照常被破译出来。

（6）容易制作且成本低。利用现有的点阵、激光、喷墨、热敏/热转印、制卡机等打印技术，我们可在纸张、卡片、PVC 甚至金属表面上印出二维条形码，由此增加的费用仅是油墨的成本。

（7）符号的形状可变。同样的信息量，二维条形码符号的形状可以根据载体面积及美工设计等进行自我调整。

❋ 9.1.5 条形码技术在物流供应链管理中的应用

在物流供应链管理方面，从商品生产到下线、销售、运输、仓储、零售等各个环节，都可以应用条形码技术进行方便、快捷的管理。条形码技术像一条纽带，把商品生命周期中各阶段产生的信息连接在一起，使企业在激烈的市场竞争中处于有利地位。

1．物料管理

（1）将物料编码并打印出条形码标签，这不仅便于物料跟踪管理，而且有助于进行合理的物料库存准备，提高生产效率，便于企业资金的合理运用。将采购的生产物料按照行业及企业的规则建立统一的物料编码，可以杜绝因物料管理无序而导致的损失和混乱。

（2）将需要进行标识的物料打印出条形码标签，以便于在生产管理中对物料进行单件跟踪，从而建立完整的商品档案。

（3）利用条形码技术对仓库进行基本的进、销、存管理，有效地降低库存成本。

（4）利用物料编码建立物料质量检验档案，生成质量检验报告并与采购订单挂钩，建立对供应商的评价。

2．流水线的生产管理

企业将订单号、零件种类、商品数量编号等编制成条形码，在商品零件和装配的生产线上打印并粘贴条形码，这样就可以很方便地获取商品订单在某条生产线上的生产工艺及所需的物料和零部件。商品在生产线上完成生产后，由生产线上的质检员检验合格后扫入商品条形码、生产线条形码，并按工序顺序扫入工人的条形码。不合格的商品送去维修，由维修人员确定故障的原因（工序位置）。整个过程无须手工记录。

3．商品的仓储保管

商品条形码有时不能满足仓储的需要，仓储管理中除了需要商品的生产厂家、种类、价格等信息外，还需要商品的数量、保质期、重量、体积等信息。采用物流条形码，仓储管理人员可以通过应用标识符分辨不同的信息，再经过物流管理信息系统进行后台处理，这样有利于商品的进货、入库、保管和出库管理，合理保持和控制企业库存，从而促进仓储的现代化。

4．商品的分拣运输

铁路运输、航空运输、邮政通信等许多行业都存在商品的分拣运输问题，大批量的商品需要在极短的时间内准确无误地分装到指定的车厢或航班上。解决这个问题的方法是，预先将物流条形码标贴在商品上，利用分拣点的条形码扫描器采集信息，使包裹或商品自动分拣到不同的运输机上，从而到达不同的目的地。

5．商品信息控制与跟踪

（1）库存自动预警。当各种商品的库存量高于或低于限量时自动预警，结合各种商品近期的平均用量，自动生成在一定时间内需要采购或取消订货的信息，有效地控制库存量。

（2）空间监控。通过监控商品的实际位置、存放时间、空间余地等参数，自动对位置不合理、存放时间过长、余地不足的商品进行预警。

（3）商品信息跟踪。对整个供应链中商品的信息进行全程跟踪，为商品的可视化管理奠定基础。

（4）报损处理。系统自动对将要报损的商品进行跟踪，管理人员可对报损商品进行登记并填写报损申请表；报损申请表被批准后，系统对报损商品进行报损处理并建立报损明细。

6．市场供应链管理

这是目前使用最多、见效最快的应用。在销售管理中，有两种方式可用于采集数据：一种是在每一环节从商品上撕下一个条形码并进行扫描，另一种是采用数据采集器即时扫描、记录。无论使用哪一种方式，都可以记录哪一种商品在什么时间卖给谁，是谁卖的，完成了哪一份订单或合同等。有了这些基本信息，企业可以很方便地进行分析和统计，并为生产经营决策提供数据支持。

9.2 射频识别技术

射频识别（Radio Frequency Identification，RFID）技术是 20 世纪 80 年代兴起并逐步走向成熟的一种自动识别技术。随着超大规模集成电路技术的发展，RFID 系统的体积大大缩小，从而进入实用化阶段。

✳ 9.2.1 RFID 技术概述

1．RFID 技术的概念

RFID 技术是一种非接触的自动识别技术，它通过射频信号自动识别目标对象并获取相关数据，识别工作无须人工干预，在各种恶劣环境中皆可开展工作。RFID 技术可识别高速运动的物体并可同时识别多个标签，操作快捷方便。RFID 技术具有很多优点，如可以识别单个具体的物体，而不像条形码技术只能识别一类物体；采用无线电射频，可以透过外部材料读取数据，无须靠激光读取信息；可以同时对多个物体进行识读；信息的存储量很大。因此，该项技术得到了广泛的应用和迅速的发展。

自 2004 年起，全球范围内掀起了一场应用 RFID 技术的热潮，包括沃尔玛、宝洁、波音公司在内的商业巨头无不积极推动 RFID 技术在制造、物流、零售、交通等行业的应用。目前，RFID 技术及其应用正处于迅速上升的时期，被业界公认为最具潜力的技术之一，它的发展和应用推广掀起了自动识别行业的一场技术革命。而 RFID 技术在交通物流行业的应用更是为通信技术提供了一个崭新的舞台，它将成为未来电信业有潜力的利润增长点之一。

2．RFID 技术的发展历程

RFID 技术最早起源于雷达技术的发展及应用，其历史可追溯到 20 世纪初期。雷达发射无线电波并通过接收到的目标反射信号来测定和定位目标的位置及其速度，其物理机制是 RFID 技术的工作基础。1948 年，Harry Stockman 发表了"利用反射功率进行通信"一文，奠定了 RFID 技术的理论基础。在过去的半个多世纪里，RFID 技术的发展历程如表 9.3 所示。

表 9.3　RFID 技术的发展历程

时间	发展内容
1941—1950 年	雷达的改进和应用催生了 RFID 技术，1948 年 Harry Stockman 奠定了 RFID 技术的理论基础
1951—1960 年	处于实验室的研究和探索阶段
1961—1970 年	处于初步发展阶段，开始进行一些应用尝试
1971—1980 年	美国政府将 RFID 技术转移到民间，RFID 技术处于一个大发展时期，出现了一些早期的 RFID 技术应用
1981—1990 年	美国与欧洲的几家公司开始着手生产 RFID 标签，RFID 技术及其产品进入商业应用阶段

时间	发展内容
1991—2000 年	RFID 技术标准化问题日益得到重视，RFID 产品被广泛应用，逐渐成为人们生活中的一部分
2001 年至今	有源电子标签、无源电子标签及半无源电子标签均得到发展，电子标签成本不断降低，应用范围不断扩大

3．RFID 技术的特点

与条形码不同的是，射频标签不需要处在读写器的视线之内，也可以嵌入被追踪物体之内，具有不局限于视线、拥有更宽的覆盖面和低成本的优点。RFID 技术具有以下特点。

（1）快速扫描，识别速度快。RFID 读写器可同时辨识读取数个 RFID 标签，而条形码读写器一次只能读取一个条形码。

（2）体积小型化，形状多样化。RFID 标签在读取上并不受尺寸与形状的限制，不需要为了提高读取的精确度而刻意设计纸张的固定尺寸和印刷品质。此外，RFID 标签正往体积小型化与形状多样化方向发展。

（3）抗污染能力强，免受污损。传统条形码的载体是纸张，因此容易受到污染，但 RFID 标签对水、油和化学药品等物质具有很强的抵抗性。此外，由于条形码是附于塑料袋或外包装纸箱上的，所以特别容易受到折损；而 RFID 标签是将数据保存在芯片中的，因此可以免受污损。

（4）RFID 标签可重复使用，寿命较长。条形码印刷在纸张上之后就无法更改，RFID 标签则可以重复地新增、修改、删除芯片内储存的数据，方便信息的更新。RFID 标签的寿命最高可以达到 10 年。

（5）穿透性强，无接触读取。在被覆盖的情况下，RFID 读写器能够穿透纸张、木材和塑料等非金属或非透明的材质，无接触读取标签内容，而条形码读写器必须在近距离且没有物体阻挡的情况下方可识读条形码。

（6）数据的记忆容量大。一维条形码的容量大约是 50 字节，二维条形码最大的容量为 1000 字节，RFID 最大的容量则有数兆字节。随着记忆载体的发展，RFID 的数据容量也有不断扩大的趋势。

（7）安全性高。RFID 标签承载的是电子信息，其数据内容可经由密码保护，使内容不易被伪造及变造。

RFID 因具备远距离读取、高储存量等特性而备受瞩目。RFID 在未来有取代条形码的趋势，但这需要很长一段时间。

❋ 9.2.2　RFID 系统的构成

最基本的 RFID 系统是由 RFID 电子标签、RFID 读写器及应用软件系统组成的。

1．RFID 电子标签

RFID 电子标签被称为电子标签或智能标签，由耦合元件及芯片组成。每个标签具有唯一的电子编码，存储了能够识别目标的信息。RFID 电子标签通常根据电池的有无分为有源标签、无源标签、半有源标签 3 种类型，也可分为主动式和被动式两种类型。RFID 电子标签具有持久性，信息接收和传播的穿透性强，存储信息容量大、种类多等特征。有些 RFID 电子标签支持读/写功能，目标物体的信息能随时被更新。RFID 电子标签的样式如图 9.6 所示。

图 9.6　RFID 电子标签的样式

2．RFID 读写器

读写器是将电子标签中的信息读出，或将需要存储的信息写入电子标签的装置。读写器可以是单独的个体，也可以嵌入其他系统之中。读写器是构成 RFID 系统的重要部件之一。RFID 系统在工作时，读写器可以在一个区域内发送射频能量形成电磁场；读写器覆盖区域内的电子标签被触发，发送存储在其中的数据，或根据读写器的指令修改存储在其中的数据，并能通过接口与计算机网络进行通信。RFID 读写器分为固定式读写器和手持式读写器两种，如图 9.7 所示。

固定式读写器　　　　　　　　　　　　　　　手持式读写器

图 9.7　常见的 RFID 读写器

3．应用软件系统

应用软件系统是应用层软件，主要是把收集的数据进行进一步处理，并为人们使用。RFID 系统结合数据库管理系统、计算机网络与防火墙等技术，提供全自动的、安全便利的实时监控功能。

✱ 9.2.3　RFID 的工作原理

在被动射频系统中，读写器通过其天线在一个区域内发射能量形成电磁场，区域大小取决于发射功率、工作频率和天线尺寸。当存储信息编码的标签处于此区域时，其利用吸收的电磁场能量供电，并根据读写器发出的指令对存储器进行相应的实时读写操作，再通过收发模块将数据发送出去。读写器接收到返回的数据后，解码并进行错误校验，以判定数据的有效性，继而通过计算机网络将采集的数据进行数据转换、处理和传输。在主动射频系统中，标签中装有电池，可在有效范围内活动，发送某一频率的信号，读写器读取信息并解码后，将信息送至中央信息系统进行有关数据的处理。RFID 的工作原理如图 9.8 所示。

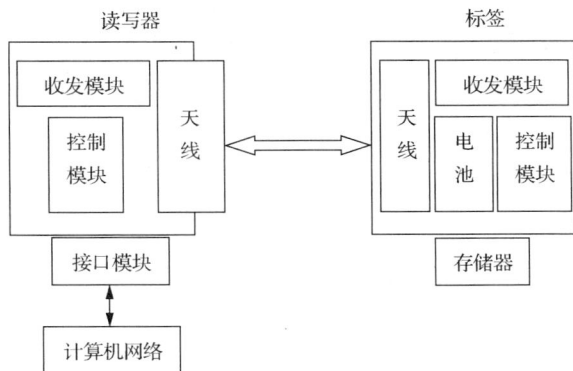

图 9.8　RFID 的工作原理

✳ 9.2.4　RFID 技术在物流供应链管理中的应用

1．RFID 技术在物流各阶层中的应用

解析物流，可以发现它是由不同的"阶层"构成的，物流过程中的阶层如图 9.9 所示。第 0 阶层是单品，第 1 阶层是小包装，第 2 阶层是包装容器，第 3 阶层是托盘，第 4 阶层是集装箱，第 5 阶层是运输工具。由于价格原因，目前还不能对物流过程的所有阶层实施全程 RFID 管理。由于 RFID 目前的成本高于条形码，因此在物流的应用上，厂商导入 RFID 技术时会分成 4 个阶段进行实施。

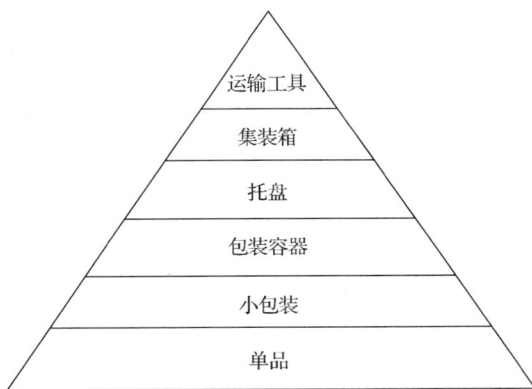

图 9.9　物流过程中的阶层

（1）单品阶段

在每一个产品上以 RFID 取代商品条形码，在每一个 RFID 上以产品编号加上序号识别每一个产品的唯一性，将其运用于盘点、收货及销售点的收款机作业中。由于可以对最小单位的产品进行控制，所以 RFID 对于零售端的销售更有利，包括货架上的促销、防窃、客户行为分析等均能做到个别产品的管理。

（2）包装容器阶段

单项产品成打或成箱包装，在纸箱或包装容器上装置 RFID，以此追踪及辨识纸箱或容器的形状、位置及交接产品的数量。该阶段除了提供的信息更详细之外，还增加了再包装的

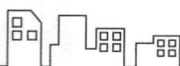

可视性，并且对于整板进货却需要以箱为单位的出货操作而言，它比小单位的拣货、包装与出货更为方便。

（3）托盘阶段

在托盘上固定 RFID 进行辨识读取，以追踪辨识物流装载工具，如托盘、笼车、配送台车等。它能为供货商提供及时的补货信息，有利于供货商制订生产规划。同时，物流中心可以缩短收货作业时间，提高验货与上架的信息化，从而有效管理库存。

（4）集装箱阶段

在货柜上固定 RFID 进行辨识读取，以追踪辨识集装箱、空运盘柜等。该阶段目前较多应用于国际货柜运送产品上，除了在全球化运作时有助于增加对产品的掌控能力之外，对集装箱、货柜 RFID 的追踪也有利于保障国家安全。

实例 9-1　铁路部门的调度利器

2．RFID 技术在物流供应链管理中的具体应用

RFID 技术由于具有远距离、快速、多目标同时读取等特点，可以应用在供应链中的生产、运输、仓储等环节。通过采集物流各环节的数据，能够实现增加收入和缩减成本的双重效果。

（1）生产环节

引入 RFID 技术对生产线进行可视化管理、生产线检测及产品监测，能够实现生产线的自动化和原料、产品的识别定位，这将大大减少人工识读的成本和出错率，同时也大大提高生产的效率和质量，从而节约生产成本。RFID 技术还能够对产品进行信息的收集、处理，帮助生产人员轻松地掌握整条生产线的运作情况和产品的生产进度。

（2）运输环节

在运输环节中应用 RFID 技术，可以在运输的产品和车辆上贴上 RFID 电子标签，在运输线的检查点上安装 RFID 接收装置；接收装置检测到 RFID 电子标签的信息后，将标签信息、地理位置等经由互联网发送给运输调度中心，这样供应商和经销商就能够比较方便地查看产品所处的状态。此外，高速公路自动收费系统是 RFID 技术在运输中最成功的应用之一。RFID 技术应用在高速公路自动收费系统上能够充分体现它非接触识别的优势，让车辆在通过高速收费站的同时自动完成收费，提高了车行速度，避免了拥堵，提高了收费计算效率。

（3）仓储环节

在仓储环节中应用 RFID 技术，实现了实时货位查询和货位动态分配功能，大幅减少了查找货位信息的时间，提高了查询和盘点精度，大大加快了出库单、入库单的流转速度，大幅提高了仓储运作与管理的工作效率。将仓储管理中的收货、取货、装运等与 RFID 技术相结合，能够高效地完成各种业务操作，如指定堆放区域、上架取货与补货等。

（4）配送/分销环节

在配送环节应用 RFID 技术能大大加快配送的速度和提高拣选与分发过程的效率与准确率，并能减少人工支出、降低配送成本。如果到达中央配送中心的所有产品都贴有 RFID 电子标签，产品在进入中央配送中心时，配送人员可通过一个读写器读取托盘所有货箱上的标签信息。系统将这些信息与发货记录进行核对，以检测出可能存在的错误，然后将 RFID 电子标签中的信息更新为最新的产品存放地点和状态。这样就确保了精准的库存控制，甚至能更清楚地了解目前有多少产品在运输途中、运输的始发地和目的地等信息。

（5）销售环节

在销售环节中，RFID 可以改进零售商的库存管理。当产品被客户取走时，装有 RFID 读写器的货架能够实时地报告货架上的产品情况，并通知系统在适当的时候补货。同时对装有 RFID 电子标签的产品能够监控其移动、位置等。这样能大大节约人工成本，减少出错，提高效率。

素养小课堂

关键词：民族自豪感；爱国情怀；中国科技力量；学术典范

随着物联网的发展，无线射频领域的技术应用范围越来越广泛，从传统的军用到如今的民用，改变着生活的方方面面。然而，我们在享受科技带来的进步的同时，也不应忘记为中国射频微波领域发展做出巨大贡献的领军人物。正是他们的一生奋斗，才有今天我们站在巨人肩膀上的继续前进。这里重点介绍保铮和张直中两位射频领域大师。

保铮，中国雷达技术领域科学家、教育家，中国科学院院士、电子学家。保铮在 20 世纪 60 年代初主持研制成国内第一台微波气象雷达，被誉为中国雷达之父。保铮院士不仅在雷达上取得巨大成绩，推进了中国雷达里程碑式的发展，为中国雷达教育发展也做出巨大贡献，特别是对由模拟信号处理到数字信号处理的更新换代和追赶国际先进水平做出了卓越贡献，为雷达信号领域培养了一百多名博士研究生和硕士研究生。

张直中，中国工程院首届院士，原电子工业部第十四研究所研究员。张直中是我国雷达技术的主要先驱者。我国雷达技术的主要先驱者，发展我国动目标显示雷达、单脉冲精密跟踪雷达、相控阵预警雷达等工程的倡导人。曾受命主持仿制苏式雷达，当时技术环境很差，没有图纸资料，只有一部缺天线的样机。他负责雷达系统论证及天线馈线设计，经过他和其他同志的努力，试制成功了第一部国产的中程警戒雷达，自此中国开始了自行设计和生产雷达的历史。

9.3 地理信息系统

地理信息系统（Geographic Information System，GIS）是集计算机科学、地理学、信息科学等学科于一体的新兴边缘科学，它可作为应用于各领域的基础平台。这种集成是对信息的各种加工、处理过程的应用、融合和交叉渗透，并且是实现各种信息数字化的过程。

✳ 9.3.1　GIS 概述

1．地理数据与地理信息

地理数据是各种地理特征和现象间关系的符号化表示，是指表征地理环境中要素的数量、质量、分布特征及其规律的数字、文字、图像等的总和。地理数据主要包括空间位置数据、属性特征数据和时域特征数据 3 个部分。空间位置数据描述地理对象所在的位置，这种位置既包括地理要素的绝对位置（如大地经纬度坐标），也包括地理要素间的相对位置关系（如空间上的相邻、包含等）。属性特征数据有时又称非空间数据，是描述特定地理要素特征的定性或定量指标，如公路的等级、宽度、起点、终点等。时域特征数据是记录地理数据采集或地理现象发生的时刻或时段。空间位置、属性特征和时域特征构成了地理空间分析的三大基本要素。

地理信息作为一种特殊的信息，来源于地理数据。地理信息是地理数据中包含的意义，是关于地球表面特定位置的信息，是有关地理实体的性质、特征和运动状态的表征和一切有用的知识。作为一种特殊的信息，地理信息除具备一般信息的基本特征外，还具有区域性、多维结构性和动态性等特点。区域性指通过经纬网等建立的地理坐标来标识空间位置；多维结构性即在二维空间的基础上实现多专题的第三维结构；地理信息的动态性特征十分明显，可以按时间尺度将地理信息划分为超短期的（如台风、地震）、短期的（如洪水、秋季低温）、中期的（如土地利用、作物估产）、长期的（如城市化、水土流失）、超长期的（如地壳变动、气候变化）等。

2．地理信息系统

地理信息系统是一种特定的十分重要的空间信息系统。它是在计算机硬件、软件系统支持下，对整个或部分地球表层（包括大气层）空间中的有关地理分布数据进行采集、储存、管理、运算、分析、显示和描述的技术系统。GIS 是多种学科交叉的产物，它以地理空间数据为基础，采用地理模型分析方法，适时提供多种空间的和动态的地理信息，是一种为地理研究和地理决策服务的计算机技术系统。其基本功能是将表格型数据（无论它来自数据库、电子表格文件还是直接在程序中输入）转换为地理图形显示，然后对显示结果进行浏览、操作和分析。其显示范围可以从洲际地图具体到非常详细的街区地图，显示对象包括人口、销售情况、运输线路以及其他内容。地理信息系统（GIS）与全球定位系统（Global Positioning System，GPS）、遥感系统（RS）合称 3S 系统。

✳ 9.3.2 GIS 的发展

1．GIS 的发展简史

（1）20 世纪 60 年代为 GIS 的开拓期，注重于空间数据的地学处理，如处理人口统计数据（如美国人口调查局建立的 DIME）、资源普查数据（如加拿大统计局的 GRDSR）等。许多大学研制了一些基于栅格系统的软件包，如哈佛大学的 SYMAP、马里兰大学的 MANS 等。综合来看，初期 GIS 发展的动力来自诸多方面，如学术探讨、新技术的应用、大量空间数据处理的生产需求等。对于这个时期 GIS 的发展来说，专家的兴趣以及政府的推动起着积极的引导作用，并且很多工作局限于政府及大学的范畴，国际交往较少。

（2）20 世纪 70 年代是 GIS 发展的巩固阶段，注重于空间地理信息的管理。GIS 的真正发展是从 20 世纪 70 年代开始的，其发展归结于以下几个方面的原因。一是资源开发、利用乃至环境保护问题成为政府面临的首要问题，而解决这些问题需要一种能有效地分析、处理空间信息的技术、方法与系统。二是计算机技术迅速发展，数据处理速度加快，计算机硬件逐渐普及以及新型 GIS 软件不断出现。三是从事 GIS 研发推广工作的专业化人才不断增加。这个时期 GIS 发展的总体特点是：充分利用了新的计算机技术，但系统的数据分析能力仍然很弱；系统的应用与开发局限于某个机构；专家个人的影响削弱，而政府的影响逐渐增强。

（3）20 世纪 80 年代为 GIS 的大发展时期，注重于空间决策支持分析。GIS 的应用领域迅速扩大，从资源管理、环境规划到应急反应，从商业服务区域划分到政治选举分区等，涉及许多的学科与领域，如古人类学、景观生态规划、森林管理、土木工程及计算机科学等。

许多国家编制了本国的地理信息发展规划，启动了若干科研项目，建立了一些政府性、学术性的机构。例如，中国于 1985 年成立了资源与环境信息系统国家重点实验室，美国于 1987 年成立了国家地理信息与分析中心（NCGIA）。同时，商业性的咨询公司和软件制造商大量涌现，并提供了一系列的专业性服务。这个时期 GIS 发展最显著的特点是商业化实用系统进入市场。

（4）20 世纪 90 年代至今为 GIS 的客户时代。一方面，GIS 已成为许多机构必备的工作系统，尤其是政府决策部门在一定程度上由于受 GIS 影响而改变了现有机构的运行方式、设置与工作计划等。另一方面，社会对 GIS 的认识普遍提高，需求大幅度增加，从而使 GIS 应用不断深化。国家级乃至全球性的 GIS 已成为公众关注的焦点。例如 GIS 已列入我国的"21 世纪议程"和"三金工程"。毫无疑问，GIS 将发展成为现代社会最基本的服务系统之一。

2．GIS 在我国的发展

在我国，GIS 的发展较晚，经历了起步（1970—1979 年）、准备（1980—1985 年）、发展（1986—1995 年）、产业化（1996 年以后）4 个阶段。

我国到 20 世纪 70 年代末才提出开展 GIS 研究的倡议，GIS 发展开始起步。20 世纪 80 年代初，以 1980 年中国科学院遥感应用研究所成立全国第一个地理信息系统研究室为标志，我国的 GIS 进入准备阶段，在理论探索、硬件配置、软件研制、规范制定、区域试验研究、局部系统建立、初步应用试验和技术队伍培养等方面都取得了进步，积累了经验。

自 1985 年起，GIS 研究作为政府行为，正式列入中国国家科技攻关计划，开始了有计划、有组织、有目标的科学研究、应用实验和工程建设工作。很多高校和科研机构同时展开了 GIS 研究与开发工作，如全国性地理信息系统（或数据库）实体建设、区域地理信息系统研究和建设、城市地理信息系统、地理信息系统基础软件和专题应用软件的研制，以及地理信息系统的教育培训。通过近 5 年的努力，我国打开了 GIS 应用的新局面，并在全国性应用、区域管理、规划和决策中产生了实际的效益。

20 世纪 90 年代，我国 GIS 进入快速发展阶段。各相关部门执行 GIS 和遥感联合科技攻关计划，强调 GIS 的实用化、集成化和工程化，使 GIS 从初步发展时期的研究实验、局部应用走向实用化和产业化，为解决国民经济重大问题提供分析和决策依据；同时努力实现基础环境数据库的建设，推进国产软件系统的实用化、遥感和 GIS 技术的一体化。这一阶段经营 GIS 业务的公司逐渐增多，投入不断增加，政府部门的扶持力度也有很大程度的提高。

✳ 9.3.3　GIS 的组成和功能

1．GIS 的组成

（1）计算机硬件系统。该系统是 GIS 的核心，是计算机系统中实际物理设备的总称，主要包括计算机主机、输入设备、存储设备和输出设备。其中输入输出设备包括扫描仪、RS/GPS、绘图仪、数字化仪、打印机等。

（2）计算机软件系统。该系统也是 GIS 的核心，是 GIS 运行时所必需的各种程序的集合。GIS 的计算机软件系统主要包括：①计算机系统软件；②GIS 软件及其支撑软件，包括 GIS 工具和实用软件程序，以完成空间数据的输入、存储、转换、输出及其客户接口功能等；③应用程序，这是根据专题分析模型编制的针对特定应用任务的程序，是 GIS 功能的扩充和延伸。

（3）空间数据库。空间数据库是指 GIS 在计算机物理存储介质上存储的与应用相关的地理空间数据的总和，一般是以一系列特定结构的文件的形式组织在存储介质之上的。空间数

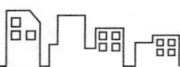

据库的研究始于 20 世纪 70 年代的地图制图与遥感图像处理领域，其目的是有效地利用卫星遥感资源迅速绘制出各种经济专题地图。由于传统的关系数据库在空间数据的表示、存储、管理、检索上存在许多缺陷，因此形成了空间数据库这一数据库研究领域。

（4）系统管理及应用人员。它是 GIS 应用成功的关键。计算机软件、硬件系统和空间数据库不能构成完整的 GIS，需要应用人员进行系统组织、管理、维护、数据更新、系统完善扩充、应用程序开发，并灵活采用地理分析模型提取信息，为研究和决策提供服务。

2．GIS 的功能

（1）数据输入。在地理数据用于 GIS 之前，数据必须转换成适当的数字格式。数据从图纸数据转换成计算机文件的过程叫作数字化。对于大型的项目，现代 GIS 技术可以通过扫描技术使整个过程全部自动化；对于较小的项目，则需要手工数字化。目前，许多地理数据已经是 GIS 兼容的数据格式，数据可以从数据提供商那里获得并直接装入 GIS 中。

（2）数据处理。对于一个特殊的 GIS 项目来说，有可能需要将数据转换成某种形式以适应系统要求。地理信息可以使用不同的比例尺，在集成信息时，必须转换成同一比例尺。这可以是为了显示的目的而做的临时变换，也可以是为了分析的目的而做的永久变换。GIS 技术提供了许多工具来处理空间数据和去除不必要的数据。

（3）存储和管理。对于小的 GIS 项目而言，把地理信息存储成简单的文件就足够了。但是，当数据量很大且数据客户很多时，则需要使用数据库管理系统（Database Management System，DBMS）帮助存储、组织和管理数据。

（4）查询和分析。空间查询和分析是 GIS 的核心，是 GIS 最重要和最具魅力的功能之一，也是 GIS 区别于其他信息系统的本质特征。GIS 的空间分析可分为 3 个层次的内容。一是空间检索，包括从空间位置检索空间物体及其属性、从属性条件检索空间物体。二是空间拓扑叠加分析，如空间的特征（点、线、面或图像）的相交、合并等，以及特征属性在空间上的连接。三是空间模型分析，如数字地形高程分析、BUFFER 分析、网络分析、三维模型分析、多要素综合分析及面向专业应用的各种特殊模型分析等。

（5）结果可视化输出。所有查询和分析的结果最终以地图信息的形式输出，通常以人机交互方式选择显示的对象与形式。对于图形数据，根据要素的信息密集程度，可选择放大或缩小显示。GIS 不仅可以输出全要素地图，也可以根据客户需要分层输出各种专题图、各类统计图、图标及数据等。

✳ 9.3.4　GIS 技术在物流供应链管理中的应用

GIS 技术在物流供应链管理中的应用主要是指利用 GIS 强大的地理数据功能完善物流分析技术，合理调配和使用各种资源，提高物流的经济效益和作业效率。其主要应用于物流中心选址、最佳配送路线规划、车辆跟踪和导航、配送区域划分等方面。

1．物流中心选址

物流中心选址是物流系统中具有战略意义的投资决策问题，对整个系统的物流合理化和产品流通的社会效益有决定性的影响。由于产品资源分布、需求状况、运输条件和自然条件等因素的影响，即使在同一区域内的不同地方建立物流中心，整个物流系统的社会经济效益也是不同的。利用 GIS 的空间查询功能和叠加分析、缓冲区分析、网络分析等功能，物流企业可以方便地确定哪些地理位置适合筹建物流中心，哪些位置的物流成本比较低，哪些位置的运营成本比较低，在考虑了种种因素之后就可以确定出最佳的物流中心位置。利用 GIS 的可视化功能还可以显示出包含区域地理要素的整个物流网络（如现存物流节点、道路、客户等要素），方便规划者确定位置或线路，从而形成选址方案和备选方案。

2．最佳配送路线规划

物流企业利用 GIS 可以设置车辆型号以及载货量限制条件，车速限制和订单时间限制条件，融合多旅行商分析与导航规划，精选出最佳配送路线；还可以跟进客户需求，将目的地一次性批量导入 GIS 中，根据订单地址精确生成地图点位，进而生成最佳配送路径，提高配送效率，节约配送成本。

3．车辆跟踪和导航

GIS 能接收 GPS 传来的数据，并将它们显示在电子地图上，帮助物流企业动态地进行物流管理。首先，物流企业可以实时监控运输车辆，实现对车辆的定位、跟踪与优化调度，以降低配送成本，并在规定时间内将产品送到目的地，有效地避免出现迟送或者错送现象；其次，根据电子商务网站的订单信息、供货点信息和调度信息等，货主可以随时对产品进行全过程的跟踪与定位管理，掌握运输中产品的动态信息，增强供应链的透明度，提高客户满意度。

实例 9-2　GIS 与我们的日常生活

4．配送区域划分

物流企业可以参照地理区域，根据各个要素的相似点把同一层上的所有或部分要素分为几个组，用以解决确定服务和销售市场范围等问题。例如某一公司要设立若干个分销点，要求这些分销点覆盖某一地区，而且要使每个分销点的客户数量大致相等。

素养小课堂

关键词：民族自豪感；民族自信；中国科技力量

百度地图、高德地图、腾讯地图是我国三大地图平台，是我们日常生活中常用的互联网应用导航App，尤其是它们的导航功能深受中青年群体们的欢迎，代表着我国地图导航的最高水平。

百度地图于 2005 年上线，已经发展成为国内领先的互联网地图服务商。百度地图具备全球化地理信息服务能力，包括智能定位、POI 检索、路线规划、导航、路况等。伴随着 AI 时代的到来，作为"新一代人工智能地图"，百度地图 90%的数据生产环节已实现 AI 化，智能语音助手累计用户数突破 5 亿，并上线全球首个地图语音定制功能，让用户出行更具个性化。

高德地图是我国领先的数字地图内容、导航和位置服务解决方案提供商，属于阿里巴巴旗下的应用软件。拥有导航电子地图甲级测绘资质和互联网地图服务甲级测绘资质，其优质的电子地图数据库成为公司的核心竞争力。高德地图支持完全离线运行，无需互联网支持，也能够使用。

腾讯地图是由腾讯公司推出的一种互联网地图服务。腾讯地图拥有导航电子地图甲级测绘资质和互联网地图服务甲级测绘资质。腾讯地图 App 为用户提供包括智能路线规划、精准导航、实时路况、聚合打车、公共出行等位置和出行相关服务，并提供购物、美食等周边生活服务。腾讯地图已接入 2000 多套室内地图，覆盖各大机场、火车站和主流商场。支持国内 200 多个城市的实时路况刷新，让用户出行生活更加高效。通过腾讯地图的街景，用户可以实现网上虚拟旅游，也可以在前往某地之前了解该地点的周边环境，从而更容易找到目的地。

9.4 全球定位系统

全球定位系统（GPS）是一种以空中卫星为基础的高精度无线电导航的定位系统，它在全球任何地方以及近地空间都能够提供准确的地理位置、车行速度及精确的时间信息。GPS自问世以来，就以高精度、全天候、全球覆盖、方便灵活的特点吸引了众多客户。随着物流业的快速发展，未来物流业将是GPS继汽车市场后的第二大市场。

❋ 9.4.1 GPS 概述

1．GPS 的概念

GPS 起源于 1958 年开始的美国军方的一个项目，于 1964 年投入使用。20 世纪 70 年代，美国陆海空三军联合研制了新一代 GPS，主要目的是为陆海空三大领域提供实时、全天候和全球性的导航服务，并用于情报收集、核爆监测和应急通信等军事领域。美国经过 20 余年的研究实验，耗资 200 多亿美元，到 1994 年已布设完成 24 颗 GPS 卫星星座，具有在海、陆、空进行全方位实时三维导航与定位的能力。如今，GPS 已成为世界上最实用，也是应用最广泛的全球精密导航、指挥和调度系统之一。

GPS 可满足位于全球任何地方或近地空间的客户连续精确地确定三维位置、三维运动和时间的需求。该系统包括太空中的 24 颗 GPS 卫星、地面控制部分以及客户设备部分。最少只需要其中的 4 颗卫星，就能迅速确定客户端在地球上所处的位置及海拔，能连接到的卫星数量越多，解码出来的位置就越精确。客户只需拥有 GPS 接收机，无须另外付费。GPS 信号分为民用的标准定位服务（Standard Positioning Service，SPS）和军用的精确定位服务（Precise Positioning Service，PPS）两类。SPS 无须任何授权即可任意使用，可以实现 10 米左右的定位精度。

现有的卫星导航定位系统除了美国的 GPS 以外，还有俄罗斯的格洛纳斯卫星导航系统（Global Navigation Satellite System，GLONASS）、中国北斗卫星导航系统（BeiDou Navigation Satellite System，BDS）以及欧洲的伽利略卫星导航系统（Galileo Navigation Satellite System，GNSS）。

2．GPS 的特点

（1）全球、全天候连续不断的导航定位能力。GPS 卫星的数目较多且分布均匀，保证在地球上任何地方、任何时间至少可以同时观测到 4 颗 GPS 卫星，确保实现全球、全天候连续的导航定位服务（除打雷闪电不宜观测外）。

（2）实时导航，定位精度高，观测时间短。目前利用 C/A 码的实时定位精度可达 20～50 米，速度精度为 0.1 米/秒。20 千米以内相对静态定位仅需 15～20 分钟，快速静态相对定位测量时，当每个流动站与基准站相距在 15 千米以内时，流动站观测时间只需 1～2 分钟，然后可随时定位，每站观测只需几秒。

（3）测站无须通视。GPS 测量只要求测站上空开阔，不要求测站之间互相通视，因此可节省大量的造标费用。由于无须点间通视，点位位置根据需要可疏可密，这样就使得选点工作变得非常灵活。

（4）提供全球统一的三维地心坐标。GPS 测量可同时精确测定测站平面位置和大地高程。另外，GPS 定位是在全球统一的 WGS-84 坐标系统中计算的，因此全球不同地点的测量成果是相互关联的。

（5）GPS 测量仪器操作简便。随着 GPS 接收机的不断改进，接收机的体积越来越小，重量也越来越轻，GPS 测量的自动化程度越来越高。在观测中，测量员只需安置仪器，连接电缆线，量取天线高度来监视仪器的工作状态，而其他的观测工作，如卫星的捕获、跟踪观测和记录等均由仪器自动完成。

（6）抗干扰能力强、保密性好。GPS 采用扩频技术和伪码技术，客户只需接收 GPS 信号，自身不会发射信号，因而不会受到外界其他信号源的干扰。

（7）功能多、应用广泛。GPS 是军、民两用系统，其应用范围十分广泛。具体的应用实例有汽车导航和交通管理、巡线车辆管理、道路工程、个人定位、导航仪等。GPS 不仅可用于测量、导航，还可用于测速、测时。

9.4.2　GPS 的组成

GPS 主要有三大组成部分，即空间部分、地面控制部分和客户设备部分。

1. 空间部分

GPS 的空间部分由 24 颗卫星（21 颗工作卫星，3 颗备用卫星）组成。这些卫星位于距地表 20200 千米的上空，均匀分布在 6 个轨道面上（每个轨道面 4 颗卫星），轨道倾角为 55°。卫星的分布使得在全球任何地方、任何时间都可观测到 4 颗及以上的卫星，并能在卫星中预存导航信息。GPS 卫星产生两组电码，一组称为 C/A 码，另一组称为 P 码。P 码因频率较高，不易受干扰，定位精度高，主要为美国军方服务。C/A 码在人为采取措施刻意降低精度后，主要开放给民间使用。

2. 地面控制部分

地面控制部分由 1 个主控站、5 个监测站和 3 个地面控制站组成。主控站位于美国科罗拉多州。监测站均配装有精密的铯钟和能够连续测量到所有可见卫星的接收机。监测站将取得的卫星观测数据，包括电离层和气象数据，经过初步处理后，传送到主控站。主控站从各监测站收集跟踪数据，计算出卫星的轨道和时钟参数，然后将结果发送给 3 个地面控制站。地面控制站在每颗卫星运行至上空时，把这些导航数据及主控站指令注入卫星。这种注入对每颗 GPS 卫星保持每天一次的频率，并在卫星离开注入站作用范围之前进行最后的注入。如果某地面控制站发生故障，那么在卫星中预存的导航信息还可用一段时间，但导航精度会逐渐降低。

对于导航定位来说，GPS 卫星是一个动态已知点。卫星的位置是依据卫星发射的星历（描述卫星运动及其轨道的参数）计算得到的。每颗 GPS 卫星所播发的星历是由地面监控系统提供的。卫星上的各种设备是否正常工作，以及卫星是否一直沿着预定轨道运行，都要由地面设备进行监测和控制。地面监控系统还可以保持各颗卫星处于同一时间标准——GPS 时间系统下。这就需要地面控制站监测各颗卫星的时间，求出钟差，然后由地面控制站发给卫星，卫星再用导航电文发给客户设备。

3. 客户设备部分

客户设备部分即 GPS 信号接收机，由接收机硬件和机内软件以及 GPS 数据的后处理软件包构成。其主要功能是能够捕获到按一定卫星截止角所选择的待测卫星，并跟踪这些卫星的运行。当接收机捕获到跟踪的卫星信号后，即可测量出接收天线至卫星的伪距离和距离的变化率，解调出卫星轨道参数等数据。根据这些数据，接收机中的微处理计算机就可按定位解算方法进行定位计算，计算出客户所在地理位置的经纬度、高度、速度、时间等信息。目前，各种类型的接收机体积越来越小，重量越来越轻，便于野外观测使用。常见的 GPS 信号接收机如图 9.10 所示。

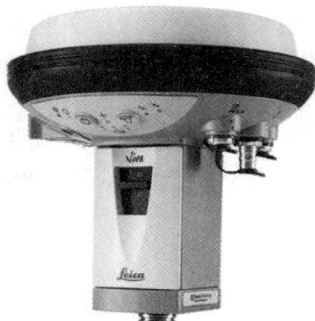

测量型接收机　　　　　　　　　　　　　手持式接收机

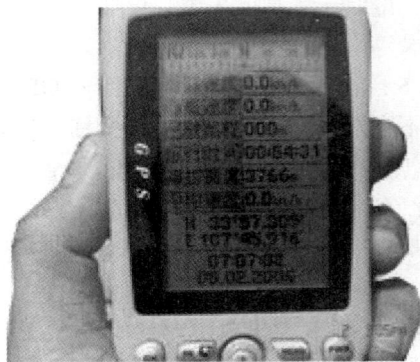

图 9.10　常见的 GPS 信号接收机

❉ 9.4.3　GPS 的定位原理

GPS 定位的基本原理是将高速运动的卫星瞬间位置作为已知的起算数据，采用空间后方交会的方法，确定待测点的位置。图 9.11 所示为 GPS 定位原理，假设 t 时刻在地面待测点上安置 GPS 接收机，可以测定 GPS 信号到达接收机的时间 Δt，再加上接收机所接收到的卫星星历等其他数据，可以确定以下 4 个方程式。

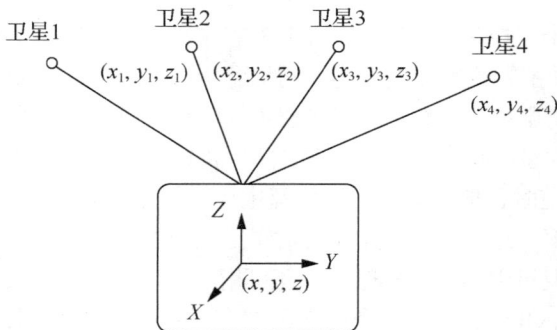

$$[(x_1-x)^2+(y_1-y)^2+(z_1-z)^2]^{1/2}+c(v_{t_1}-v_{t_0})=d_1$$
$$[(x_2-x)^2+(y_2-y)^2+(z_2-z)^2]^{1/2}+c(v_{t_2}-v_{t_0})=d_2$$
$$[(x_3-x)^2+(y_3-y)^2+(z_3-z)^2]^{1/2}+c(v_{t_3}-v_{t_0})=d_3$$
$$[(x_4-x)^2+(y_4-y)^2+(z_4-z)^2]^{1/2}+c(v_{t_4}-v_{t_0})=d_4$$

图 9.11　GPS 定位原理

上述 4 个方程式中，待测点坐标 x，y，z，V_{t_0} 为未知参数，其中 $d_i=c\Delta t_i$（$i=1$，2，3，4）。d_i（$i=1$，2，3，4）分别为卫星 1、卫星 2、卫星 3、卫星 4 到接收机之间的距离。Δt_i（$i=1$，

2，3，4）分别为卫星 1、卫星 2、卫星 3、卫星 4 的信号到达接收机所经历的时间。c 为 GPS 信号的传播速度（即光速）。4 个方程式中各个参数意义如下：x，y，z 为待测点坐标的空间直角坐标；x_i，y_i，z_i（$i=1$，2，3，4）分别为卫星 1、卫星 2、卫星 3、卫星 4 在 t 时刻的空间直角坐标，可由卫星导航电文求得；V_{t_i}（$i=1$，2，3，4）分别为卫星 1、卫星 2、卫星 3、卫星 4 的卫星钟的钟差，由卫星星历提供；V_{t_o} 为接收机的钟差，由以上 4 个方程计算得出待测点的坐标 x，y，z 和接收机的钟差 V_{t_o}。

目前 GPS 提供的定位精度低于 10 米，为得到更高的定位精度，通常采用差分 GPS 技术，将一台 GPS 信号接收机安置在基准站上进行观测。根据基准站已知精密坐标，计算出基准站到卫星的距离改正数，并由基准站实时将这一数据发送出去。客户接收机在进行 GPS 观测的同时，也接收到基准站发出的改正数，并对其定位结果进行改正，从而提高定位精度。

✳ 9.4.4　GPS 技术在物流供应链管理中的应用

1．车辆导航与定位

GPS 技术可以提供详细的导航信息，司机在不熟悉的道路上行驶，尤其是在大城市交通复杂的情况下便可全程借助 GPS 的导航服务，从而避免出现行驶路线错误。提供出行路线规划是汽车导航系统的一项重要的辅助功能，它包括自动线路规划和人工线路设计。在运输设备中使用 GPS 技术开发的实时监控设备，管理人员可以对配置了 GPS 的车辆进行实时跟踪，从而在指挥管理中心的地图上实时监控车辆的情况，记录车辆的行驶情况，保存车辆的实时位置信息。管理人员在任意时刻都可以通过发出指令查询运输工具所在的地理位置（经度、纬度、速度等信息），并在电子地图上直观地显示出来。这样，物流企业就可以清楚地了解和掌握运输车辆的实时运行情况、行驶路线的选择情况以及运输任务的完成情况。

2．物流服务跟踪与查询

使用 GPS 的跟踪功能，物流企业能够从电子地图上获取运输车辆的相关信息，包括运输车辆的地理位置（经度、纬度）、行驶方向和行车速度等信息。电子地图上可任意放大、缩小、还原、换图，可以随目标移动，使目标始终保持在屏幕上，还可实现多窗口、多车辆、多屏幕同时跟踪。这样，物流运输三方都可对承运产品的车辆进行全程控制。在产品运输过程中，司机可以在电子地图上实时查询道路的准确位置、路面状况、沿途设施，如加油站、商店、储运仓库、旅馆等的位置信息。同时，物流运输的三方也能通过互联网技术，了解产品在运输过程中的具体细节，从而增强了物流企业和货主之间的相互信任，提高了物流企业的服务水平。

3．物流指挥与监控

物流企业使用 GPS 可以实现路线优化，事先规划车辆的运行路线、运行区域，以及何时到达什么地方等，并将这些信息记录在数据库中，以备以后查询、分析使用，以便进行有效的统一指挥与调度；可以提前下达运输任务，减少等待时间，加快运输工具周转的速度，还可以进行运能管理。物流企业将运输车辆的运能信息、维修记录信息、车辆运行状况信息、司机人员信息、运输车辆的在途信息等提供给调度部门，可以方便调度部门做出决策，以提高车辆的使用效率，尽量减少空车时间和空车距离，充分利用运输车辆的运能，达到降低物流企业的成本、增强物流企业竞争力的目的。

4．话务指挥与紧急援助

指挥中心可以通过 GPS 监测区域内车辆的运行状况，对被监控车辆进行合理调度。指挥中心也可随时与被监控目标通话，提供一些辅助帮助，实行管理。指挥中心通过 GPS 定位和监控管理系统，对遇有险情或发生事故的车辆进行紧急援助。紧急援助中心可以利用管理信息系统获得的信息来分析突发事件的严重程度及相关的位置信息，进而及时有效地进行处理。

实例 9-3　中国北斗卫星导航系统及其在物流中的应用

素养小课堂

关键词：民族自豪感；爱国情怀；中国科技力量；科技创新

1994 年美国完全建成了 GPS，至此整个世界的运转都与美国进行了深度的捆绑，没有任何一个国家能够离得开美国的全球定位授时服务。对中国来说，把诸多的关键应用寄生在美国的 GPS 之上是极其危险的，经过综合考虑，中国决定开发自己的全球定位系统，并把这一系统命名为北斗卫星导航系统。

北斗卫星导航系统是中国国家能力向全世界的展示，表明先进的技术不是一定只有西方才搞得成，中国也是可以的。对于世界各国而言，美国的 GPS 不再是全球唯一的选择，北斗还可以是更好的选择，同时使用北斗的用户也会自然认可中国的国家能力，这对提升中国的国际影响力是极大的助力。

思考与练习

第10章

电子商务物流自动化设备

🛒 | **学习目标**

➢ 了解物流自动化的概念。

➢ 掌握物流自动化系统的结构和层次。

➢ 掌握自动化立体仓库的分类及构成。

➢ 熟悉物流自动化设备。

物流自动化及其设备是电子商务物流研究和应用的重要内容，是物流系统的重要组成要素，担负着物流作业的各项任务，影响着物流活动的各个环节，在物流活动中处于十分重要的地位。物流自动化的基础是信息化，自动化的核心是机电一体化，自动化的外在表现是无人化，自动化的效果是省力化。物流自动化技术涉及物流自动化系统、自动化立体仓库以及物流自动化设备等重要内容。

开篇案例

物流无人化时代即将
来临

10.1 物流自动化

随着经济全球化的深入和知识经济时代的到来，企业跨国经营和跨区域经营的趋势越来越明显。物流系统也随之变得越来越复杂，企业对自动化的需求越来越强烈。离开物流自动化及其设备，物流系统就无法正常、高效地运行。

❋ 10.1.1 物流自动化概述

物流自动化是指充分利用各种机械和运输设备、计算机系统和综合作业协调等技术手段，通过对物流系统的整体规划及技术应用，使运输、装卸、包装、分拣、识别等物流的相关作业和内容省力化、效率化、合理化，从而快速、准确、可靠地完成物流过程。物流自动化是集光、机、电子于一体的系统工程，是把物流、信息流用计算机和现代信息技术集成在一起的系统，涉及激光导航、红外通信、计算机仿真、图像识别、工业机器人、精密加工、信息联网等高新技术以及多个学科领域。目前，物流自动化技术已广泛运用于邮电、商业、金融、食品、仓储、汽车制造、航空等行业。

企业通过物流自动化技术及设备，在一定的时间和空间里，将输送工具、工业机器人、仓储设施设备等利用计算机网络控制系统相互制约，构成有机的、具有特定功能的整体系统。物流自动化技术的应用主要体现在自动化立体仓库、自动引导小车、高速堆垛机、工业机器人、输送机械系统、计算机仿真联调中心监控系统等方面。

物流自动化有着显著的优点。首先，它提高了物流系统的管理和监控水平。由于采取了计算机控制管理，物流信息的实时采集与追踪十分方便，各受控设备完全自动地完成顺序作业，使物料周转管理、作业周期缩短，仓库吞吐量相应提高，能够适应现代化生产的需要。其次，它提高了自动化作业程度和仓库作业效率，节省了劳动力，提高了生产率。最后，物流自动化环境下的物料储存量小，占地面积小，物料互不堆压，存取互不干扰，保证了库存物料的质量。

❋ 10.1.2 物流自动化系统的结构

物流自动化系统的结构如图 10.1 所示。

（1）信息采集系统。信息采集是实现物流自动化的前提。信息采集系统收集和记录待流转实物的相关数据信息，以实现实物流动的自动化控制。

（2）前端执行系统。前端执行系统是物流自动化系统的核心，具有机电一体化系统的典型特征。该系统根据智能控制系统的指令，完成实物的存取、搬运、分拣、运输等任务。

（3）信息管理系统。信息是物流自动化系统的基础。物流信息管理系统涉及仓储作业管理、运输及配载管理、财务管理、人力资源管理等内容，通过使用计算机技术、通信技术、网络技术等手段，建立物流信息化管理，以提高物流信息的处理和传递速度，使物流活动的效率和快速反应能力得到提高，提供更人性化的服务，完善实时物流跟踪，减少物流成本。

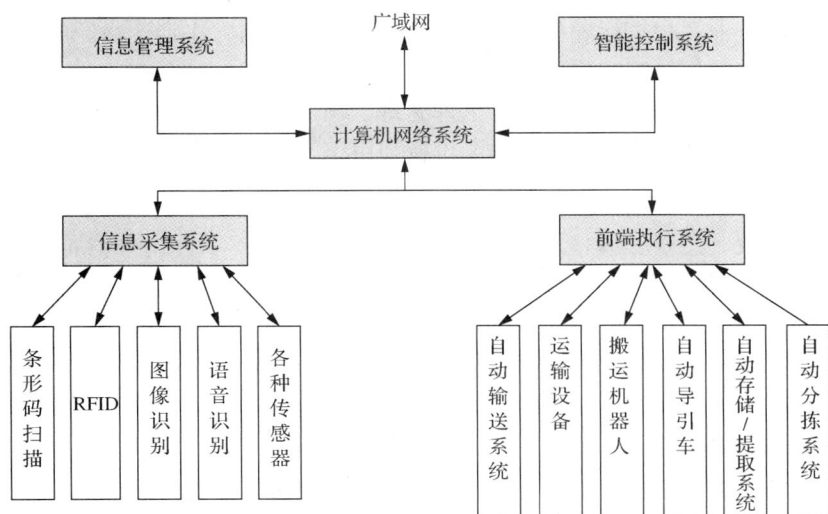

图 10.1　物流自动化系统的结构

（4）智能控制系统。物流作业过程中大量的运筹与决策，都需要借助于智能控制系统发挥作用，智能控制系统的任务是以尽可能低的成本为客户提供最好的服务。

（5）计算机网络系统。物流领域的计算机网络有两层含义，一是物流配送系统的计算机通信网络，物流配送中心与供应商或制造商的联系要通过计算机网络，与下游客户之间的联系也要通过计算机网络。例如物流配送中心向供应商提供订单的过程，可以使用计算机通信方式，借助于增值网络自动实现。二是组织的网络化，即所谓的企业内部网，完成企业内部不同部门、不同场所、不同设备之间的数据交换和共享。

10.1.3　物流自动化系统的层次

物流自动化系统的层次在不同企业和行业具有不同的特点，从功能层次上看，可以将物流自动化系统分为 3 个层次——管理层、控制层和执行层，如图 10.2 所示。

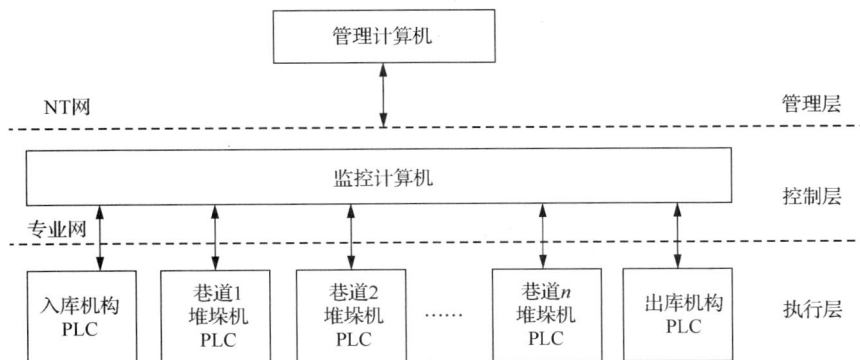

图 10.2　物流自动化系统的层次

1．管理层的主要功能

管理层指计算机物流管理系统，它是物流自动化系统的中枢。管理层的功能一般包括以下几个方面。

（1）接受上级系统（生产系统、销售系统等）的指令。

（2）调度运输作业，根据运输任务的紧急程度和调度原则，决定运输任务的优先级别；根据当前运输任务的执行情况，形成运输指令和最佳运输路线。

（3）管理立体仓库，包括在库管理、入库管理、出库管理和出/入库协调管理。

（4）掌握系统运行情况，统计分析物流设备利用率，掌握立体仓库的库存状态和设备运行情况等。

（5）物流系统信息处理。

2．控制层的主要功能

控制层是物流自动化系统的重要组成部分，它接受来自管理层的指令，控制物流设备完成指令所规定的任务。控制层还可以实时监控物流系统的状态，将监测的信息反馈给管理层，为管理层的调度决策提供参考。

3．执行层的主要功能

执行层由自动化的物流机械组成。物流设备的控制器接受控制层的指令，控制设备执行的各种操作。执行层的功能一般包括以下几个方面。

（1）自动存储/提取系统（Automated Storage & Retrieval System，AS/RS），包括高层货架、堆垛机、出/入库台、缓冲站和输送设备等。

（2）输送车辆，如自动导引车（Automated Guided Vehicle，AGV）和空中单轨自动车（Sky-RAV）。

（3）缓冲站。缓冲站是临时储存物料的货架或装置，用于交接或转移物料。设置缓冲站是为了协调各个物流设备的作业速度，保证物流系统正常运作。

物流自动化系统对管理层、控制层和执行层的要求各不相同。管理层要有较强的数据处理能力，具有一定的智能性，如对库存异常进行警告，对物流设备利用率过低进行提示，对物流瓶颈提供必要的分析数据等。控制层的数据处理能力并不一定很强，但要有较高的实时性和较快的处理速度，能够随时将指令传达给执行层，并随时监控执行层的运行情况。执行层则要求有较高的可靠性，能降低物流系统的故障率。

10.2 自动化立体仓库

自动化仓库系统是在不直接进行人工处理的情况下，可以自动地存储和取出物料的系统。这个定义覆盖了不同复杂程度及规格的极为广泛的自动化仓库系统。自动化立体仓库作为自动化仓库的高级阶段，代表仓储业未来的发展方向。

✱ 10.2.1　自动化立体仓库概述

1．自动化立体仓库的发展历史

自动化技术在仓储领域（包括主体仓库）的发展可以分为 5 个阶段：人工仓储阶段、机械化仓储阶段、自动化仓储阶段、集成化仓储阶段和智能自动化仓储阶段。从 20 世纪 90 年代后期开始，智能自动化仓储将是自动化技术在仓储领域的主要发展方向。

（1）人工仓储阶段。这一阶段，物资的输送、存储、管理和控制主要靠人工实现，其优点是具有较强的实时性和直观性，缺点是依靠人工操作，需要消耗较多的人力。

（2）机械化仓储阶段。这一阶段，物料可以通过各种各样的传送带、工业输送车、机械手、吊车、堆垛机和升降机进行移动与搬运，可用货架托盘和可移动货架存储物料，通过人工操作机械存取设备，用限位开关、螺旋机械制动和机械监视器等控制设备的运行。机械化满足了人们提升速度、精度以及重复存取和搬运等的要求，也使仓库的运营速度得到了有效的提升，员工的疲劳度得以降低。

（3）自动化仓储阶段。自动化技术对仓储技术的发展起到重要的促进作用。20 世纪 50 年代末到 60 年代，自动导引车、自动货架、自动存取机器人、自动识别和自动分拣等系统相继被研发出来并投入使用。20 世纪 70 年代到 80 年代，旋转体式货架、移动式货架、巷道式堆垛机和其他搬运设备都加入自动控制的行列，但这时各个设备只是局部自动化且各自独立应用，被称为"自动化孤岛"。随着计算机技术的发展，仓储工作的重点转向物资的控制和管理，要求实时、协调和一体化。

（4）集成化仓储阶段。20 世纪 70 年代末到 80 年代，自动化技术被越来越多地用到生产和分配领域。显然，"自动化孤岛"需要集成化，于是便形成了"集成系统"的概念。在集成系统中，整个系统的有机协作使总体效益超过各部分独立效益的总和。20 世纪 70 年代初期，我国开始研究使用巷道式堆垛机的立体仓库。1980 年，我国第一座自动化立体仓库在北京汽车制造厂投产。自此以后，立体仓库在我国得到了迅速发展，我国的自动化仓库技术已实现与其他信息决策系统的集成，目前正在做智能控制和模糊控制的研究工作。

（5）智能自动化仓储阶段。人工智能技术的发展推动自动化技术在仓储领域向更高级的阶段——智能自动化仓储阶段发展。在这一阶段，只需几位员工就可以将庞大的仓库系统管理得井然有序。现在，智能自动化仓储技术还处于初级发展阶段，未来仓储技术的智能化将有更广阔的应用前景。

2. 自动化立体仓库的概念

自动化立体仓库也称为高层货架仓库，一般是指采用几层、十几层甚至几十层的货架储存单元产品，用相应的产品搬运设备进行产品入库和出库作业的仓库，其示意图如图 10.3 所示。由于这类仓库能充分利用空间储存产品，故被称为"立体仓库"。

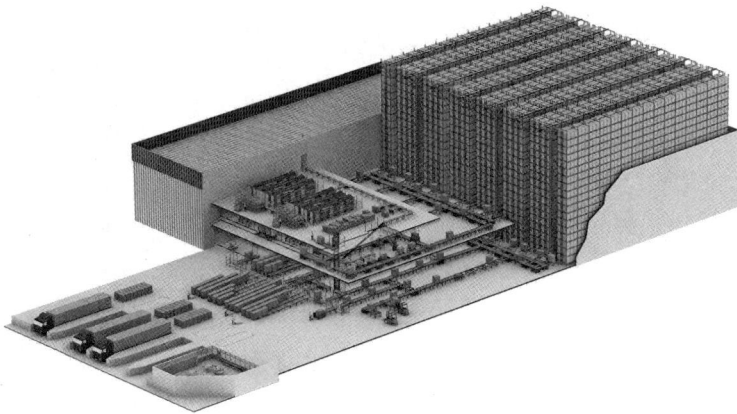

图 10.3 自动化立体仓库示意图

立体仓库的产生与发展是第二次世界大战之后生产和技术发展的结果。20 世纪 50 年代初，美国出现了使用桥式堆垛起重机的立体仓库；20 世纪 50 年代末至 60 年代初出现了由司机操作的巷道式堆垛起重机立体仓库；1963 年，美国率先在高架仓库中采用计算机控制技术，建立了第一座由计算机控制的立体仓库。此后，自动化立体仓库在美国和欧洲得到迅速发展，并形成了专门的学科。20世纪60年代中期，日本开始兴建立体仓库，并逐渐成为当今世界拥有自动化立体仓库较多的国家。

我国对自动化立体仓库及其产品搬运设备的研制起步较晚。1963年，我国研制出第一台桥式堆垛起重机；1973年，我国开始研制第一座由计算机控制的高达15米的自动化立体仓库，该仓库于1980年投入运行。目前，我国每年新建自动化立体仓库的数量大约为100座。自动化立体仓库具有很高的空间利用率、很强的入/出库能力，以及采用计算机进行控制管理而利于企业实施现代化管理等特点，已被众多企业所使用。

📖 实例10-1 苏宁自动化立体仓库

苏宁近年来大力推动智慧物流建设，积极建设物流云系统，获得了广泛的认可。南京苏宁雨花物流二期全自动化立体仓库，其仓库存储能力约为150万SKU、2000万件产品，日发货量181万件，人均每小时可完成1200件产品的出货。苏宁的高密度自动存储系统分为3个部分，对应3个高精尖的硬件设备。

（1）AS/RS自动托盘堆垛系统。这是一台高达22米、纵深90米的"机械使者"，每一台都有一个灵敏的机械触手，可在90米纵深空间里自由且准确地上下穿梭，像一个优雅而灵活的舞者。机械触手"认得"每一个存储位，根据指令进行每一次存取。它是专为存取完整的装载单元而设计的，主要用来存取中件整托及小件大批量产品。图10.4所示为AS/RS自动托盘堆垛系统。

图10.4　AS/RS自动托盘堆垛系统

（2）Miniload高密度自动箱式堆垛机。Miniload高密度自动箱式堆垛机比AS/RS自动托盘堆垛系统更精巧，因为它存取的是周转箱和硬纸箱，所以体积更小，灵活性更强，复杂度更高，能够实现双循环1400箱/时（单循环1800箱/时）的存取，能够实现每天近百万件产品的补货出库功能。图10.5所示为Miniload高密度自动箱式堆垛机。

（3）SCS旋转货架。SCS旋转货架是苏宁物流货到人拣选系统的一部分，是一种高度动态且完全自动的仓储设备，它能够处理几乎所有拆零品类的产品。如果系统中提示有订单需要拣选，SCS 旋转货架能迅速且准确地找到含有订单内产品的周转箱，并自动把周转箱送上传送带，传送带会把周转箱直接送到货到人拣选工作站。图 10.6 所示为 SCS 旋转货架。

图 10.5 Miniload 高密度自动箱式堆垛机

图 10.6 SCS 旋转货架

3. 自动化立体仓库的优缺点

自动化立体仓库的优点主要体现在以下几个方面。

（1）由于能充分利用仓库的垂直空间，仓库的单位面积存储量远远大于普通的单层仓库，一般是单层仓库的 4～7 倍。

（2）仓库作业全部实现机械化和自动化，一方面能大大节省人力资源，减少劳动力费用的支出，另一方面能大大提高作业效率。

（3）利用计算机进行仓储管理，可以很方便地做到"先进先出"，并且防止产品自然老化、变质、生锈，也能避免产品丢失。

（4）货位集中，便于控制与管理，特别是电子计算机的使用，不仅能够实现作业的自动控制，而且能够进行信息处理。

（5）能更好地适应黑暗、低温、有毒等特殊环境的要求，通过计算机控制系统实现自动出/入库。

（6）采用托盘或货箱存储产品，产品的破损率显著降低。

自动化立体仓库的缺点主要体现在以下几个方面。

（1）仓库结构复杂，配套设备多，需要大量的基建和设备投资。

（2）货架安装的精度要求高，施工比较困难，施工周期长。

（3）计算机控制系统是仓库的"神经中枢"，一旦出现故障，整个仓库将会处于瘫痪状态，收发作业就会中断。

（4）因为高层货架是利用标准货格进行单元储存的，所以对储存产品的种类有一定的限制。

（5）由于仓库实行自动控制与管理，因此技术性要求较高，工作人员需具备较高的技术业务素质和一定的文化水平及专业知识，而且要经过专门培训才能胜任。

✲ 10.2.2 自动化立体仓库的分类

1．按照货架形式分类

（1）单元式货架仓库。这种形式的仓库使用最广，通用性较强。其特点是货架沿仓库的宽度方向分为若干排，每两排货架为一组，中间有一条巷道，供堆垛机或其他仓储机械作业。每排货架沿仓库的纵长方向分为若干列，沿垂直方向分为若干层，从而形成用来储存产品单元（托盘或货箱）的大量货格。在大多数情况下，每个货格存放一个产品单元。在某些情况下，如产品单元比较小时，一个货格内往往存放两三个产品单元，以便充分利用货格空间，减少货架投资。

（2）贯通式货架仓库。在单元式货架仓库中，巷道占据了 1/3 左右的仓库面积。为了提高仓库面积的利用率，可以取消位于各排货架之间的巷道，将货架合并在一起，使同一层、同一列的产品互相贯通，形成能依次存放许多产品单元的通道；而在另一端由出库起重机取货，这就是贯通式货架仓库。根据产品单元在通道内移动方式的不同，贯通式货架仓库可进一步划分为重力式货架仓库和穿梭小车式货架仓库。重力式货架仓库的每个存货通道只能存放同一种产品，所以它适用于储存品种不多但数量相对较多的产品。穿梭小车式货架仓库可以由起重机将产品从一个存货通道搬运到另一个存货通道。

（3）循环货架仓库。这种仓库的货架本身是一台垂直提升机或在水平面内沿环形路线来回运行的输送机。前者可在垂直方向存取产品，称为垂直循环货架仓库，特别适合存放长形卷状产品，如地毯、地板革、胶片卷、电缆卷等；后者可在水平面内存取或拣选产品，称为水平循环货架仓库，适用于作业频率要求不高的场合。

2．按照建筑形式分类

（1）整体式仓库。整体式仓库指货架除了可以储存产品外，还可以作为建筑物的支撑结构，就像建筑物的一个部分，即库房与货架形成一体化结构。这样，外墙既是货架，又是库房屋顶的支持架，其高度一般在 12 米以上。

（2）分离式仓库。分离式仓库指储存产品的货架独立存在，建在建筑物内部。它可以将现有建筑物改造为自动化立体仓库，也可以将货架拆除，使建筑物另作他用。分离式仓库主要适用于已经有建筑物的情况，其高度一般在 10 米以下。

3．按照作业方式分类

（1）单元货架式仓库。这是一种常见的仓库，产品先放在托盘或货箱内，再装入单元货架的货格中。

（2）移动货架式仓库。这种仓库是由电动货架组成的。货架可以在轨道上移动，由控制装置控制货架的合拢和分离。作业时，货架分开，可在巷道中进行作业。不作业时，可将货架合拢，只留一条作业巷道，从而提高空间的利用率。

（3）拣选货架式仓库。拣选货架式仓库的分拣机构是这种仓库的核心组成部分。它有巷道内分拣和巷道外分拣两种方式。

4．按照在物流系统中的作用分类

（1）生产性仓库。生产性仓库是指工厂内部为了协调工序与工序之间、车间与车间之间、外购件和自制件物流的不平衡而建立的仓库，它能保证各生产工序间进行有节奏的生产。

（2）流通性仓库。流通性仓库是一种服务性仓库，它是企业为了调节生产厂和客户间的供需平衡而建立的仓库。这种仓库进出产品比较频繁，吞吐量较大，一般与销售部门有直接联系。

5．按照库存容量分类

库存容量在 2000 个托盘以下的为小型立体仓库；库存容量为 2000～5000 个托盘的为中型立体仓库；库存容量在 5000 个托盘以上的为大型立体仓库。

❋ 10.2.3　自动化立体仓库的构成

自动化立体仓库主要由土建及公用工程设施、机械设备、电气与电子设备构成。

1．土建及公用工程设施

（1）厂房。仓库的产品和所有设备都安放在厂房规定的范围内，库存容量和货架规格是厂房设计的主要依据。

（2）消防系统。由于仓库库房面积一般都比较大，产品和设备数量多且密度大，而仓库的管理和操作人员较少，所以自动化立体仓库的消防系统大都采用自动消防系统。

（3）照明系统。

（4）通风及采暖系统。

（5）动力系统。

（6）其他设施，包括给排水设施、避雷接地设施和环境保护设施等。

2．机械设备

（1）货架。货架有多种形式，货架材料一般为钢材或钢筋混凝土。钢货架的优点是构件尺寸小，仓库空间利用率高，制作方便，安装建设周期短。随着高度的增加，钢货架比钢筋混凝土货架的优越性更明显。因此，目前国内外大多数自动化立体仓库都采用钢货架。钢筋混凝土货架的突出优点是防火性能好，抗腐蚀能力强，维护保养简单。

（2）货箱与托盘。为了提高产品装卸、存取的效率，自动化立体仓库一般会使用货箱与托盘盛放产品。货箱与托盘的基本功能是盛放产品，同时还便于叉车和堆垛机的叉取与存放。

（3）搬运设备。搬运设备是自动化立体仓库的重要设备，它们一般是由电力驱动的，通过自动或手动控制把产品从一处搬到另一处。设备形式可以是单机、双轨、地面的、空中的、一维运行（水平直线运行或垂直直线运行）、二维运行、三维运行等。典型的搬运设备有升降梯、搬运车、巷道式堆垛机、双轨堆踩机、无轨叉车和转臂起重机等。

（4）运输系统。运输系统必须具有高度可靠性。自动化立体仓库一般只有一套运输系统，运输系统一旦发生故障，就会使整个仓库的工作受到影响。因此，运输系统各个环节上的设备要可靠、耐用、便于维修，对于自动控制系统还应设置手动控制功能。

3．电气与电子设备

（1）检测装置。检测装置是用于检测各种作业设备的物理参数及化学参数的装置，通过对检测数据的判断和处理可为系统决策提供依据，以保证系统安全可靠地运行。

（2）信息识别设备。在自动化立体仓库中，信息识别设备必不可少，它被用于采集产品的品名、类别、货号、数量、等级、目的地、生产厂家、产品送达地址等物流信息。这类设备通常采用条形码、磁条、光学字符和射频识别等技术。

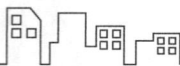

（3）控制装置。自动化立体仓库所配备的各种存取设备和输送设备必须具有控制装置，以实现自动化运转。这类控制装置包括普通开关、继电器、微处理器、单片机和可编程序控制器等。

（4）监控及调度设备。监控及调度设备主要负责协调系统中各部分的运行，它是自动化立体仓库的信息枢纽，在整个系统中举足轻重。

（5）计算机管理系统。计算机管理系统用于进行仓库的账目管理和作业管理，可与企业的管理系统交换信息。

（6）数据通信设备。自动化立体仓库是一个构造复杂的自动化系统，它由众多的子系统组成。各系统、各设备之间需要进行大量的信息交换以完成规定的任务，因此需要大量的数据通信设备作为信息传递的媒介。这类设备包括电缆、远红外光、光纤和电磁波等。

（7）大屏幕显示器。大屏幕显示器是为了仓库内的工作人员操作方便，便于观察设备情况而设置的。

10.3 物流自动化设备

物流自动化设备种类繁多，包括输送设备、搬运设备、自动起重设备、自动分拣设备和末端配送设备等，本节将对典型的设备进行重点介绍。

❋ 10.3.1 输送设备

自动输送机是输送多种产品、短暂存储或分拣产品的一种理想设备，可输送各种板材、袋装件、箱装件、部件总成和各种集装单元产品，是仓储自动化系统的主要组成部分。按输送产品的类型分类，输送设备可以分为单元产品输送设备和散碎物料输送设备两类。

1．单元产品输送设备

（1）辊道式输送机。这是一种结构比较简单且使用广泛的输送机械，如图10.7所示。它由一系列以一定间距排列的辊子组成，用于输送成件产品或托盘产品。为保证产品在辊子上移动时的稳定性，产品支承面至少应该接触4个辊子，即辊子间距应小于产品支承面长度的1/4。

图 10.7　辊道式输送机

（2）链条式输送机。链条式输送机有多种形式，使用也非常广泛，如图 10.8 所示。最简单的链条式输送机由两根套筒辊子链组成。链条由驱动链轮牵引，链条下有导轨，支承链节上的套筒辊子，产品直接压在链条上，随着链条的移动而向前移动。

图 10.8　链条式输送机

（3）悬挂式输送机。图 10.9 所示为悬挂式输送机，主要用于在制品的暂存，避免产品在车间地面暂存而造成劳动力和空间的浪费。安全性是悬挂式输送机在设计和实施中应考虑的重要因素。

图 10.9　悬挂式输送机

（4）链板式垂直提升机。这是一种新颖的连续输送机械，如图 10.10 所示。托住产品的是一串互相铰接的链条，提升机有两组这样的链条。托板的第一根板条连接在一组链条上，托板的最后一根板条铰接在另一组链条上。两组链条拉着载货托盘垂直提升。

（5）单轨电动小车。单轨电动小车是运输产品的主要工具，它的结构形式与所采用的轨道形式相适应。单轨电动小车可以在轨道上行驶，也可以悬挂在轨道下翼缘行驶。单轨电动小车系统可采用电动葫芦等作为小车。图 10.11 所示为单轨电动小车。

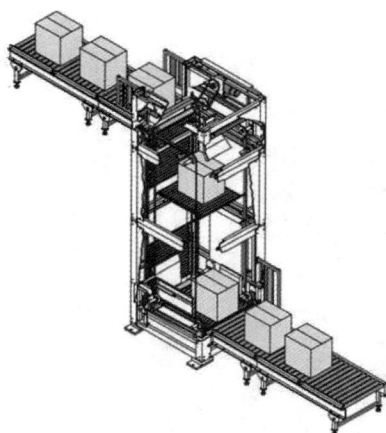

图 10.10　链板式垂直提升机

图 10.11　单轨电动小车

2．散碎物料输送设备

（1）皮带式输送机。皮带式输送机具有输送量大、结构简单、维修方便、部件标准化等优点，广泛应用于矿山、冶金、煤炭等行业，用来输送松散产品或成箱产品。根据输送工艺要求，皮带式输送机可单台输送，也可多台组成输送系统，或与其他输送设备组成水平或倾斜的输送系统，以满足不同布置形式的作业线需要。皮带式输送机的结构多样，有槽型皮带机、平型皮带机、爬坡皮带机、侧倾皮带机、转弯皮带机等。图 10.12 所示为常见的皮带式输送机。

图 10.12　皮带式输送机

（2）斗式提升机。斗式提升机主要用于垂直散碎物料的连续运输。它的牵引件可以是运输带或链条。牵引件上按一定的间距固定着很多料斗，驱动装置带动牵引件回转，料斗从提升机的底部抖起物料，物料随牵引件上升到顶部后，绕过链轮或卸料滚筒，从料斗内卸出。

（3）气力输送系统。气力输送系统是由具有一定速度和压力的空气带动粉粒状物料或密度较小的产品在管道内流动，以实现物料在水平和垂直方向上的输送。它的结构简单，能保护周围环境免受粉尘污染，被广泛应用于装卸粮食和水泥等物料。

❋ 10.3.2　搬运设备

1. 叉车

叉车是工业搬运车辆，指对成件托盘产品进行装卸、堆垛和短距离运输作业的各种轮式搬运车辆。叉车是仓库作业必备的设备，无论是自动化立体仓库还是普通平面仓库，都离不开叉车。叉车的种类繁多，在自动化立体仓库中，拣选作业经常用到高位拣选式叉车，如图 10.13 所示。

图 10.13　高位拣选式叉车

2. 托盘搬运车

托盘搬运车是搬运托盘的专用设备，有手动式托盘搬运车和电动式托盘搬运车两种，分别如图 10.14 和图 10.15 所示。在使用手动式托盘搬运车时，将其承载的货叉插入托盘孔内，由人力驱动液压系统实现托盘产品的起升和下降，并由人力拉动完成搬运作业，适用于距离较近的托盘搬运，它是托盘运输工具中非常简便、有效且常见的装卸、搬运工具。电动式托盘搬运车又称电动托盘车或电动搬运车，是一种应用广泛且市场潜力巨大的轻小型仓储工业车辆，适用于重载及长时间产品转运工况，可大大提高产品搬运效率，减轻劳动强度。

图 10.14　手动式托盘搬运车

图 10.15　电动式托盘搬运车

3. AGV

（1）AGV的概念及特点

AGV即自动导引车，又名无人搬运车、自动导航车、激光导航车，是指装备有电磁或光学等自动导引装置，能够沿规定的导引路径行驶，具有安全保护及各种移载功能的运输车。AGV是高度柔性化和智能化的产品搬运设备，被称为移动机器人。

AGV的显著特点是实现了无人驾驶。AGV上装备有自动导向系统，可以保障系统在不需要人工引航的情况下能够沿预定的路线自动行驶，自动将产品从起始点运送到目的地。AGV的另一个特点是柔性化，自动化程度和智能化水平高。AGV的行驶路径可以根据仓储货位要求、生产工艺流程等的改变而灵活改变，并且运行路径改变的费用与传统的输送带和刚性的传送线相比非常低廉。此外，AGV还具有清洁生产的特点，依靠自带的蓄电池提供动力，运行过程无噪声、无污染，可以应用在许多要求工作环境清洁的场所。

（2）AGV的分类

AGV从发明至今已经有60多年的历史，随着应用领域的扩展，其种类和形式变得多样。根据AGV自动行驶过程中的导航方式，我们可以将AGV分为以下几种类型。

① 电磁感应引导式AGV。在地面上，沿预先设定的行驶路径埋设电线；当高频电流流经导线时，导线周围产生电磁场，AGV上安装有两个左右对称的电磁感应器，它们所接收的电磁信号的强度差异可以反映AGV偏离行驶路径的程度。AGV的自动控制系统根据这种偏差控制车辆的转向，连续的动态闭环控制能够保证AGV对设定行驶路径的稳定自动跟踪。这种电磁感应引导式导航方法在大多数商业化的AGV上使用，尤其适用于大中型的AGV。

② 激光引导式AGV。激光引导式AGV上安装有可旋转的激光扫描器，由于运行路径沿途的墙壁或支柱上安装有高反光性反射板的激光定位标志，AGV依靠激光扫描器发射激光束，然后接收由四周的激光定位标志反射回来的激光束；车载计算机计算出车辆当前的位置以及运动的方向，通过和内置的数字地图进行对比校正方位，从而实现自动搬运。激光引导式AGV的应用越来越普遍。依据同样的引导原理，若将激光扫描器更换为红外发射器或超声波发射器，则激光引导式AGV可以变为红外引导式AGV和超声波引导式AGV。

③ 视觉引导式AGV。视觉引导式AGV是正在快速发展的AGV形式，其上安装有CCD摄像机和传感器，车载计算机中设置有AGV欲行驶路径周围的环境图像数据库。AGV在行驶过程中，摄像机动态获取车辆周围的环境图像信息并与环境图像数据库进行比较，从而确定当前位置并对下一步行驶做出决策。这种AGV不要求人为设置任何物理路径，因此在理论上具有最佳的引导柔性。随着计算机图像采集、储存和处理技术的飞速发展，这种AGV的实用性越来越强。

此外，还有铁磁陀螺惯性引导式AGV、光学引导式AGV等。

📖**实例10-2　国内外典型的AGV生产企业**

国外典型的AGV产品有Kiva、Fetch、Swisslog以及Gray Orange等，国内典型的AGV产品有极智嘉科技（Geek+）和快仓机器人。以下重点介绍Kiva机器人和快仓机器人。

Kiva机器人，是亚马逊在2012年斥资7.75亿美元收购Kiva systems公司的机器人项目，这家公司整合硬件及软件，使整个取货、包装、运输产品的过程更加流畅，公司利用自制移动机器人及精密的控制软件，为零售商提供一套完整系统。Kiva 机器人重约 320 磅（145 千克），虽然小小的，但是个大力士，其顶部有一个升降圆盘，可抬起重达 720 磅（340 千克）的产品。Kiva 机器人会扫描地上条形码前进，能根据无线指令的订单将产品所在的货架从仓库搬运至员工处理区，这样工作人员每小时可挑拣、扫描 300 件产品，效率是之前的三倍，并且 Kiva 机器人准确率达到 99.99%。亚马逊启用 Kiva 机器人之后，提高了近 50% 的分拣处理能力，Kiva 机器人与 Robo-Stow 机械臂等组成的系统可在 30 分钟内卸载和接收一拖车的产品，比之前的效率提升了几倍。Kiva 货架搬运机器人如图 10.16 所示。

图 10.16　Kiva 货架搬运机器人

　　快仓公司成立于 2014 年，是智能仓储机器人系统解决方案提供商，是人工智能和智能机器人领域的"头雁"企业，拥有千台级机器人智能仓。快仓系统解决方案可以为传统仓库作业模式节省 50%～70% 的人工，并可以提高效率，降低错单率、产品损耗率和订单消耗品开销等，从而大幅降低仓库的运营成本。快仓货架搬运机器人如图 10.17 所示。

图 10.17　快仓货架搬运机器人

4．集装箱跨运车

　　集装箱跨运车是集装箱装卸设备中的主力机型，通常承担由码头前沿到堆场的水平运输和堆场的集装箱堆码工作。集装箱跨运车具有机动灵活、效率高、稳定性好、轮压低等特点，因此得到了普遍的应用。集装箱跨运车自 20 世纪 60 年代问世以来，经过几十年的发展，已经与轮胎式集装箱门式起重机一样，成为集装箱码头和堆场的关键设备。集装箱跨运车作业对提高码头前沿设备的装卸效率十分有利。集装箱跨运车如图 10.18 所示。

图 10.18　集装箱跨运车

✳ 10.3.3　自动起重设备

1．巷道式堆垛起重机

巷道式堆垛起重机专用于高架仓库，是自动化立体仓库的主要作业机械，如图 10.19 所示，使用这种起重机的仓库的高度可达 40 多米，一般为 10～25 米。巷道式堆垛起重机在货架之间的巷道内运行，主要用于搬运装在托盘上或货箱内的单元产品；也可开到相应的货格前，由机上人员按出库要求拣选产品出库。巷道式堆垛起重机的起重量一般在 2 吨以下，有的可达 4～5 吨。它的主要用途是，在自动化立体仓库的货架巷道间来回穿梭，将位于巷道口的产品存入货格，或者取出货格内的产品运送到巷道口。这种作业对巷道式堆垛起重机在结构和性能方面提出了一系列严格的要求。

图 10.19　巷道式堆垛起重机

2．桥式堆垛起重机

桥式堆垛起重机是在桥式起重机的基础上结合叉车的特点发展起来的一种自动式堆货

机器，如图 10.20 所示。桥式堆垛起重机作为仓库作业机械，可以用于高层货架仓库存取作业，同时也适用于无货架堆垛，其起重量一般为 0.5～5 吨，某些特殊的可达 10 吨、15 吨、20 吨。桥式堆垛起重机主要适用于高度在 12 米以下的仓库。

图 10.20　桥式堆垛起重机

3．无轨巷道堆垛机

无轨巷道堆垛机又称高架叉车或三向堆垛叉车，即货叉向运行方向两侧进行堆垛作业时，车体无须做直角转向，而是将前部的门架或货叉做直角转向及侧移，这样占用作业通道的面积就可以大大减少，提高了仓库空间的利用率。此外，无轨巷道堆垛机的起升高度比普通叉车要高，一般在 6 米左右，最高可达 13 米，提高了空间利用率。无轨巷道堆垛机与有轨巷道堆垛机相比，在运行速度和起升高度方面都较差。但无轨巷道堆垛机可在多条货架巷道中工作，机动性能好，操作方便，车辆转弯半径小，灵活性好。无轨巷道堆垛机如图 10.21 所示。

图 10.21　无轨巷道堆垛机

4．拣选式电动堆垛机

拣选式电动堆垛机的特点是没有货叉，通过人和产品同在一个有栏杆的平台上升降来完成拣选作业。它适用于一般的立体仓库或普通平房仓库，便于在货架上存取产品或进行其他搬运、堆垛作业。该机车身窄、转弯半径小、机动性强，适合在狭窄场所作业；结构简单、价格便宜，走行和升降都采用蓄电池供电，随机带充电机。

5．码垛机器人

码垛机器人是集机械、信息、电子、计算机技术等于一身的高新机电产品，主要用来对工件或产品进行搬运、码垛、卸垛等操作。码垛机器人主要包括直角坐标式机器人、关节式机器人和极坐标式机器人。每一台码垛机器人都有独立的控制系统，适用于袋装、罐装、瓶装等各种形状的包装产品的码垛/拆垛作业。码垛机器人运作灵活精准、快速高效、稳定性强，作业效率高。

目前，日本、德国和瑞典等国家的码垛机器人的发展水平较高，技术相对比较成熟，在世界各地受到广泛的应用。日本系的码垛机器人有安川、OTC、FANUTC、不二越等，德国有 KUKA、CLOOS 等，此外还有瑞典的 ABB，意大利的 COMAU。

（1）日本安川码垛机器人。日本安川公司生产的 MP 系列的机器人专门用于码垛搬运作业。其典型的产品 MOTOMAN-MPL160 码垛机器人具有 4 自由度，负载能力为 160 千克，最大伸长范围为 3159 毫米，最大码垛高度为 2623 毫米，处理能力为 1650 回/时。图 10.22 所示为安川 MOTOMAN-MPL160 码垛机器人。

（2）德国 KUKA 码垛机器人。德国 KUKA 机器人公司是世界上具有领先水平的工业机器人制造商。KUKA 机器人能够应用到产品搬运、制造、堆垛、焊接等领域，适用于自动化控制、产品制造、食品及塑胶等行业。其中，KR 系列为码垛机器人，KR4700PA 码垛机器人的最大负载能力为 700 千克，最大工作半径为 3200 毫米。图 10.23 所示为 KUKA KR4700PA 码垛机器人。

图 10.22　安川 MOTOMAN-MPL160 码垛机器人　　图 10.23　KUKA KR4700PA 码垛机器人

（3）瑞典 ABB 码垛机器人。在机器人领域，瑞典 ABB 公司无论是在研发方面还是在生产方面都始终处于行业领先地位。该公司开发的 IRB760 码垛机器人的负载能力为 450 千克，最大工作半径为 3180 毫米，主要用于机械加工、码垛、产品搬运及整层码垛作业。图 10.24 所示为 ABB IRB760 码垛机器人。

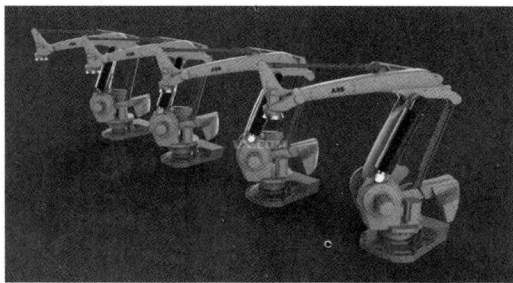

图 10.24　ABB IRB760 码垛机器人

❋ 10.3.4　自动分拣设备

分拣是指为完成运输、配送而把许多产品按品种、地点和单位分配到所设置的场地的一种产品搬运过程。按分拣的手段不同，分拣可分为人工分拣、机械分拣和自动分拣三大类。其中，自动分拣是现代物流的重要特征。自动分拣机是自动化立体仓库及物流配送中心对产品进行分类、整理的关键设备之一。下面重点介绍几种具有代表性的自动分拣机和分拣机器人。

1．滑块式分拣机

滑块式分拣机如图 10.25 所示，它是一种特殊形式的条板输送机。滑块式分拣机的表面由金属条板或管子构成，如竹席状，而每个金属条板或管子上有一枚用硬质材料制成的导向滑块，导向滑块能沿金属条板或管子做横向滑动。平时，导向滑块停在分拣机的侧边，导向滑块的下部有销子与条板下的导向杆联结。通过计算机控制，当被分拣的产品到达指定道口时，控制器使导向滑块自动有序地向分拣机的对面一侧滑动，把产品推入分拣道口，产品就被引出主输送机。这种方式是将产品从侧向逐渐推出，并不冲击产品，因此产品不容易损伤。它对分拣产品的形状和大小适用范围较广，是目前国外一种新型的高速分拣机。

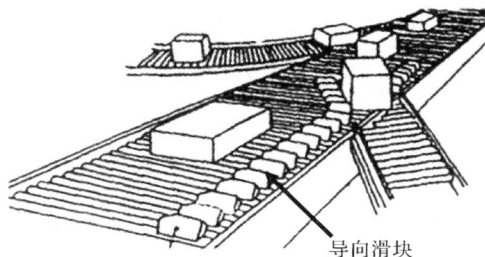

导向滑块

图 10.25　滑块式分拣机

2．挡板式分拣机

挡板式分拣机是利用一个挡板（挡杆）挡在输送机上，将向前移动的产品引导到一侧的滑道以顺利排出。挡板的另一种形式是以挡板一端作为支点，可以旋转。挡板运动时，像一堵墙挡住向前移动的产品，利用输送机对产品的摩擦力，推动产品沿着挡板表面移动，从主输送机上排出至滑道。平时挡板处于主输送机一侧，可让产品继续前移；如果挡板进行横向移动或旋转，则产品就排向滑道，如图 10.26 所示。挡板一般安装在输送机的两侧，和输送机上平面不接触，即使在操作时也只接触产品而不接触输送机的输送表面，因此它对多种形式的输送机都适用。就挡板本身而言，也有不同形式，如直线型、曲线型；也可在挡板工作面上装上滚筒或贴上光滑的塑料材料，以减少摩擦阻力。

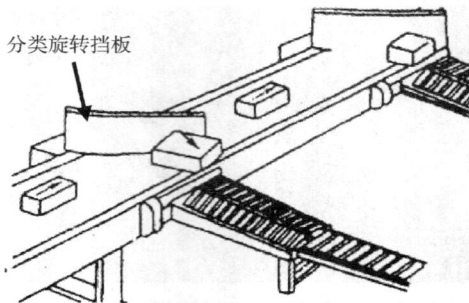

图 10.26　挡板式分拣机

3．浮出式分拣机

浮出式分拣机是把产品从主输送机上托起，从而将产品引导出主输送机的一种分拣设备。从将产品引离主输送机的方向来看，一种是引出方向与主输送机构成直角，另一种是呈一定的夹角（通常是 30°～45°）。一般前者比后者的生产率低，且容易对产品产生较大的冲击力。浮出式分拣机大致有以下两种形式。

（1）胶带浮出式分拣机（见图 10.27）。这种分拣机用于辊筒式主输送机上，将有动力驱动的两条或多条胶带或单个链条横向安装在主输送辊筒的下方。当分拣机接受指令启动时，胶带或链条向上提升，接触产品底部把产品托起，并将产品向主输送机一侧移出。该类型的分拣机对产品的冲击小，适合分拣用纸箱装的产品，不适合分拣形状较长的产品或底部不平的产品。

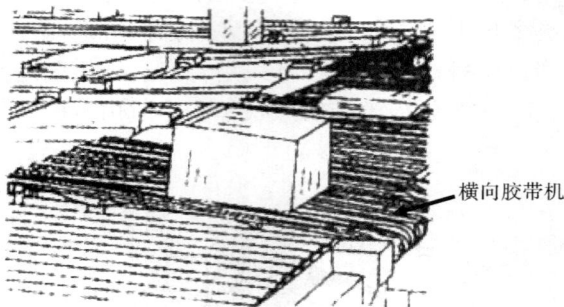

横向胶带机

图 10.27　胶带浮出式分拣机

（2）辊筒浮出式分拣机（见图 10.28）。这种分拣机适用于辊筒式或链条式的主输送机，将一个或数十个有动力的斜向辊筒安装在主输送机下方；分拣机启动时，斜向辊筒向上浮起，接触产品底部，将产品斜向移出主输送机。

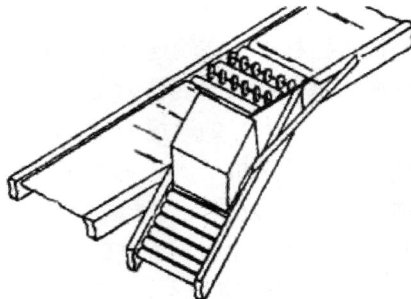

图 10.28　辊筒浮出式分拣机

4．倾斜式分拣机

（1）条板倾斜式分拣机（见图 10.29）。这是一种特殊的条板输送机，产品装载在输送机的条板上，当产品移动到需要分拣的位置时，条板的一端自动升起，使条板倾斜，从而将产品移离主输送机。产品占用的条板数随产品的长度而定，被占用的条板如同一个整体，同时倾斜。因此，这种分拣机在一定范围内不限制产品的长度。

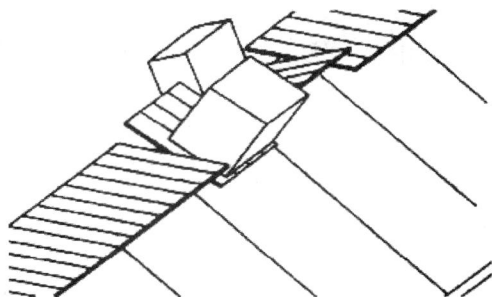

图 10.29　条板倾斜式分拣机

（2）翻盘式分拣机（见图 10.30）。这种分拣机由同一系列的倾倒盘组成，倾倒盘为铰接式结构，向左或向右倾斜。装载产品的倾倒盘移动到某一固定位置时，倾倒盘倾斜，将产品移送至旁边的滑道中。为减轻产品倾倒时的冲击力，有的分拣机能以抛物线状倾倒产品。这种分拣机对分拣产品的形状和大小没有特殊限制，但以不超出倾倒盘大小为限。形状较长的产品可以跨越两只倾倒盘放置，倾倒时两只倾倒盘同时倾斜。这种分拣机常呈环状连续输送，其占地面积较小，又由于是水平循环，使用时可以分成数段，每段设置一个分拣信号输入装置，以便产品进入；而分拣排出的产品在同一滑道排出，这样就可以提高分拣效率。

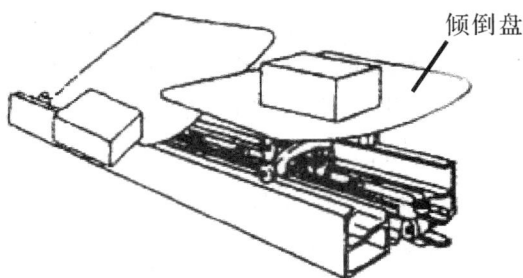

倾倒盘

图 10.30　翻盘式分拣机

5．托盘式分拣机

托盘式分拣机是一种应用十分广泛的机型，主要由托盘小车、驱动装置、牵引装置等组成。其中，托盘小车形式多样，有平托盘小车、U 形托盘小车、交叉带式托盘小车等。

传统的平托盘小车利用盘面倾翻卸载产品，结构简单，但存在上货不稳、卸货时间过长等缺点，从而造成高速分拣速度不稳定、格口尺寸过大等问题。

交叉带式托盘小车的特点是取消了传统的利用盘面倾翻卸载产品的结构，而在车体下设置了一条可以双向运转的短传送带（又称交叉带），用它承接上货机，并由牵引链牵引运行到格口，再由交叉带运送，将产品强制卸落到左侧或右侧的格口中。交叉带式托盘分拣机如图 10.31 所示。

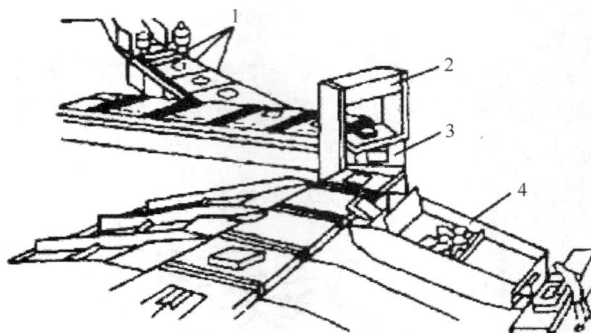

1—上货机，2—激光扫描器，3—交叉带式托盘小车，4—格口

图 10.31　交叉带式托盘分拣机

6．活动辊轮分拨系统

活动辊轮分拨系统以英特乐的 ARB 智能传送分拨系统为代表，如图 10.32 所示。借助于 ARB 技术，英特乐分拣系统可以准确进行分拣。ARB 智能传送分拨系统可进行 30° 和 90° 的双向分拣，能在较小的空间内高效传送各类产品。ARB 智能传送分拨系统已应用于传送书籍、邮件、纸箱和塑料袋等，可用于分拣众多产品，从轻质的、信纸大小的产品到重型货盘。

图 10.32　ARB 智能传送分拨系统

7．分拣机器人

分拣机器人一般具备传感器、物镜、图像识别系统和多功能机械手，可通过图像识别系统"看到"产品形状，用多功能机械手抓取产品，然后放到指定位置，实现产品快速分拣。在分拣机器人领域，除了亚马逊的 Kiva 机器人以外，TORU、极智嘉、快仓、海康威视等的分拣机器人也应用较广。以下重点介绍 TORU 和极智嘉的分拣机器人。

（1）TORU 分拣机器人。总部位于德国慕尼黑的 Magazino，推出了 TORU 分拣机器人，如图 10.33 所示。该机器人由智能识别系统和精准爪手构成，能够自动、准确地拣出指定的产品，甚至可应用于日常生活产品的拿取。TORU 分拣机器人可以独立行走，从摆满产品的架子上直接取走所需的产品，也可以用自身带有 3D 摄像头的爪手把产品拉出来并扫描，接着把产品放到自己的架子上，然后把所有拣出的产品直接送到暂存区。TORU 分拣机器人的行走路线并不固定，它会自动辨识并调整活动路线，而且可以很好地和人类一起协同作业。TORU 分拣机器人可以根据产品不同的类型更换不同的爪手。如果一个仓库储存了许多不同种类的产品，可以配备多个 TORU 分拣机器人，并根据不同的产品尺寸和形状装上不同的爪手。

图 10.33　TORU 分拣机器人

（2）极智嘉分拣机器人。由北京极智嘉科技股份有限公司研发的极智嘉分拣机器人，被称为中国版的 Kiva，如图 10.34 所示。目前，极智嘉分拣机器人已经成功在天猫超市、唯品会等多个电商仓库实现商用。一台极智嘉分拣机器人高 28 厘米，自重 150 千克，能够承受500 千克的重量。接到订单指令后，极智嘉分拣机器人会通过扫描地面上均匀分布的二维码，按照 2 米/秒（最快可达 3 米/秒）的速度自动规划路线前进，移动到货架底部后，直接将整个货架抬起并驮到拣选员的工作台，节省了拣选员来回行走的时间和挑选的时间，整体效率是人工分拣的 3 倍。

图 10.34　极智嘉分拣机器人

📖**实例 10-3　国内具有代表性的电商企业智能机器人分拣中心**

1．京东华南麻涌智能机器人分拣中心

京东华南麻涌智能机器人分拣中心占地 1200 平方米，利用 300 多个代号为"小黄人"的分拣机器人进行取货、扫码、运输、投货，整个过程井然有序。依靠惯性导航和二维码技术，这些"小黄人"可以自动识别快递面单上的信息，自动完成包裹的扫码及称重工作，以最优线路完成包裹的分拣和投递。分拣机器人集成了供件、扫描、分拣、集包、投线等多个功能，相比于传统的自动分拣系统，具有占地面积小、投入成本低、可扩展性强等特点。目前，京东华南麻涌智能机器人分拣中心日均分拣量为 4 万～5 万单，每小时最高产能可达 12000 件，分拣准确率 100%，分拣效率是人工分拣的 3～4 倍。图 10.35 所示为京东华南麻涌智能机器人分拣中心。

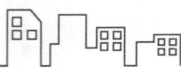

图 10.35　京东华南麻涌智能机器人分拣中心

2.　菜鸟网络广东惠阳智能机器人分拣中心

阿里巴巴主导的菜鸟网络物流体系，在广东惠阳打造了一个智能仓库。据报道，传统仓内的拣货员每天工作 7.5 小时，行走 27924 步，只能拣货 1500 件。而在菜鸟网络智能仓库内，配合分拣机器人，拣货员仅行走 2563 步，拣货量可达 3000 件。每一台分拣机器人能顶起的重量达到 250 千克，同时旋转灵活，能将货架送到拣货员面前，以方便拣货员工作。在分拣中心，货架四面都能存储产品，仓库储量同时翻倍提升。图 10.36 所示为菜鸟网络广东惠阳智能机器人分拣中心。

图 10.36　菜鸟网络广东惠阳智能机器人分拣中心

✹ 10.3.5　末端配送设备

末端配送设备主要是为了解决电子商务中的"最后一公里"配送问题。"最后一公里"配送是指客户通过电子商务途径购物后，购买的产品被运输到配送点后，配送点再通过一定的运输工具和设备将产品送到客户手中，实现门到门服务的过程。"最后一公里"配送是整个物流过程的末端环节，也是唯一一个直接和客户面对面接触的环节，意义重大。

末端配送设备是现代物流发展的产物，相关的产品日新月异。目前，末端配送设备趋于无人化，具体应用方式有无人车、无人机和自提柜。

1.　无人车

无人车即自动驾驶送货机器人。无人车配送主要运用于社区、办公楼、校园、园区等

"最后一公里"需求场景。据麦肯锡公司的预测，在未来 10 年，80%的产品将由无人车配送。无人车全年 24 小时运行，不用提供座位，也不用为司机提供休息场所，递送的时间可以从几天缩短到几个小时，从而实现配送成本减半的投资效益。以一位快递员的平均工作效率为 100 单/日来看，理想情况下，一辆无人车一天至少可完成两位快递员的工作量。但是，目前"最后一公里"无人车配送应用落地在环境、成本、技术及政策法规层面还存在诸多难点。

全球无人车配送的发展，现为美国领跑、欧洲积极跟随、亚洲追赶超越的局面。国内无人车配送起步稍晚，但拥有业务需求量巨大、技术更易落地两方面的优势。

（1）国内无人车配送技术的发展

目前，国内众多的无人车配送企业还处于早期研发或小规模运营的阶段，还需在人机交互、GPS、人工智能、云计算、大数据等技术上不断更新迭代，以满足更多样、更复杂的需求场景，最终实现商业化全面普及。其中，专注于无人车技术开发的企业有真机智能、YOGO ROBOT、白犀牛、新石器、智行者等创业企业，以及京东物流、苏宁物流、菜鸟网络、德邦快递、中通快递等自身带有物流业务的大企业。部分国内企业的无人车研究进展情况如表 10.1 所示。

表 10.1　部分国内企业的无人车研究进展情况

序号	企业	进展
1	新石器	基于百度 Apllo 自动驾驶软件平台研发 L4 级自动驾驶车辆
2	真机智能	真机"小黄马"已经迭代至第 5 代，6 轮设计，车高在 1 米左右，承重 30 千克，速度可达 10 千米/时，爬坡高度为 35°，续航可达 12 小时，定位精度为 1～3 厘米。目前的应用场景包括学校、小区、园区等
3	YOGO ROBOT	以技术赋能末端配送行业，开发的 go 系列配送服务机器人使用创新自研的 Gol 算法。2019 年年初正式发布群体 YOGO ROBOT 机器人配送解决方案，系统性地满足了末端配送各环节的需求，让楼宇内的无人配送成为可能
4	菜鸟网络	2018 年 4 月，菜鸟小 G plus 正式路测，最高时速达到 15 千米，和自行车的时速相当，充一次电可以连续行驶 60 千米
5	京东物流	2016 年 9 月，京东无人配送车 1.0 版本横空出世，并在当年"双 11"期间成功进行了包裹配送测试，之后又相继完成了 2.0 版本、3.0 版本及 3.5 版本的研发工作。2019 年年底，无人配送车 4.0 版本正式面世
6	苏宁物流	2018 年 4 月，"卧龙一号"无人配送车在部分地区实现常态化运营。2019 年 8 月，苏宁物流末端 5G 卧龙无人配送车进行实测路演
7	中通快递	中通快递与 L4 级无人驾驶企业 Auto X 合作，共同推动无人驾驶技术在物流及快递等领域的应用和普及
8	德邦快递	2018 年 5 月，自动车"德邦小 D"应用于"最后一公里"配送。2018 年 11 月，自动驾驶货运车"麒麟号"在浙江地区进行短途运输，开始了真实环境下的日常运营

（2）国外无人车配送技术的发展

国外无人车研发企业有亚马逊、DHL、Nuro、Starship Technologies、TeleRetail 等。国外无人车配送最初推出的无人车产品体积较小，行动灵敏，主要针对低速园区或人行道设计。2016 年 9 月，美国交通运输部发布了全球首个无人驾驶汽车政策文件《联邦自动驾驶汽车政策》，为无人驾驶汽车正式上路奠定了政策基础。2018 年 8 月，Auto X 在美国加利福尼亚州推出无人驾驶生鲜递送服务，为当地居民提供无人车配送服务及车上搭载的无人货架售货服务。2018 年 10 月，美国国家公路交通安全管理局批准 Nuro 在 2020—2021 年部署 5000 辆低速自动驾驶送货小车 R2。R2 通过在集中的地点放置产品，实现生鲜、外卖、包裹等的即时配送。Nuro 于 2019 年推出了可在大多数城市的地面道路上行驶的全自动无人车，车内可储存 20～30 件产品，载重量在 100 千克以上，配速为 25～30 千米/时。

📖**实例 10-4　末端配送，各路"无人车"相继涌现**

1．美团无人车"魔袋"（主要负责室外菜品配送）

线上采购已成为很多一线、二线城市家庭买菜的主要方式。据"美团买菜"统计，北京地区的线上采购日销量排在全国前列，而分拣人员、打包人员、骑手仍然紧缺，所以无人车送菜应运而生，第一批无人车落地点包括顺义区、海淀区。据了解，美团无人车"魔袋"在公开路面上的行驶速度约为 20 千米/时，一次可以配送 100 千克的菜品，续航里程可达 100 千米。基于区域 5G 网络和自动驾驶技术，它可以识别红绿灯并礼让行人，每天会进行多次消毒。图 10.37 所示为美团无人车"魔袋"。

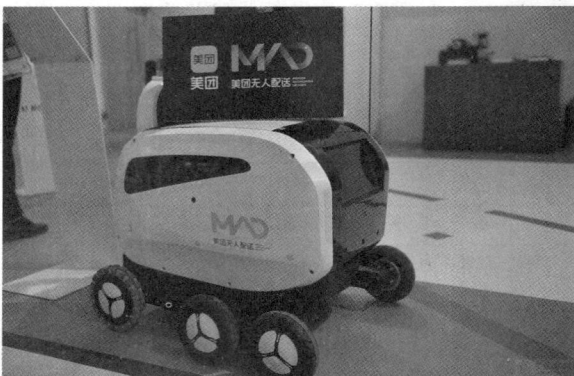

图 10.37　美团无人车"魔袋"

2．京东无人快递车（主要负责室外物资配送）

2020 年 2 月 6 日，京东向武汉配备了两辆无人快递车，主要用于武汉市第九医院的快递配送服务。武汉市第九医院的订单每天有 10～20 单，每单 30 件左右，订单的内容主要是医疗用品和救援物资。目前，无人快递车可以承担医院 50%～70% 的订单配送量。除了武汉这两辆无人快递车，京东在贵阳、呼和浩特等地的智能配送站也在正常运营，同时京东无人配送试运营的城市已经超过 20 个。图 10.38 所示为京东无人快递车。

图 10.38　京东无人快递车

3. 百度无人车（包括新石器无人消毒车/无人配送物流车）

百度联合生态伙伴新石器，向上海和武汉分别配送了一辆无人消毒车和两辆无人配送物流车。无人消毒车可以装载 160 升消毒液，以 5 千米/时的速度行驶在张江人工智能岛上消毒，每天进行 3 次作业。同时，它还有监测功能，当发现有人员聚集或不戴口罩时，它就会自动报警。此外，两辆无人配送物流车主要负责居民日常必需品的配送。图 10.39 所示为百度无人车。

图 10.39　百度无人车

2. 无人机

无人驾驶飞机简称"无人机"，在 20 世纪 20 年代就已出现。早期，无人机只用于军事领域。随着社会的发展，无人机已经逐步在城市管理、农业、地质、气象、电力、抢险救灾、视频拍摄等领域开始运用。近几年，无人机在物流行业的发展最快速，也最火热。国外的亚马逊、谷歌以及国内的京东、顺丰等企业，在无人机末端配送领域已有所建树。

（1）亚马逊无人机。亚马逊是较早提出"无人机送货"概念的企业。2015 年 11 月，亚马逊发布了一则其快递无人机 Prime Air 的宣传视频。2016 年，亚马逊完成了第一次无人机送货测试。2019 年 6 月，亚马逊发布了新版送货无人机 Prime Air。这种无人机的速度可达到 88 千米/时，在城市或郊外配送时可通过影像、热成像、超声波传感器等感知空中类似电线的危险产品。亚马逊 Prime Air 无人机如图 10.40 所示。

图 10.40　亚马逊 Prime Air 无人机

（2）谷歌无人机。图 10.41 所示为谷歌 Project Wing 无人机。2019 年 4 月，Wing Aviation 成为美国联邦航空管理局核准的无人机公司，该公司可在弗吉尼亚和黑堡镇周边地域利用无人机进行产品配送，只允许日间在非人流密集区进行，一名操纵人员最多可同时操纵 5 台无人机，且不能装载危险产品。2019 年 10 月开始，该公司在美国弗吉尼亚州克里斯琴斯堡开始进行无人机配送测试。之后，Wing Aviation 与联邦快递公司联手，从连锁药店 Walgreens 购入感冒药、过敏药等药品，从零售店 Sugar Magnolia 购入零食、文具等进行无人机配送。Wing Aviation 所使用的无人机到达目的地进行投放时无须着陆，只需在离地面约 7.3 米的空中向快递箱自动卸货。

图 10.41　谷歌 Project Wing 无人机

（3）京东无人机。2015 年，京东正式进军无人机行业，希望在中国打造一个无人机网络，建设上万个无人机机场，力求所有的产品都能在 24 小时之内送到客户手中。目前，京东已经建成全球首个无人机调度中心，为无人机常态化做保障。图 10.42 所示为京东无人机。但是，京东无人机的配送成本比普通快递员配送的成本略高，未来，京东无人机的配送成本有望下降 40%～50%。

图 10.42　京东无人机

（4）顺丰无人机。顺丰 2012 年开始酝酿无人机物流计划，2013 年开始小型无人机的试飞，2015 年逐步拓展到吨位级大型无人机。2017 年 6 月，顺丰试飞水陆两栖的 300 千克级无人机。2017 年 10 月，顺丰又试飞了大型货运无人机 AT200。顺丰 AT200 货运无人机是全球首款吨位级大型货运无人机，如图 10.43 所示。该无人机翼展 12.8 米，机身长 11.84 米，最大起飞重量约 3.4 吨，载重 1.5 吨，巡航速度为 313 千米/时，航程可达 2183 千米，升限 6098 米。该无人机目前已实现无人化自主控制，并且能自动规划航线：一键自动起降，具有应急处理能力；在陆地交通不发达和多山的西部高海拔地区，该无人机可以高效地完成产品直线运输。

图 10.43　顺丰 AT200 货运无人机

3．自提柜

自提柜的出现是电子商务与物联网技术双重推动的结果。随着电子商务的兴起，社区终端已成为众多商家的必争之地。自提柜可以有效缓解终端配送难的问题，提高电商物流的终端配送服务水平，有利于解决电商物流在社区的"最后一公里"配送问题。图 10.44 所示为丰巢自提柜。

图 10.44　丰巢自提柜

对于电商企业和快递企业来说，自提柜提高了投递效率，降低了投递成本。使用自提柜后，快递员在一个区域的投递模式由原先的多点分散投递变为区域内集中投递，并且实现了

"放货即走"，避免出现因收货人不在而要进行二次投递的情况。这种模式使得快递员的投递效率从平均 60 件/天提升到 200 件/天，使快递企业的投递效率大大提高。

目前，国内自提柜的运营主体基本上可以分为 3 类：电商企业、快递企业和第三方自提柜生产或运营企业。

素养小课堂

关键词：企业社会责任；低碳环保；节能减排；循环经济

在全球智慧物流峰会上，阿里巴巴负责人表示，响应配合国家提出的碳达峰、碳中和的战略大局，是包括菜鸟在内的所有物流从业者应共同承担的社会责任。2020 年，菜鸟末端站点新增约 2 万个绿色回收箱。双十一期间，菜鸟联合 500 多个品牌，开展原箱或零塑料无胶带的环保箱发货。

为了助力碳达峰、碳中和，菜鸟在峰会上还展示了全链路的绿色方案。通过环保包装、循环再利用、技术创新，和商家一起从生产源头、物流配送到回收打造完整的绿色供应链。雀巢等一批跨国企业把菜鸟绿色方案作为在中国市场的首选。

思考与练习